中國歷代思想家【四】

主編者：中華文化復興運動總會
王壽南

賈誼．董仲舒．劉安
劉向．揚雄

臺灣商務印書館 發行

賈誼

王更生　著

目次

賈　誼

歷史上誠然有很多以一身繫天下安危的人物，可是一個二十歲左右的青年，處在戰亂方定，朝廷未安，邊境有匈奴覬覦，內部有權力傾軋的時代，他能以熾熱的情感，過人的才華，悲天憫人的胸襟，擇善固執的態度；在政治上，斟酌時勢的需求，發爲名言讜論；在學術上，綜合儒、法各家所長，又開漢賦的先河。他那生命的歷程，像一顆閃爍的流星，忽縱忽逝，給歷史留下永不可磨滅的一頁。這樣的典型，除了西漢賈誼以外，恐怕找不出第二位。

一、不平凡的際遇

賈誼，西漢河南郡人（今河南省洛陽縣），根據《嘉慶大清一統志．河南府志》上的記載，現在洛陽城東門裏還有賈太傅祠，奉祀的便是賈誼。賈誼的先世，史書記載不詳，只知道他自幼聰穎絕人，十八歲誦詩書，下筆成章，文名遠近皆知。當時河南郡守吳公（史書不載其名），汝南郡上蔡縣人（今河南省上蔡縣），和發明小篆的李斯同鄉，並兼有師生之誼。在他擔任郡守時，不但崇法務實，勤政愛民；還特別留心學術，獎掖後進。這位洛陽少年賈誼，便被他延攬到郡守衙門裏工作，而刻意栽培。這對賈誼今後一生的學術和事功方面來說，是個重要的關鍵。

漢高后八年（西元前一八〇年）秋七月，呂后駕崩未央宮，丞相陳平、太尉周勃、朱虛侯劉章等，聯合設計消滅諸呂以後，便迎立代王恒（漢高帝的庶子，薄姬所生）爲天子，這就是有名的漢孝文帝。文帝自小出守外藩，深知民間疾苦，很想勵精圖治，有一番作爲，所以在他即位後的第二年的十一月（西元前一七八年），詔舉賢良方正直言極諫的人，來匡正國家政治的得失。同時他聽說河南郡守吳公治平天下第一，又曾師事李斯，於是徵召他擔任廷尉之官，掌理全國最高的司法行政。吳公就藉著職務上的便利，專章推薦賈誼；說他年輕幹練，通曉詩書禮樂諸子百家的著作，可以任重致遠。文帝當即採納了他的建議，召賈誼爲博士。

當時隨同高帝起義的一般勳舊大臣，多半出身草莽，長於上馬殺敵，短於臨朝應對，賈誼既以年少而任職博士，故每當詔令頒下，諸老先生有不能言對的，他都替他們一一草奏，並使人人盡如己意；因此博得滿朝嘆服，認爲才能不及。文帝尤其賞識他，所以一年之內，由博士超遷到太中大夫。次年，也就是文帝在位的第二年，又準備任賈誼以公卿之位，想讓他擔當更重要的職務，然而受到鄧通的排擠，和周勃、灌嬰、張相如、馮敬等權臣的反對，說他「年少初學，經驗不夠，專想弄權，挑撥是非」。此時賈誼又以為漢興已二十多年，天下和洽，人心望治，理當改訂曆法，更換服色，制定法度，確立官等，大倡禮樂，於是條陳《五曹官制》五篇。文帝為了緩和各大臣的反對情緒，不但不採納他的意見，還以進為退，把他外放長沙王太傅，這真是忠不見納，懷才受謗；何況當時長沙地處溼熱，人口稀少，交通、文物還相當的落後，試想賈誼以一個有旺盛企圖的青年，一旦之間，成了遠謫長沙的遷客，此情此景，正如唐朝劉長卿說的：「漢文有道恩猶薄，湘水無情弔豈知；寂寂江山搖落處，憐君何事到天涯」（見劉長卿〈長沙過賈誼宅〉詩），真是「冠蓋滿京華，斯人獨憔悴」，他那顆熾熱的愛國心，又有誰瞭解呢！

孝文帝二年（西元前一七八年），賈誼二十三歲，在他赴長沙任所的途中，渡湘水而南下的時候，曾作〈弔屈原賦〉，來弔祭那位懷沙自傷的楚國忠良。因而觸景生情，慨嘆「國其莫我知，獨堙鬱其誰語？」「使騏驥可得繫羈兮，豈云異夫犬羊！」借他人的酒杯，澆胸中的塊壘，尤其身處異鄉，滿目淒涼，念天地之悠悠，不禁愴然下淚！孝文帝五年（前一七五年），也是賈誼謫居長沙的第四年，一天，有鵩鳥飛進他的寓所，目視賈誼，狀貌十分安閒。江南人以為這是種不祥之兆，而賈誼更加快快不樂，自覺壽不得長，於是作〈鵩鳥賦〉以相寬慰。而有「天地為鑪兮，造化為工；陰陽為炭兮，萬物為銅」，「貪夫徇財兮，烈士徇名；夸者死權兮，品庶馮生」的話。想不到幾年的流亡生活，把這位雄心萬丈的洛陽少年，折磨得意志消沈，思想也越發成熟了。這時他目睹百物騰貴，錢多而輕；文帝又下令改鑄四銖錢，重半兩；並廢止盜鑄令，人民可自由造錢。可是他從政治、經濟兩方面去審視，這都是召禍起姦，破壞幣信的惡法。雖然身在蠻荒，但他按捺不住憂國憂民的情操，因而上〈諫除盜鑄令使民放鑄疏〉，文中對當時的經濟政策，有極中肯的評述。可是並沒有贏得文帝的重視，真使他傷心欲絕！

直到孝文帝六年（前一七四年），也就是賈誼被貶長沙的第五年，因爲皇上的懷念，才下詔把他從江南調回，並命在宣室接見。當時正逢文帝郊祀完畢，祠還受福，因有感於鬼神之事，就向賈誼討論些有關鬼神方面的問題，對國計民生的興革大計一點也沒談到。雖然文帝於事後對他的博學多聞，備加稱許，但是這與賈誼用世報國的初衷，完全違背，所以千年以後的李商隱，還替他抱不平的說：「宣室求賢訪逐臣，賈生才調更無倫；可憐夜半虛前席，不問蒼生問鬼神」（見李商隱〈賈生〉詩），真叫英雄爲之氣短！時隔不久，發表賈誼爲梁懷王太傅。這時他看到絳侯周勃，受人誣害，逮捕繫獄，淮南王長謀反，以及匈奴致書朝廷，辭語傲慢，自以爲是「天地所生，日月所置的匈奴大單于」，因此他一想到國步的維艱，便不計個人的得失，痛陳時事，而上了他古今傳誦的〈陳政事疏〉（按又名〈治安策〉），有「臣以爲當前的國家大勢，可爲痛哭者一，可爲流涕者二，可爲長太息者六，至於其他不合法理民情，妨害治平的事，指不勝屈！」孝文帝八年（前一七二年），皇上封淮南厲王長的四個兒子爲列侯，他又上〈諫王淮南王諸子疏〉，這雖然是忠誠謀國，居安思危的遠見，可是文帝卻置若罔聞，毫不動心！

孝文帝十一年（前一六九年）的六月，梁懷王循例入朝，因一時大意，墜馬而死。懷王名揖，文帝少子，好詩書，鍾愛逾恒，所以特別派賈誼爲傅。現在不幸發生了這種慘局，賈誼強抑著內心的悲痛，上疏〈請益封梁淮陽〉，帝就依照他的建議，遷淮陽武為梁王，城陽王喜為淮南王。自此以後，他自傷為傅未能克盡職責，於是抑鬱不伸，整天過著以淚洗面的日子。他的精神幾乎全面崩潰了，大概就是第二年吧（孝文帝十二年，西元前一六八年），因哀傷過度，死在他的任所。這時他年才三十三歲。「壯志未酬身先死，長使英雄淚滿襟」，宋朝王安石的〈賈生〉詩，足可以代表後人對他的傷悼之情，詩云：「漢有洛陽子，少年明是非；所論多感慨，自信肯依違。死者若可作，今人誰與歸；應須蹈東海，不但涕沾衣」（見《臨川先生集．詩集》卷十六），這不但是賈生的寫照，也令天下志士同聲一哭！

二、青黃不接的時代

自漢高帝元年（西元前二〇六年）冬十月，沛公帶兵入關，一到霸上（地在今西安市東二十五里，又叫做霸橋），秦王子嬰駕著素車白馬，引頸投降，沛公當時宣布了有名的約法三章：「殺人者死，傷人及盜抵罪」。並明令廢止暴秦的血腥統治，爲天下父老兄弟除害，於是贏得了全國人民的信仰，因此在以後五年的楚漢相爭裏（從項羽自立爲西楚霸王，西元前二〇六年起，到他烏江自刎，西楚滅亡，西元前二〇二年止，前後合計，適爲五年），獲得了最後的勝利。但是凡事有利就有弊，漢高帝除秦苛法是對的，可是維繫社會秩序的舊制度，由於兵連禍結，已遭到徹底的破壞；新的良法美意，一時之間又沒有產生，所以在世道人心的維繫方面，由於缺乏這一條有力的韌帶，便出現了真空狀態。在這個青黃不接的時代，大而內政、外交，小而食、衣、住、行，沒有一樣不表現出史無前例的混亂現象。

我們根據《漢書．叔孫通傳》上的記載：「自從高皇帝除去暴秦的苛法以後，文武百官像出籠之鳥，得到了解放，日常行爲，肆無忌憚，大家每天飲酒爭功；大醉之後，吵鬧不休，上朝的時候，身藏武器，一言不合，就拔劍亂砍，弄得皇帝束手無策」。再看《漢書．禮樂志》上的說法：「漢承暴秦的敗風陋俗，社會上普遍的不講禮義，絕無廉恥；甚而子弑其父，弟殺其兄，盜取祖先宗廟裏的珍貴祭器，追求物質生活上的享受。政府官員遇事推諉卸責，文過飾非，整天盡搞些書面資料，造假報銷，風氣一天天糜爛，而大家卻恬不為怪，以為是理所當然」。《漢書．食貨志》對當時國計民生的記載，更令人怵目驚心。他說：「漢興以來，由於連年戰爭，弄得田地荒蕪，人也失業；而大亂之後，又繼之以凶年，物價高漲，民皆相食，餓死的人佔全國總人口的半數以上。於是父賣其子，兄賣其弟，從華北平原到長江以南，造成了饑餓大逃亡」。

另外在內政方面，大封異姓或同姓的郡國制度，也充分暴露了它的弱點。因為封國太大，中央對各國的控制當時還沒有足夠的辦法，便自然形成了國內有國，尾大不掉的半獨立局面。賈誼的〈陳政事疏〉說：「現在天下所以少安的原因，在大國之王幼弱未壯，漢朝所設的傅相方掌握大權，數年後，諸侯王都二十多歲了，血氣方剛，而朝廷原來派遣的傅相又相繼稱病去職，他們自丞尉以上徧置私人，此時想要長治久安，就是堯、舜復生，也沒有辦法了」。當時「藩國大的跨州連郡，城有數十，宮室官制都和京師毫無區別」。所以文帝二年齊濟北王興居首先發兵反，帝派柴武率軍十萬虜興居，興居自殺。淮南厲王長因為與文帝最親，擅作法令，驅逐漢置的傅相，屢次抗命不遵，在文帝六年陰謀叛變，事洩，發配四川，途中絕食而死。吳王濞靠著豫章的銅山，收買天下亡命之徒，即山鑄錢，煮海為鹽，國富兵強。他的兒子入京，與文帝太子博爭道，被博捉殺，吳王大怒，從此便裝病不朝。《漢書．諸侯王表》說：「由於藩侯們的地大力強，以致淫荒越法，害身喪國」，這些政治上的危機，正是郡國制度最現實的寫照。

至於匈奴問題，自從高帝七年（前二〇〇年），因平韓王信而率兵攻打匈奴，被冒頓用佯敗之計，縱精兵三十萬騎，圍高帝於白登（地在今山西省平城縣東南十餘里），七天之中，粒食未進，後來還是採用陳平的祕計，突圍而出，又派劉敬締結和親之約，才使這場最棘手的國際戰爭，得到暫時的平息。可是到孝惠、高后的時候，匈奴領袖冒頓更加驕橫，竟然以極盡汚衊的措辭，給高后寫了一封信說：「寡人生在牛馬成羣的北方高原，屢次到邊境巡視，很想到中國暢遊一番，近來聽說高帝去世，你孤苦獨居；同樣我也寂寞無聊，兩國之君相樂，願以你之所無，換我之所有，來滿足雙方生活上的需要」，這種外交文書，可說甚辱國體。根據《漢書．匈奴傳》的記載，當時高后見信大怒，馬上召陳平、樊噲、季布，開御前會議，決定對策，真是風聲鶴唳，大有不惜一戰的態勢。後來還是採納了季布的建議，命大謁者張釋答書和親。孝文帝三年，匈奴右賢王率兵入寇，最後也還是以和親了事。類似這些向匈奴低首下心，一再委曲求全的事件，自令忠義之士為之痛心，所以賈誼〈陳政事疏〉說：「陛下怎能以皇帝的至尊，屈居為匈奴諸侯，再說匈奴豺狼，貪得無饜，長此以往，如何了局！」這是憂國傷時的沈痛心聲。

我們綜觀以上的說法，便知道從漢高祖初興到孝文帝即位，這二十多年來，在法律方面，是仍承秦制，因循不改，新法未立。在經濟方面，是城市人口喪亡十分之七八，農村破產，遍地饑荒。在世道人心方面，是道德淪喪，廉恥蕩然。在內政方面，是藩侯坐大，陰謀叛變。在匈奴問題方面，是戰敗求和，喪權辱國。可說是天下擾攘，一片混亂。這是一個青黃不接的新時代，有非常的時代，才有非常的人才，有非常的人才，才有非常的事功。賈誼就是處在這樣偉大的時代背景裏，造成了他那早熟的思想，擇善固執的態度，和悲天憫人的胸襟。雖然歷遭橫逆之來，但他仍然是鍥而不捨的，提出他對當前國是興革的卓越計畫。

三、治國安邦的思想

賈誼的思想，都是爲治國安邦而設的，和當時國家的現實環境相互配合，並且又完全是爲國君一人說法的。我可以這樣說，賈誼雖然有哲學思想，但他不是哲學家；他雖然有豐富的政治見解，但不能說他是純粹的政治家；他在學術上有卓越的成就，可是也不能說他是學者；他更是兩漢辭賦的開山，但也不能就認定他是個不折不扣的文學家。總而言之，他是一位積極救世、忠君愛國的洛陽少年。他兼有眾長，卻又能運用儒法各家的長處，用「血」和「淚」去完成他的理想。從他傳世不朽的著述上去體認，他確實是「只知有君國，不知有自我」的狂熱愛國者。所以你稱他是漢初的什麼家也可以，但是我認爲「治國安邦的思想」，才是他思想的全部。本來這也沒有錯，不過賈誼的論治，單從《史記》、《漢書》本傳上去找資料是不夠的，其他如賈誼《新書》、〈弔屈原賦〉、〈鵩鳥賦〉裏，也保存了許多珍貴的證據。以下我想姑且從道術、政事、經濟、攘夷、勸學五方面，來談一談這位距離現在兩千一百多年前的思想家——洛陽賈生治國安邦的思想吧！

1 道術方面

如果要說賈誼有哲學思想的話，那麼這個思想的凝聚就是「道術」。他的道術論，是糅合了儒家的性善說，道家的虛無說，所構成的一套內體外用的心物合一觀。根據賈誼《新書》的〈道術〉、〈六術〉、〈道德說〉三篇文獻去看，他對「道」的解釋，是「道者，乃應世接物的憑藉，其本叫做虛，其末叫做術。所謂虛的意思，言其精微奧妙；所謂術的意思，是控馭事物的法則。總括來說，都是道。」但「虛」如何能應世接物呢？他說：「如果心地清明如鏡，遇事沒有做不好的：一旦面臨善惡的抉擇，自能各得其當；如內心虛靜無私，平情而處，那麼對於是非疑難，一定有妥善的安排。所以英明的國君，只要存心公正，清虛平靜，則發號施令的時候，就像鏡之照形，秤之稱物，事情不管怎樣複雜，都會使優劣得所，這就是以虛接物的道理。」至於以「術」接物呢？他說：「國君行仁，則境內和平，士民莫不相親。國君行義，則境內治理，士民莫不和順。國君有禮，則境內整肅，士民莫不相敬。國君有信，則境內安定，士民莫不誠信。國君公正，則境內順服，士民莫不擁戴。國君守法，則境內有序，士民莫不輔助。選拔善良則民心向善，能者在位則百官稱職。……術就是應事接物的方法，凡大權在握的人，必須行事謹慎；發號施令的人，一定要言辭得體，這就是以術接物的道理。」（以上所引皆見賈誼《新書．道術》）可見他講的道術，全是從實際生活上著眼，不作形上之說。在賈誼《新書》同篇，他又把人的行爲分成善、惡兩類，善類的行爲計五十六種，惡類的行爲也有五十六種，在這善、惡各類行爲裏，他把一個人的內外、顯微、精粗、大小、公私，各方面分析得極其綿密，可以說是化道術接物的理論，爲具體可行的事物，這是了不起的見解。

其次賈誼有道德互用之言，他以爲「道是德的根本，萬物的原始叫做道，而得此可以生生不息的叫做德；德之所以能永久存在，以道爲其本原。」而「德」又有「六理」，「六理」就是道、德、性、神、明、命，他並拿玉石做比方，說明「德」的內涵，他說：「德的六理，可從玉石的構造上看出來：玉石各有不同的形狀，光澤鑑人，這就代表道。潤滑如同油膏，這就代表德。深沈厚重，顏色光潤，這代表性。陶神悅性，這代表神。光輝奪目，叫做明。質地堅固，叫做命。這就是德之六理。」（以上所引皆見賈誼《新書．道德說》）在《新書》的〈六術〉篇上，賈誼以爲「六理」不但是六藝所本，如究其極致，六之爲數，實可範疇天下一切事物之理，推明所有的法律制度。他說：「陰、陽、天、地、人都以六理爲度，內度成業，謂之六法；六法蘊藏於內，六術變化於外，彼此互相感應而爲六行。」但「陰陽各有六月之節，天地有六合之事。人有仁、義、禮、智、信的行爲，行事和睦，則禮樂復興。禮樂之興有六，叫做六行。陰陽天地的變化，如果不失六行，才能合乎六法。人如能六行修明，那麼也可以符合六法的標準。」（見賈誼《新書．六術》）可見他由「道術」的體用，推到人類行爲的善惡；然後再從「道德」的互用，說明「德」有六理，而「六理」概括天時、人事；最後勉人須謹修仁、義、禮、智、信「六行」，以配合內度成業的「六法」；「六法」既明，則天道、人事的大節可說圓滿完備了。這就是他內體外用心物合一觀的真相。我們諦觀他的思想，頗有儒家的實際，道家的超脫，法家的執住，縱橫家的博辯，以及墨家的犧牲精神。所以我們只能說他是陶冶百家，配合時代需求的一種新思想，一種也許還不夠十分成熟的思想。

至於〈鵩鳥賦〉裏「至人遺物，獨與道俱」，「真人恬淡，獨與道息」，甚而又說「釋智遺形，超然自喪；寥廓忽荒，與道翱翔」。文中所謂之「道」，其含義顯然和〈道術〉上的「道」，有若干距離，而那種遺形自釋，一派消極頹廢的念頭，與〈道德說〉和〈六術〉上的話相比較，又給人一種迴然有別的感受。合理的解釋，可能由於遭遇不同，環境各異，發而為文，便前後各自為說了。所以我說他由於英年早逝，對新思想體系的建設，還不夠成熟，就是基於這個觀點。

2 政事方面

根據《漢書．賈誼傳贊》，引劉向稱讚賈誼的話說：「賈誼言三代與嬴秦治亂之意，其論甚美；且通達治體，比之古代的伊尹、管仲，實不稍遜色」。他把賈誼推崇得如此偉大，我們相信以劉向的博學多才，和他與賈誼的時屬同代，這絕非溢美之詞。假使當時能被文帝重用，對國家定有卓越的貢獻；惜為權臣搆陷，弄得「壯志未酬」，及今思之，還不禁令人扼腕！由此看來，他對於政事方面，確有值得追述的許多遠見，現在就讓我們從君道、選吏、民本、張四維、定經制，以及眾建諸侯而少其力各方面來作一個鳥瞰。

賈誼談君道是尊君而不悖民的，故《新書．過秦上下》以爲「始皇仁義不施，而攻守之勢異；致一夫作難而七廟隳，身死人手爲天下笑。二世繼之，因而不改，所以天下莫不引領而觀其亡。孺子嬰孤立無親，國滅祀絕，永爲後世炯戒」。是以古聖先王深察治亂興亡之由，而治國理民必須遵循一定的法則。《新書．先醒》論君臣質素的不同，〈君道〉篇論君臨萬民要反求諸己，〈官人〉篇言國君需親師取友，〈大政〉篇勉國君應尊賢敬士，這些都在闡明「君有道則存，無道則亡」（見賈誼《新書．君道》）的道理。同時他還舉了「楚莊王思得賢佐，日中忘飯」的例子，認爲是先醒的明君，又引「宋昭公出亡乃寤，於是革心易行」之例，叫做後醒的賢君。最後更拿「虢君失國，餓死爲禽獸食」的例子，稱他是至死不寤的昏君。至於他談到「君道」的要領，除了「反求諸己」外，就是「尊賢敬士」；而「尊賢敬士」的目的，在於「選吏以治民」，所以《新書．大政》說：「君明而吏賢，吏賢而民治；故見其民可以知其吏，見其吏可以知其君」。將國君、官吏、人民三者相輔相成的關係，映襯得真是警切極了，這也就是本文前節論賈誼所謂之「道術」的體用的最好明證。

選吏與國家的關係如何呢？觀賈誼的說法，仍一本儒家哲人政治的主張，使賢者在位，能者在職，行風行草偃的效果。他說：「人民的治理在於官吏，國家的安危要看政治。是以明君於施政能謹愼將事，於官吏則選拔賢能，然後國家可興」。選吏既然如此重要，那麼吏如何來選呢？他說：「明君選吏，必須參考人民的意見，人民稱讚他，明君再詳加考察，覺得他確實賢能，然後選他爲吏，既爲吏，如士民羣起反對，明君要再加詳察，發現他的確不堪勝任時，就免除他的職務。故明君選吏一定要慎重其事，首先考慮人民的反應，把人民看做考核吏治良窳的根據。」（以上所引皆見賈誼《新書．大政下》）由此看來，君道、選吏的目的，在於愛民。他又把人民當成國家君主官吏之本、之命、之功、之立，較孟子「民貴君輕」之說尤加積極而具體。在《新書．大政下》又說：「民是萬世之本，士爲國家所樹，不可欺騙，不可輕蔑，輕蔑人民就會遭不祥之災，殺身之禍。」按照他的主張，國君在積極方面，應愛民、敬民；消極方面，使人民生活樂利。這種愛敬樂利的民本思想，不僅是儒家「民爲邦本」思想的繼承，同時我們發現與　國父孫中山先生民權主義的精義，也有古今輝映之處。

在本文第二節裏，曾經提到漢承嬴秦的陋風敗俗，道德淪喪，廉恥蕩然。而《漢書．賈誼傳》上更記載著：「今世以侈靡相競爭，棄禮義，捐廉恥，日甚月異而歲不同」。「一般官吏只知道等因奉此，不明治國大體。陛下（指漢孝文帝）自己又慮不及此，個人深感萬分惋惜」。於是他的〈陳政事疏〉，便針對此點，竭力主張「立君臣，等上下，使父子有禮，六親和睦」。並引《管子》「禮義廉恥，是謂四維；四維不張，國乃滅亡」，說「秦滅四維而不張，故君臣乖亂，六親殃戮，姦人並起，萬民叛離」，前後不過十三個年頭（案：由始皇帝二十六年（西元前二二一年）王賁滅齊，全國統一，秦王政定皇帝封號開始，到秦二世三年（前二〇七年）沛公入關，趙高弒帝止，首尾不計，適得十三年正），而秦都咸陽就成了供人憑弔的廢墟。漢初禮義未備，民如鳥獸，到處橫行，社會道德的衰落，令人怵目驚心，所以賈誼特別提出張四維，定經制，來挽救當前的危機。他的辦法是「令君臣、上下各有差等，父子六親相處得宜，姦邪小人不投機取巧，人我之間彼此信賴」，這樣就能「措國家於磐石之安，而行事有所遵循了」。我們欣然瞭解賈誼的「張四維，定經制」，就是把「心理建設」與「社會建設」，做爲國家全面建設的基點，這也就是　國父孫中山先生在《心理建設》自序中說的：「國家之治亂，繫於社會之隆汚；社會之隆汚，繫於人心之振靡」。他那種偉大建國的理想，和饑溺存心的濟世熱忱，固然在當時沒有贏得文帝的信賴，但卻給後世永遠留下了暮鼓晨鐘！

漢初，除了社會混亂，人心敗壞之外，還存在著一個迫在眉睫的危機，那就是藩國諸侯權埒君王，驕橫不法，賈誼把這種情形，比做「一個身患重病的人，不但病體虛弱，而且四肢發腫，腫得一脛之大幾如腰，一指之粗幾如股」。又說：「今日漢朝之病，不僅是全身腫脹，腳又不良於行，例如親者或無分地以安天下，疏者或專大權以逼天子」（以上所引皆見賈誼《新書．大都》），所以「諸侯王雖名爲人臣，實際上都存有布衣昆弟之心，時刻想著如何宰制天子，而帝制自爲。他們有的擅封官爵，赦免死罪；甚或黃屋左纛，弄得漢法不立，漢令不行」（見賈誼《新書．親疏危亂》）。所以賈誼向文帝痛陳政事，還特別談到制服的方法，在於化大國爲小國，削弱他們的實力，這就是有名的「強幹弱枝」的政策。他說：「然則，天下大計可以了解了，想要諸侯王皆忠心服順，莫若叫他們都像長沙王一樣那麼封地狹小，想要天下長治久安，天子高枕無憂，莫如眾建諸侯而削減他們的力量；力小易使以義，國小則沒有邪心」（見賈誼《新書．藩彊》）。又說：「天下大局，如身之使臂，臂之使指，靈活運用，使諸侯王敢於自殺，不敢有叛心；輻輳並進，歸命於天子，不可有徼幸之權」（見賈誼《新書．五美》）。不過，當時諸侯藩國，齊、楚、淮南，勢大力強，如操之過激，立加削弱，一定會激起全面性的叛亂，因而針對時勢所需，主張先割地定制，使諸侯王就其所有的封地，再分封他們的子孫，如此數代之後，其國勢自然因分化而縮小了。他說：「割地定制，分齊爲若干國，趙、楚爲若干國……割地定制以後，下無背叛之心，上無討伐之意，上下歡洽，諸侯順附」（同上）。

賈誼所擘畫的「強榦弱枝」的政策，實乃振弊起廢，興國濟世的偉大構想，以後鼂錯在孝景帝的時候，又倡此議，結果議尚未成，就釀成七國之亂，而鼂錯也以身殉道了。孝武帝時，主父偃也以「割地定制」說上，於是藩國分化，天下富強。我們從這些既往的史實上去看，賈誼的政治理想，雖當時未能實行，但能言之於事情未發之前，足見他有過人的眼光。

3 經濟方面

在經濟方面值得一談的約有兩點：一是禁鑄，一是勸農。原來我國上古社會重視農耕，春秋以後，工商發達，秦孝公行商鞅之計，獎勵耕戰，壓迫商人。到了漢朝，商人憑著雄厚的資本，壟斷市場，交通王侯，高帝乃下令商賈不得衣絲乘車，並加重他們的租稅。惠帝、高后以爲天下初定，特別放寬對商賈的禁令，但仍然嚴令商人子弟不得擔任政府的官吏。在幣制方面，始皇帝兼併天下後，銅錢重半兩，漢興，以爲秦錢重難用，改鑄莢錢，重三銖（按《漢書．律曆志》：「二十四銖一兩，十六兩爲斤」。三銖就是一兩的八分之一，比秦錢輕四分之一），文帝又感到錢多而輕，就更鑄四銖錢，並解除盜鑄的禁令，任由人民仿造。賈誼覺得從法的觀點上看，這無疑是懸法以誘人入罪；從經濟的觀點上看，僞幣橫行，不僅擾亂金融，更敗壞政府的威信。所以他列舉三禍，以勸文帝收回成命，他說：「聽人民自由放鑄，人民爲了貪圖暴利，勢必在銅中雜以鉛鐵；雜以鉛鐵，就觸犯了政府鑄錢的規定，因而寃獄繁興，此爲禍一也。其次所鑄錢幣成色不純，成色不純，則僞鈔充斥，幣信降低，幣信降低，民心動盪不安，此爲禍二也。由於自由鑄錢可獲暴利，人民必趨之若鶩，拋棄農耕，改採銅礦，最後造成田地荒蕪，農村破產，此爲禍三也」（見賈誼《新書》的〈鑄錢〉、〈銅布〉）。國家任由人民採銅鑄錢，既是弊端叢生，當然要嚴禁人民仿鑄，此不但可導引貨幣金融的正常流通，達到控制物價，互均有無的目的，更可以運用大量的銅鐵，鑄造兵器，以對抗匈奴的侵略，所以賈誼在《新書．銅布》上，又列舉了禁鑄的七福，如云：「錢幣由政府鑄造，人民不致誤蹈法網，此一福。人民不自由仿鑄，則僞幣不生，僞幣不生，便增加了人民對政府的向心力，此二福。人民不羣趨採銅，可以專力務農，增產報國，此三福。政府操造幣之權，可收平準物價的效果，此四福。政府收天下之銅鑄煉兵器，以北敵匈奴，此五福。政府控制幣值，可以調劑金融的盈虛，而不虞匱乏，此六福。政府既有穩定的貨幣政策，可增強對全國人民的控馭力，此七福」。雖然賈誼的話，在今天看來，已卑之無高，但是頗能切中當時的情弊。可惜的是文帝見不及此，一味聽信鄧通的讒言，拒絕了他的建議。

至於漢初的農業，由於受到工商日漸繁榮的影響，致令世風淫靡，姦邪蠭起，而農村經濟遭到嚴重的打擊。賈誼目睹這種背本趨末的現象，特一秉古人「富而後教」的明訓，首倡「重農積貯」。而「重農積貯」的方法，可分兩個步驟，同時進行：即一、節約浪費，二、輕商重農，他對節約浪費的說法，是「倉廩實而知禮節，如人民生活問題不解決，而國家還想長治久安，實乃曠古未聞。古人說：一夫不耕，就可能有人挨餓；一女不織，就可能有人受凍。生產少而消耗多，物力必日趨匱乏，何況今日風俗淫靡，佚樂過度，而國庫沒有豐富的積蓄，人民更缺少隔日之餘糧，平時無事，尚可勉強過活，一旦遇到旱澇成災，真不敢想像那種悲慘的景象。所以我們欲祛除淫邪的歪風，必須厲行節約浪費。使車輿、服飾、器械各有一定的制數」（以上所引見賈誼《新書》的〈無蓄〉、〈瑰瑋〉）。行節儉，定制數，確乎可收制裁姦邪淫佚的歪風；但這是消極的防止；至於積極的行動，還在重農輕商。他在〈瑰瑋〉篇上說：「奇巧、末技、商販，以及那些遊手好閒的人，性喜佚樂，素行淫侈，平常不注意節衣縮食，一旦遇上凶旱天災，必是饑寒交迫，鋌而走險……所以爲今之計，應該強迫那些不務正業的人，從事農業生產，使天下之人各食其力，大家安分守己，克勤克儉，自然就國泰民安了」。文帝深受感動，於是親自下田耕作，來表率羣倫，爲天下倡。

4 攘夷方面

自從劉敬往匈奴和親，奉宗室女翁主爲單于閼氏後，目睹匈奴河南白羊、樓煩王，去長安近者七百里，輕騎一日一夜可以到秦中；且東有六國強族的反對力量，一旦有變，國家即有不測之憂，因而向高帝獻「強本弱末」之術（見《漢書．劉敬傳》），徙齊田、楚昭、屈、景、燕、趙、韓、魏，以及天下的豪傑名家實關中。平居無事，可以防備胡人的寇邊；諸侯有變，又可率他們以武力東伐。然而匈奴自白登解圍之後，日加驕橫，和親、納幣，並不能滿足他們的慾壑。所以在孝惠三年（西元前一九一年）春爲書致高后，措辭極盡褻嫚汚辱之能事，當時高后因平城之痛未復，乃忍辱含垢，命大謁者張釋報書和親。時及孝文帝，國力猶未充足，不敢貿然北討；而胡人對我國北方邊境的侵略卻有增無減。賈誼時任梁懷王太傅，所以在孝文帝六年（前一七四年）上書言匈奴之事。他說：「我們現在正身臨倒懸的危機，匈奴嫚侮侵略，爲害天下，其目的在亡我國家，滅我種族，而我們漢朝不但不加抵抗，每年還要向他們供奉金絮采繒，卑躬屈膝，低首下心，弄得黑白不分，是非顛倒，真叫有志之士爲之痛哭流涕！陛下（指孝文帝）又何忍以帝王的尊嚴，甘心做匈奴的諸侯。即令如此，而匈奴侵凌之禍，也不會平息，長此以往，怎麼得了?!我預料匈奴之衆，止不過漢朝一大縣；試想以我國的廣土衆民，而受制於形同一縣的匈奴，身爲大漢天子，能不引咎自愧嗎！」（見賈誼《新書．解懸》）所以賈誼主張趁我們目前最有利的時機，給匈奴致命的打擊。

《兵法》云：「知己知彼，百戰不殆」，賈誼既然力主對匈奴作戰，以雪國恥；可是他對於匈奴的了解，卻茫然無知，說他如同瞎子摸象，僅限於想當然的臆測，並不算過分。例如他說：「我料想匈奴能征慣戰的軍隊大約六萬騎，如以五口而出壯丁一人計算，五六三十，全國戶口不過三十萬；還趕不上漢朝千石的大縣，似此，竟公然的敢侵略我邊陲，屢次和皇上分庭抗禮，破壞我漢朝的統制威信，實在想不出這到底是什麼原因」（案匈奴寇邊從高帝六年圍韓王信於馬邑，冒頓引兵南踰句注，攻太原，到孝文帝十四年，四十年間共有八次之多，如高帝七年冬十月匈奴圍高帝於白登七天。同年匈奴攻代郡。八年秋匈奴冒頓苦北邊，孝惠三年春冒頓致書高后，辭極褻嫚。高后六年夏匈奴攻阿陽、狄道。七年冬十二月匈奴又侵狄道。孝文帝十四年冬，匈奴老上單于將十四萬騎入朝那、蕭關。依照《史記》、《漢書》的記載，當楚、漢相爭的時候，他們的控弦之士就有三十餘萬騎，今賈誼以爲匈奴僅六萬騎，戶口趕不上漢朝千石的大縣，顯然對於敵我情況不十分了解），所以他繼而向文帝提出一個「耀蟬計畫」，所謂「耀蟬計畫」是：「一、設立專門的官員來處理邊防大計。其次是移民實邊。令千家而爲一國，列處塞外；西從隴西，東到遼東，各守汛地，以備邊胡。他們都直屬中央的管轄，戰時可防月氏、灌窳的侵略，平時可退爲屯田的良民。這樣我大漢天子的威德，就能內行四海，外達邊塞，遠者悅服，近者來歸」（見賈誼《新書．匈奴》）。賈誼雖有時脫不掉書生的習性，而昧於敵我大勢；可是這個「耀蟬計畫」倒是切實可行，後來漢孝武帝派張騫使西域，斷匈奴右臂，也可說就是這個計畫的一部分，他真有先見之明。

賈誼以爲強國戰智，王者戰義，帝者戰德。故又效法商湯祝網而漢陰投降，舜舞干戚而南蠻悅服的故事，爲文帝建「三表五餌」的禦胡之策。簡言之：所謂「三表」，就是示胡人以信愛，所謂「五餌」，就是利用人類好逸惡勞的弱點，投胡人所好。胡人一旦漢化成功，就可以達到不戰而屈其兵的目的，雖然賈誼本人對他的「三表五餌」有成功的自信，認爲「以厚德服悍虜，則下匈奴如振槁」（見賈誼《新書．匈奴》），豈知匈奴悖信亡愛，中國的禮法，實不足以化匈奴的頑愚。而賈誼以君子之心，竟度小人之腹，昧於「兵法用奇」的古訓，至被後人譏其有戰國縱橫家爭奇炫博的本色，不是沒有原因的。

5 勸學方面

賈誼是位性善論者，所以他的勸學首先從人性說起，他以爲人性本無不同，人所以有賢、不肖的差異，完全是受了後天教育和習俗的影響。他論教育的重要說：「南越北胡的人，生來發聲相同。嗜欲不異，可是長大以後，各人不但有各人的生活習慣，言語也沒法溝通。究其原因，就是受了後天教育和習俗的影響」（見賈誼《新書．保傅》）。教育對於一個人的關係既然如此密切，教育的程序又當如何呢？我們發覺賈誼對學前教育十分注意，尤其是有關胎教、幼稚教育、入學年齡，以及教學課程、師資選擇，和學習的環境，都有概括性的提示，現在依次說明如下：

他對胎教的看法是：「胎教之道，在斷定王后懷孕以後，孕婦站不得跛腳，坐不得歪邪，笑不可喧嘩，獨處一室不可倨傲，一旦生起氣來不可罵人」（見賈誼《新書．胎教》）。至於嬰兒出生前後，《新書．胎教》更規定了許多瑣細末節，雖然因爲時代的進步，他所強調的都成了歷史的陳跡，但也可以從中透視出他對胎教的重視。

他對幼稚教育的認識，可以從《新書》的〈蚤論教〉、〈保傅〉兩篇文獻裏得到印證。他說：「當兒童天真無邪的時候，來培養他的正確觀念，可收事半功倍的績效」，所以他主張「太子初生，大人們對他無論視、聽、言、動，都要以禮相待，而行赤子之教」。又說：「太子少長，到能分辨顏色的年齡，就開始入學，學些與政治密切相關的事情。然後循序漸進，由東學而南學，而西學，而北學，再入太學，各階段都受到充分而完美的教育，然後以之治國理民，自會收到化輯天下的效果」。

至於入學年齡，他似乎也有一個大致的規定，以爲「九歲入小學，踐小節，學小道，二十歲讀大學，踐大節，學大道，這樣受到良好教育的薰陶，邪惡的思想便無緣侵入了」（見賈誼《新書．容經》）。關於教學課程，他由於受到時代的局限，當然沒有我們現在完備，更何況又是爲儲君一人說法，對象不同，設科也就各異了。他說：「講授春秋時，要詳加分析褒善貶惡的原因，來逐漸樹立他的正確觀念；講授禮，使他徹底明瞭長幼卑尊的關係；講授詩，要推廣詩義以馴順他的情志；講授音樂，能達到疏通煩悶，消滅浮氣的目的；講授古人格言，使他明白先王以化民爲本務；講授史志，使他知道國家興亡之跡而知所戒懼；講授統御術，使他能了解萬官的職分而作合理的領導；講授訓典，使他得到協和親族和與人爲善的要領，這就是教太子爲聖君明王的基本科目」（見賈誼《新書．傅職》）。他一共列舉了春秋、禮、詩、音樂、古人格言、史志、統御術、訓典等八個科目，以及各科教學進度和目標，可以說已具備了相當完整的體系。

賈誼言慎選師資，是和學習環境，合併來談的，他說：「例如過去周成王尚在襁褓之中，周公爲太傅，太公爲太師，保是保護身體，傅是輔其德操，這都屬於師道的責任，三公的職分。於是又設三少，所謂少保、少傅、少師，是侍奉太子燕遊的人。故在太子孩提之時，三公三少就當昌明孝仁禮義來誘導他，一方面疏遠邪惡小人，使他不至於受到壞的感染；另一方面選拔天下方正之士，與孝悌博聞有道術的人，來保衛輔翼他。叫他們和太子居處出入。太子一生下來，見的是正事，聽的是正言，行的是正道，左右前後又都是正人君子，這樣薰陶漸染，長大以後，自然就成了正大光明的人了」（見賈誼《新書．保傅》）。最後又引孔子「少成若天性，習慣如自然」的話，來證成他的看法。如果我們把《孟子．滕文公下》，言「楚人欲學齊語」的故事，和《荀子．勸學》，所舉「蓬生麻中，不扶自直」的例子，會合來看，就知道了賈誼在勸學方面立論的張本。

最後，我們似乎需要研究一下賈誼勸學的「教育目標」。換言之，也就是他希望造就成怎樣的一個人，我們發覺在《新書．容經》裏有志色之經、容經、視經、言經、立容、坐容、行容、趨容、跘旋之容、跪容、拜容、伏容、坐車之容、立車之容、兵車之容等十五個小目，這十五個小目，把人的行止坐臥，動靜語默，大部分都包羅進去了。例如他說志色之經：「人的志向可以從四方面看出來，身在朝廷之上，有淵深清明嚴肅的氣象；主持祭祀大典，有肅穆默思和平的氣象；指揮作戰的時候，有一種慍怒專一凜然不可侵犯的氣象；身逢父母之喪，有一種憂愁憂思悽然動容的氣象。誠於中，形乎外，有怎樣的氣象，必有相應的儀態」，所以他又繼而談容經：「身在朝廷，儀容是小心翼翼端莊有禮；主持祭祀，態度要愉悅敬懼顏色溫和；指揮作戰，態度果毅教令嚴明；遭逢喪事，儀容是憂思疲憊若不自勝」。以下他又說明以目視物，所當遵守的四個準則：「在朝廷目光要平視；祭祀之時，要注視所祭的對象；在軍旅要張目凝視；喪紀的時候，眼睛向下看」。至於言談應對，他也列舉了四種方式，說「措詞莊敬是朝廷之言，溫文有序是祭祀之言，屏氣低聲是軍旅之言，語調細弱是喪紀之言」。其他言立、行、跪、坐、疾趨、拜、伏的儀容，規定得極其詳密，這不僅可以看出他設教勸學的目標，同時，我們從這些小事小節，實際的踐履篤行上，可以領悟到當時社會生活的規範。

四、賈誼傳世的作品

想知道賈誼傳世的作品，先要弄清楚賈誼的師承關係，可是因爲史料的殘缺，我們想要把這一點弄清楚，還相當不容易。如劉向《別錄》、《漢書．儒林傳》二書，措辭都相當含混。唯有唐朝陸德明的《經典釋文．序錄》，說「左丘明作傳以授曾申，申傳給衛人吳起，起又傳給他的兒子吳期，期傳楚人鐸椒，椒傳趙人虞卿，卿傳同郡的荀況，荀況又傳給陽武的張蒼，張蒼傳給洛陽賈誼」，統緒十分詳備。近代章太炎先生在《春秋左氏疑義問答》卷一，談到《左傳》傳授過程時，考訂的精密，更超過陸氏。現在我們姑且依照這些有限的材料去加以推求，看看洛陽賈誼和陽武張蒼可能的關係。

秦併天下，張蒼爲御史，主柱下方書，到漢孝景帝五年（西元前一五二年）去世，年約百餘歲。秦併天下時他已三十多了，當時荀卿老死蘭陵不久，從這個時間上推測，張蒼從荀卿受《春秋》是很可能的事。再說蒼是陽武人，陽武今屬河南省，距開封西北九十里，新鄉八十里，有名的博浪沙就在縣東南五里的地方。他自從隨沛公入武關，到咸陽以後，沛公立爲漢王，還定三秦，命張蒼爲常山守；趙地既平，又以蒼爲代相。高后八年（西元前一八〇年），又由淮南相入爲御史大夫。明年文帝即位，賈誼因河南郡守吳公的推薦，由洛陽到長安，與張蒼同朝共事；而誼久慕蒼在學術上的造詣，遂執禮請益，而得其衣鉢，所以清朝江都汪容甫〈賈誼年表後案〉，就是這麼說的。

以上我們對賈誼師事張蒼的推測，表面上看，是時地脗合，相當合理；不過，如從另一個角度去詳加追索，這中間也並不是毫無破綻可說。例如《史記．張丞相列傳》，記載張蒼擔任丞相十餘年，魯人公孫臣上書言漢以土德王，當有黃龍出現；結果詔下張蒼議，而張蒼是一個博通曆法的專家，又是堅持遵行秦代顓頊曆的實力分子，所以他認為漢以水德王，色尚黑，便斥公孫臣的推算不對。不料在文帝十五年（西元前一六五年）春，果有黃龍見於成紀（屬隴西縣），於是文帝下詔議郊祀，召公孫臣為博士，草土德時曆，改制更年，張蒼由此被黜，這實在是當時震動朝野的一件大事。反觀賈誼卻早在文帝二年（前一七八年）的時候，就以為漢興已二十多年，理當改訂曆法，更換服色（參看本文前面第一章），到文帝十五年黃龍出現的時候，賈誼雖已辭世三年，但卻證明了一個事實，那就是賈誼與公孫臣的看法先後不謀而合，和張蒼的一貫立場發生了嚴重的衝突，所以司馬遷就不禁感慨的問：「張蒼文好律曆，是漢朝有名的宰相，但卻反對賈誼、公孫臣言正朔、服色的事，專門遵行秦時的顓頊曆，這到底是什麼原因？」我們從這些蛛絲馬跡去找張蒼和賈誼的關係，不但搭不上師生的情誼，在思想上簡直是此疆彼界，形成尖銳的對立。由此看來，唐初陸德明《經典釋文．序錄》上，記載的《春秋左氏傳》的傳授統緒，其可信的程度究竟如何？恐怕還值得今人做進一步的探索。

現在賸下的問題，是張蒼與賈誼的師承關係，既有可資懷疑的地方　同時在那個講究師承的時代，他似乎也不可能有自學成功的機會，那麼既然如此，賈誼的老師到底是誰？本人以爲是擔任河南太守的吳公。吳公爲上蔡人，曾經師事李斯，史載李斯與韓非是荀卿子的及門高足，吳公又受業於李斯，這實在是學術淵源，其來有自。吳公必是一位法家而兼與我儒有密切關係的學者，他對賈誼不僅在政治上給予有效的獎掖，同時在學術上也給他直接的指導，所以這樣說來，賈誼便成了荀卿子的四傳弟子。這個道統關係，雖然不見於正史的記述，但我們就憑著他們之間的經久相處，以及在陸氏《釋文》不盡可信的情況下，這種推測，應該說是大膽而合理的。

至於賈誼在辭賦方面的成就，也是得之於吳公。說到辭賦，絕不能撇開地區的關係。辭賦的開山屈、宋，身爲楚產，自不必說，就連那自刎烏江的霸王項羽，亭長出身的高帝劉邦，他們的〈垓下歌〉、〈大風歌〉，又那一位不是楚人楚聲。吳公既是上蔡人，所謂「陳蔡之間」，正是楚地，而吳公正是楚人，過去孔子厄於陳、蔡的時候，楚狂接輿還拿「鳳兮鳳兮，何德之衰」，以諷仲尼，從這些地方，我們可以肯定賈誼得吳公辭賦的真傳，應該說是很自然的現象。再加上賈誼服官行政，連遭䶩齕，懷才不遇，抑鬱難申，在不得已的情況下，發而爲文，就有了〈惜誓〉之篇，〈臨湘〉之悼，〈鵩鳥〉之賦，纏綿悱惻，令人爲之一掬同情之淚。所以百尺樓主陳去病說：「蓋賈生之舉也以吳公，吳公故與李斯同邑，而嘗學事焉，其師承有自，故生之學，殆出於荀」（見《辭賦學綱要》第五章〈楚辭雜評〉），很能道出賈誼師承統緒的真相。

現在讓我們進一步去看一看從他十八歲入仕，到三十三歲結束了人生的旅途，在這段十五年的飄泊歲月裏，總是得意的時間少，失意的時間多，他是一個公而忘私、國而忘家的狂熱愛國者，他爲了因應當時國家社會的需要，或個人一時興感之所由，不顧一切的反對，拚命的寫了許多章表辭賦。明朝黃寶序賈子《新書》，說太傅的作品「通乎天人精微之蘊，窮乎歷代治亂之故，洞乎萬物榮悴之情，究乎禮樂刑政之端，貫通乎仁義道德之原」，這樣說來，他不但「通達國體，古之伊管未能遠過」；他的精心傑構，更成了西漢第一等的文字。不過，這些作品，因爲時間上隔了兩千多年，散佚的恐怕不少；即令到現在倖存還能目見的，更由於歷代手鈔翻刻的人不小心，錯簡缺脫，妄增亂刪的字句，使原文不易通讀的地方也很多。例如《左氏傳訓詁》這部書，《漢書·儒林傳》上明明寫著：「漢興以後，北平侯張蒼及梁太傅賈誼，京兆尹張敞，太中大夫劉公子，都研究《春秋左氏傳》，唯有賈誼作《左氏傳訓詁》，以授趙人貫公」。北宋王堯臣《崇文總目》，和清唐晏的《兩漢三國學案》，也都認爲《漢書》的說法可信；尤其唐晏還想根據《漢書》的說法去尋求佚文，可是找不到特別可靠的材料。又如《五曹官制》五篇，班固《漢書·藝文志·諸子略·陰陽家》錄有此書，唐顏師古注，便說「漢制，似賈誼條奏的」，察顏氏的口氣，好像在他注解的當時，還曾經親自過目似的。清王先謙《漢書補注》，引王應麟說，也以爲這是賈誼的著作，內容包括訂曆法、易服色、修制度、興禮樂等，可是到現在只是史存空目，什麼都看不到了。

現在賈誼的作品保留得最完整的，要算賈誼《新書》五十八篇。這五十八篇現在分爲十卷，依照各篇內容的不同可以區別成三類，就是事勢、連語、雜事。事勢包括〈過秦上〉、〈過秦下〉、〈宗首〉、〈數寧〉、〈藩傷〉、〈藩彊〉、〈大都〉、〈等齊〉、〈服疑〉、〈益壤〉、〈權重〉、〈五美〉、〈制不定〉、〈審微〉、〈階級〉、〈俗激〉、〈時變〉、〈瑰瑋〉、〈孽產子〉、〈銅布〉、〈壹通〉、〈屬遠〉、〈親疏危亂〉、〈憂民〉、〈解懸〉、〈威不信〉、〈匈奴〉、〈勢卑〉、〈淮南〉、〈無蓄〉、〈鑄錢〉等三十一篇。連語包括〈傅職〉、〈保傅〉、〈連語〉、〈輔助〉、〈問孝〉、〈禮〉、〈容經〉、〈春秋〉、〈先醒〉、〈耳痺〉、〈諭誠〉、〈退讓〉、〈君道〉、〈官人〉、〈勸學〉、〈道術〉、〈六術〉、〈道德說〉等十八篇。雜事包括〈大政上〉、〈大政下〉、〈修政語上〉、〈修政語下〉、〈禮容經上〉、〈禮容經下〉、〈胎教〉、〈立後義〉、〈傳〉等九篇，按這本十卷五十八篇的賈誼《新書》，〈過秦上〉篇被司馬遷轉錄到《史記．始皇本紀》，而梁太子昭明編《文選》，又把〈過秦上〉篇編入第五十一卷，標題加一「論」字，成了〈過秦論〉，至於班固《漢書．賈誼傳》，更從《新書》「事勢」，取精用弘，抽出了十六篇，而構成了所謂〈陳政事疏〉的重要部分。《漢書．食貨志》裏又轉錄了賈誼的〈論重農積貯疏〉，和〈諫除盜鑄錢令使民放鑄疏〉，實際上這兩道疏就是《新書》事勢裏的〈憂民〉、〈無蓄〉、〈銅布〉和〈鑄錢〉四篇的綜合運用。《新書》連語十八篇，有〈保傅〉、〈傅職〉、〈容經〉、〈輔佐〉四篇收入了《大戴記》，而《大戴記》裏的〈禮察〉，明明列於《漢書．賈誼傳》，但《新書》卻反而少了這一篇。我們從這種重出脫漏的情形上看來，就大略可知賈誼《新書》在歷代變動劇烈的消息了。

再其次是賈誼的辭賦，根據《漢書．藝文志．詩賦略》的記載，上面一共著錄了賈誼賦七篇，《隋書．經籍志》裏還有《賈誼集》四卷，這樣看來，有關賈誼的文學作品，到唐朝魏徵、長孫無忌合撰《隋書》的時候，還相當完整的保存著。可是事隔一千三百年以後的今天，我們所能看到的，僅有〈弔屈原賦〉、〈鵩鳥賦〉、〈惜誓賦〉、〈旱雲賦〉、〈虡賦〉等，〈弔屈原賦〉、

〈服鳥賦〉都被司馬遷收入《史記》的〈屈賈列傳〉裏，〈惜誓賦〉據東漢王逸的《楚辭章句》，疑惑這不是賈誼的作品，以後每代都有不同的説法，所以一直到現在，這篇〈惜誓賦〉是否爲賈誼的手筆，還是文壇上的一大懸案。〈旱雲賦〉、〈虛賦〉都收在章樵的《古文苑》，和嚴可均的《全漢文》裏，我們可以覆案。

從各方面來衡量，以一個兩千多年前在政治上、學術上、甚而詞章上，有過傑出表現的賈誼，還能有如此夠分量的作品保存到現在，雖然不算是充分完備，但要想根據這些去探究他的思想的話，應該是綽綽有餘。不過，我在此要做一個附帶的聲明，清朝大校勘家盧抱經校賈誼《新書》，每當遇到百思不得其解的時候，他就拿《漢書》做藍本，認爲凡《新書》與《漢書·賈誼傳》合的爲真，否則都是後來淺人增竄，因此被他大刀闊斧「刊正」了許多地方。後來很有些學者，從古文字學的觀點去通讀，便覺得盧氏太過於大膽，過於輕率。現在大膽疑古而輕率的人也還不少，不過像賈誼《新書》這部西漢的作品，我們最好還是不要太武斷。

參考書目

在這一節裏，我想給讀本文而又有志作進一步研究的讀者們，提供些重要的參考用書，同時我這裏所介紹的，也可以說差不多是前人研究有成的全部文獻。首先我發現民國以前的讀書人，可能是受了文選家的影響，只知道賈誼的〈治安策〉，行文明快，造語警切，爲「千古書疏之冠」；〈過秦論〉「行文開闔起伏，精深雄大，真名世之作」（所引皆王文儒《古文辭類纂評註》引歸震川語）；所以我們想要在以往的著述裏找一些完全屬於賈誼學術思想方面的作品，實在是滿目蒼涼，幾乎看不到會有誰在這方面下過工夫。今後我們如果能突破明清選文家的範疇，和基於前人在校注方面已有的成就，去放眼觀察，切己體會，也許可以革故鼎新，把賈誼的研究，推向一個理想的高峯。不過「行遠自邇，登高自卑」，考據爲義理之母，焉有字句不明，而能發微闡幽之理。基於這個原因，以下我就按著「板本」、「校注」、「其他」三方面的順序，向諸君介紹。

在賈誼《新書》的板本方面，以建本、潭本最早。建本是南宋孝宗淳熙八年（西元一一八一年）建寧府陳八郎書舖印的；潭本是南宋理宗淳祐八年（一二四八年）程漕使照著建本重雕的，可以說是第二手的本子，這兩個本子都很可貴，過去盧文弨校《新書》的時候還用它做底本，可是目前在臺灣，一本也看不到。至於明孝宗弘治十八年（一五〇五年）吳郡沈頡的刻本，到現在也只是史留空目，不見原書。另外有人根據潘祖蔭《滂喜齋藏書記》，說賈誼《新書》有一個元末明初的刻本，但是細察潘氏說話的口氣，也僅限於揣測，難以叫人採信。明自正德以後，賈誼《新書》的刻本很有幾個，例如：明武宗正德八年（一五一三年）的李夢陽本，九年（一五一四年）的陸良弼本，明神宗萬曆年間的《漢魏叢書》本，萬曆五年（一五七七年）的子彙本，十年（一五八二年）的《兩京遺編》本，二十年（一五九二年）的《增廣漢魏叢書》本，還有也是明刊，不書刊刻年月，題名《賈長沙集》的黑口本，以及明末仁和朱圖隆刊本。以上這八個明刻本，李夢陽本、陸良弼本、《兩京遺編》本、朱圖隆本，都藏在臺北國家圖書館特藏組。《漢魏叢書》本，臺灣新興書局曾經縮印發行，子彙本，商務印書館已把它附在景印的《宋、元、明善本叢書》十種裏公開發售。黑口本《賈長沙集》，原爲國立北平圖書館藏書，現存臺北士林外雙溪國立故宮博物院。《增廣漢魏叢書》本，現在只見存目，未見原刻。時至清朝，在國內，還沒有看到有關賈誼《新書》的新雕板本，而日本倒有個仿刻的本子出現，那就是寬延二年己巳九月（即清乾隆十四年，西元一七四九年）的刊本，書分十卷，分五册裝和二册裝兩種；五册裝的現藏國家圖書館，二册裝的原爲東北大學藏書，現寄存在國立臺灣師範大學國文系圖書室。

在賈誼《新書》的校注本方面，最早的要算明朝何孟春的《賈太傅新書訂註本》，何本是正德十四年（一五一九年）在雲南刊刻的，所以又叫滇刊本。裝訂的形式有兩種，一是四册裝，一是二册裝，每册首頁第一行沿邊齊地都蓋有「謙牧堂藏書記」的篆刻一方。此書原本現藏國家圖書館。其次是清朝的盧文弨，據他自己說，是合眾本來校訂賈誼《新書》的，固然他有時因爲藝高膽大，間或失之武斷；而事實上，他仍不失爲賈太傅的功臣。不可諱言的，這是一本初學必讀的要籍，臺灣中華書局把它收入《四部備要》，學者可以參看。另外在清末光緒年間，泰州王耕心先生手定的《賈子次詁》本，這是王氏的稿本，到現在還藏在國家圖書館，沒有正式印行。本人曾數往借閱，展卷之下，看到王氏的正楷墨書，硃砂批校，分篇注解，資料宏富，爲研究賈子者不可多得的作品，同時這也是翰苑中唯一的孤本，真是稀世的珍寶。至於目前在臺灣研究賈誼《新書》的，雖然鳳毛麟角，但是像河南修武縣的祁玉章老先生，可說是這塊寂寞園地裏的一位墾殖不懈的園丁。記得他在民國五十八年（西元一九六九年）五月出版了第一本書《賈子探微》，隨後繼續努力，在民國六十三年（一九七四年）的十二月又獨資印行了第二本書《賈子新書校釋》。在該書自序裏，作者有這樣幾句話，說「至清，考證學興起，對於先秦諸子的校釋，粲然大備；唯於賈誼《新書》，僅有盧文弨抱經堂的校本，況且盧氏又任意刪削，大失本真；其他各家雖偶有臆見，也都限於分條札記而已。至於義理的疏通，二千年來，一直沒有人去注釋。所以我利用三餘之暇，博稽羣書，手鈔目驗，歲月漸久，積稿盈篋，因加檢理，成《賈子新書校釋》一書」。他前後下了六年的苦功，寫成了這部六十萬言的煌煌巨典，就我這個見識狹隘的人看來，自有賈誼《新書》到現在，在校釋的範圍內，祁老先生的這部書，可稱得上是一部空前的傑作。我深切相信這部書不僅可供做學者研究賈誼《新書》的重要參考，同時對留心兩漢學術思想發展情形的人來說，它也極具閱讀價值。

其他有關賈誼學術思想的探究，除了一般性質的中國哲學史上約略提到他以外，還看不出誰在義理方面有過單獨的論著發表。因此在這一片荒原上，以下所介紹的兩部著述，便成空谷足音，難能可貴了。第一部書就是本文前面說的，祁玉章老先生的《賈子探微》。這部書除自序外，共分五章，第一章〈賈子行誼〉，第二章〈賈子年表〉，第三章〈賈子著述考徵〉，第四章〈賈子思想探微〉，第五章〈賈子品評〉。全書一百零三頁，不到七萬五千字，可以說是須彌芥子的寫法，納大於小，很有推十合一的價值。又在民國五十八年（一九六九年）十二月，為慶祝瑞安林景伊先生六秩壽辰，當時政大、師大、文化學院三校院曾經親炙林師教誨的同學，有共同籌印論文集以資獻賀的計畫，我那時也寫了一篇將近十萬字的論文，題目叫做《賈誼學術三編》。前編記傳，在說明賈誼的生平行事；後編發微，在闡揚賈誼的經世思想；餘編考校，在校勘《新書》的字句錯訛。我認為這篇論文有三個地方是不同眾作的，一、是對清朝汪容甫的〈賈誼年表〉的證補，二、是對賈誼學術傳授的考察，三、是有關賈誼平生著述的檢討，這三點可以說給進一步想研究賈誼的朋友們，做了點兒奠基的工作，所以我也願意把它附在各家鉅著的後面，一方面有個供讀者參考的機會，另一方面也聊表我個人對這位鄉先賢賈太傅的崇敬。

本文寫作既竟，想到由於前人對賈誼平生著述的整理與發皇，才使我得以順利的完成了這篇短文，所以我不得不向這些勞苦功高的學者們致由衷的敬意；同時，雖然我存心儘量尊重賈誼原著的精神，來以辭抒意，可是由於古今、人天之隔閡，深怕這支不能生花的拙筆，對西漢初年的這位偉大思想家的精神意態，難作充分而令人滿意的表達。至於引文、譯句有欠合信達雅的地方，那是限於本人的學力，這和各原著本身的價值，是沒有多大關係的。

董仲舒

林麗雪 著

目次

董仲舒

一、生平事略

1 名籍生卒

董仲舒，漢廣川人（今河北棗強縣東三十里）。廣川舊屬趙地，所以又稱趙人。後來徙居茂陵（今陝西省興平縣東北）①。《漢書》本傳不曾記載仲舒的生卒年月，只說他少治《春秋》，景帝時立爲博士。而《漢書．敘傳》說：「抑抑仲舒，再相諸侯，身修國治，致仕縣車。」按應劭〈韋賢傳〉注：「古者七十縣車致仕」，則仲舒在元朔末年去位歸居時，應已七十歲。又《漢書．食貨志》說：「仲舒死後，功費愈甚，天下虛耗，人復相食。」據〈武帝紀〉及〈五行志〉所載，飢人相食是在元鼎三年，足證元鼎三年以前，仲舒已死。而元狩五年時，仲舒猶因大農管天下鹽鐵，而議鹽鐵事，可見仲舒之死，當在元鼎元、二年間。〈匈奴傳贊〉

又說仲舒親見四世之事，由此推之，其生年應在孝惠、高后時。享年七十餘歲。

2 出仕經過

董仲舒少治《春秋》，孝景時，立爲博士。並且兼通五經，堪稱一代大儒。他篤志經傳，專精述古，進退容止，非禮不行。下帷講誦時，門庭若市，座無虛席，以致弟子輾轉相授，新學者但就舊弟子受業，而不能親見老師。可惜景帝仍承漢初清簡無爲的作風，立博士只是循例行事，實際上，儒生並不被重用，董仲舒的才華因而遲遲不得展露。直到遇見了那位雄心萬丈、躍躍欲試的武帝，其抱負才得以伸展，理想才得以實現。

武帝即位後，頗思有所建樹，因此，即位的第一年第一個月，即建元元年（西元前一四〇年）冬十月②，便下詔丞相、御史、列侯、中二千石、二千石以及諸侯相舉賢良方正直言極諫之士。其後，又連續詔舉賢良文學之士，前後百數。董仲舒便是在元光元年（西元前一三四年），以賢良對策獲得武帝的嘉許，才得脫穎而出③。這次對策共計三摺，亦即有名的〈天人三策〉。其內容主要在揭櫫「天人相與」的觀念，並提出原則性的大計——興教化之功，其中包括貴德賤刑、移風易俗、養士、辦教育諸項。此外，尚有涉及實際政務的措施，如選郎吏、抑豪富、崇儒術等。而建元元年，武帝已聽從衛綰的建議，罷黜治申、商、韓非、蘇秦、張儀之言者，也就是對戰國以來法家、縱橫家的言論開始厭棄。又元光元年，田蚡也曾奏請抑黜黃老刑名百家言。經過這兩次抑黜的結果，僅餘儒家言論是不被禁止的。董仲舒的〈天人三策〉，以儒家思想為立論重心，並輔以陰陽家之說，正符合武帝援飾儒術的要求以及迷信鬼神的心理，於是擢用為江都相。

江都易王非是武帝之兄，以孝景前二年（西元前一五五年）立為汝南王，後徙王江都（今江蘇省江都縣西南四十六里處），治故吳國。易王素驕好勇，董仲舒常以禮義匡正，深獲敬重。據《漢書》本傳說，易王曾問及越王句踐與大夫泄庸、種蠡可否稱為「越之三仁」，董仲舒對以「仁人者正其誼不謀其利；明其道不計其功」的道理，並指責五霸先詐力而後仁誼，不足以稱於大君子之門，易王被說得心服口服。

可是，董仲舒江都相的任期並不太久，即以推災異獲罪，廢為中大夫。事情的原委是這樣的：先前建元六年（西元前一三三年）時，遼東高廟、長陵高園殿曾遭火災，董仲舒居家推論那次災異的原因。他以為漢承秦敝，本已難治，又加上兄弟親戚骨肉之連，驕揚奢侈，恣睢者眾，更為難治。而高廟本不當居遼東，高園殿亦不應在陵旁，上天所以燔毀它們，就是要藉此來警戒在位者，應誅除諸侯及近身大臣中之驕奢不正者。這番議論雖一反儒家溫柔敦厚的作風，卻句句中肯。漢初，有鑑於秦代以郡縣亡國，因此，大封諸侯以為屏藩。而諸侯的勢力日漸擴張，致使「一脛之大幾如腰，一指之大幾如股」，不但有損皇室的威嚴，更有礙皇室的鞏固。前朝賈誼、鼂錯曾先後對此提出高策，而招致不少怨尤。至武帝時，諸侯的驕奢和大臣的僭越益甚。可是，董仲舒深知此議勢必引起諸侯大臣的不滿，因而遲遲不敢上奏。不料，恰被貪狠狡詐的主父偃窺見，心生嫉妒，竊而上之④。武帝在朝中召諸儒評閱，由於其利害關係直接影響到朝中權貴，頗引起眾人的不滿。董仲舒的弟子呂步舒，因不知是其師的議論，而指責爲大愚。董仲舒因而獲死罪，得赦，廢爲中大夫。吾丘壽王受詔從他受《春秋》就在此時。從此，董仲舒不敢再言災異。這是董仲舒在宦途上所遭遇的一次大挫折，也是他廉直寡飾的後果。此事使他的用世熱誠大爲消減，不久，又碰上寃家公孫弘的得勢，險遭陷害，終於使他下定隱退的決心，不再對宦途有所眷戀。

公孫弘，出身獄吏，年四十餘乃學《春秋》雜説，其春秋學當然比不上董仲舒精醇。加上他性意忌，外寬內深，凡是與他有過節的人，不管親疏遠近，表面上雖佯與相善，暗地裏總不忘尋釁報復。董仲舒爲人廉直，對公孫弘的阿諛諂媚位至公卿，深覺不齒。而公孫弘也因治《春秋》不如董仲舒而心懷忌恨。於是，元朔五年，公孫弘拜爲丞相後，即推薦仲舒相膠西王，蓄意陷害。膠西王的爲人賊盭陰痿，嗜殺成性，乃是眾所皆知的事實。過去凡二千石的官吏相膠西王者，不是被陷於死罪，就是被藥殺而亡。仲舒恐日久獲罪，不久，即稱病求免，去位歸居，終身不問家產業，以修學著書爲事，時已年高七十。

未頃，元朔六年（西元前一二三年），淮南王安、衡山王賜等人謀反之事被揭發。武帝深悔未聽取仲舒的忠告，於是派其弟子呂步舒持斧鉞治淮南獄，以《春秋》誼專斷於外，先斬後奏，權力甚大。據統計，當時因連坐而死者多達數萬人，慘況空前。此後，武帝更加敬重董仲舒，朝廷每有大事，必先遣使臣及廷尉張湯前往其家請教，董仲舒亦都能「讜言訪對」。諸如：《繁露．郊事對》所載廷尉張湯與故膠西相董仲舒郊事對，即其一例。又〈食貨志〉載仲舒議鹽鐵，亦應在歸居以後。但這種半隱居的生活，只維持七、八年即告壽終正寢。

依常理判斷，董仲舒以一代大儒處在雄才大略、崇儒尊孔的武帝朝內，應該如魚得水一般得志才是。然而，我們從其坎坷仕途看來，可知他並未見大用。其關鍵就在董仲舒之主罷百家、尊孔子，獨爲武帝所嘉納的原因，乃是由於當時言封禪、明堂、巡狩種種所謂受命之符、太平之治，以及德施方外而受天之祐、享鬼之靈者，無不附會詩書六藝，而託尊於孔子。武帝並非真正敬仰儒家，而只是利用儒家，因此，像公孫弘那樣「習文法吏事，緣飾以儒術」的僞儒者，可以獲得武帝的青睞而致封侯拜相，然而像董仲舒這樣耿介廉直的貞士儒者，卻反被疏遠。武帝用的只是他的議論，而不是他本身。難怪他最後終於告別政壇，退隱歸居。其後，雖然對武帝的垂問也能有所建議，但已不似往日那樣熱誠地期盼。簡而言之，自漢初的好黃老到武帝的崇儒術而言，我們可以說董仲舒是生逢其時；但自崇儒術的真面目而言，我們又未嘗不可以說他是生不逢時。

3 學術淵源

孝景時，董仲舒和胡母生並稱春秋大師，爲漢代傳《春秋》的兩大源頭。據《公羊義疏》引戴宏序說，此二人的春秋學係來自同一個祖師——子夏。其傳承世系大概是這樣的：

子夏—公羊高—公羊平—公羊地—公羊敢—公羊壽—┬胡母生
　　　　　　　　　　　　　　　　　　　　　　└董仲舒

後來，明朱睦㮮《授經圖》亦有此說。事實上，這種傳承系統，殊不可信。因為自孔子至較胡母生略後的孔安國，據《史記．孔子世家》說已有十三代，則自孔子弟子子夏至與胡母生同年輩的公羊壽，如何只能有五代？故此說想必是出於《公羊》、《左氏》二傳在東漢初的互相爭勝，公羊家為提高自己的地位，私自造出來，以見其直接出於孔門的嫡系單傳。而清凌曙《春秋繁露注序》更以為公羊壽一傳而為胡母生，再傳而為董仲舒。然按兩漢有關資料，可知董、胡二人同業，並同為景帝時之博士，絕無胡母生以公羊傳董仲舒之事。當然，董、胡二人既同治《公羊春秋》，董仲舒又曾為文稱讚胡母生之德，此二人對《春秋》的解說想必有雷同之處。以致東漢時，何休作《春秋公羊經傳解詁》，自云：「往者略依胡母生條例，多得其正。」可見其學多本之胡母生⑤，但書中卻發揮張三世、異內外、存三統之義，與董仲舒所言略同。而唐徐彥解云：「胡母生本雖以公羊經傳授董氏，猶自別作條例，故何取之以通公羊也。」便直以董仲舒為胡母生的弟子，此一無根謬說，遂輾轉而為定論。

儘管董仲舒公羊學的傳承已不可考，但從董仲舒的思想理論看來，說他的學術淵源自儒家是絕無可疑的。他繼承了儒家全部——至少是大部的遺產，而以《春秋》的微言大義加以貫通。《春秋》自身是「歷史文化」，是「古」。此二者正是儒家立言的根據，也是董仲舒的根據。在漢代龐大的帝國主義之下，沒有同一時空的政治可資比較借鑑，託古言今是有志為國者必然的手段。董仲舒以《春秋》綜貫儒家思想，主要原因即在於此。他認為《春秋》「道往而明來」，上明三王之道，下辨人事之紀，既可判斷是非善惡，又能存亡國、繼絕世，補廢起弊，實為治國的最高準則。因此，董仲舒的各項思想理論均由此發端。《漢書》稱仲舒兼通五經，但無疑的，《春秋》是他學問的匯歸點，猶如挈之在領，最是不容忽視。

不過，董仲舒受漢初陰陽之學特盛的影響，解《春秋》的方法，與別人不同。從《漢書・五行志》的記載看來，他是以陰陽兩種勢力的消長解說《春秋》的，這種方法在當時確屬創舉。尤其在陰陽家思想早已深入民心的漢代，更易爲人所推崇。後來，胡母生漸不能與他相提並論的原因，恐怕就在這裏。漢代經學的傳承固然相當遵守師法，但災異之說不在此限。公羊家說陰陽災異，乃糅合他說而有，並非《春秋》所固有。董仲舒一心要以陰陽災異推動政治措施，不免也要精研陰陽家的那套理論。不過，他論陰陽災異，都能歸諸鑑戒，於當時治道頗有助益，而不致流於荒謬無稽。

要而言之，董仲舒的學術淵源，主要應有二個脈系：一爲儒學，一爲陰陽學。前者是他的思想本體；後者是他的推論方法。儒學與陰陽學的交融，本爲秦漢間的學術潮流，董仲舒難免爲它所激盪。值得慶幸的是，他雖說陰陽談災異，畢竟還保留了一份儒者的固執，憑著這股熱力，構成他一生的績業，也因而使他自羣儒中脫穎而出，成爲漢代舉足輕重的思想家和政治理論家。

當然，漢初承先秦諸子之學繁興之後，學風駁雜，學者立論往往糅雜諸家之說，董仲舒的思想淵源除了得自儒與陰陽二家外，恐怕也不免要兼融他家之說。尤其道家思想在漢初已盛行，墨家在先秦時又和儒家並稱顯學，未嘗無相通者，多少也被涵括於董仲舒的學說理論中。這些都留待論董仲舒思想時再細說。

4 重要著作

董仲舒的著作甚富，可惜幾已全佚。據《漢書．藝文志》和本傳的記載，董仲舒的作品至少應有三種：

(1)公羊董仲舒〈治獄〉十六篇（春秋類）。

(2)董仲舒百二十三篇（儒家類）。

(3)〈聞舉〉、〈玉杯〉、〈蕃露〉、〈清明〉、〈竹林〉之屬，數十篇（說春秋事得失）。

按《後漢書．應劭傳》說董仲舒作《春秋決獄》二百三十二事，又《隋書．經籍志》有董仲舒《春秋決事》十卷，並指董仲舒〈治獄〉十六篇而言，其內容多係以《春秋》誼斷獄的判例。清王謨、洪頤煊、馬國翰、黃奭、龔自珍等人都曾輯錄，但僅餘一卷而已。至於百二十三篇之內容皆為明經術之意及「上疏條教」，大都已散佚，亦可能有部分被掇輯入於《春秋繁露》一書中。而〈聞舉〉、〈玉杯〉、〈蕃露〉、〈清明〉、〈竹林〉之屬數十篇，亦多散亡，但《隋書．經籍志》有《春秋繁露》十七卷，說是董仲舒所著，據今日所見樓鑰定本觀之，其中也有〈竹林〉、〈玉杯〉等篇，與前述第三類著作當大有關係。

按《春秋繁露》一書，在《漢書》本傳及〈藝文志〉中均未有記載。該書究係何時出現，已難稽考。不過《後漢書．后紀》說：「明德馬皇后善董仲舒書。」可見彼時仍未以《春秋繁露》名董仲舒書。而始著錄於〈隋志〉的《西京雜記》說：「董仲舒夢蛟龍入懷，乃作春秋繁露詞。」⑥又《魏書》說〈隋志〉因梁阮孝緒《七錄》，始以《春秋繁露》及《春秋決事》並入經部，似乎阮孝緒已先著錄該書。又《續漢書．儀禮志》梁劉昭注補亦有著錄，足證南北朝時該書便已流行。可是，自宋王堯臣以下，該書的可信度，便起了動搖。《漢書》不予著錄，固然是致疑主因，但懷疑論者所採理由實有加之。譬如攻訐最力的程大昌，在〈繁露書後〉一文中，即從內容、文體和後世引用情形立論，他說《繁露》的辭意淺薄，間掇董仲舒對策語雜置其中，輒不相倫比。又說繁露本指古冕之旒似露而垂，推想其書皆用一物以發己意，有垂旒凝露之象，故《繁露》係因文體而得名，而今本《繁露》則大異於此。復就《太平寰宇記》、《通典》、《太平御覽》所引《繁露》語，不見於程氏所見的本子裏，而懷疑他所見非真。其實，《繁露》本係後人拾掇董仲舒遺文而成，並以原來的一篇名〈蕃露〉（後改名〈繁露〉）冠上「春秋」二字做爲書名。輯錄時，將對策語亦一併收入，並非不可能。至於繁露是否指文體言，殆不可知，王應麟即採《逸周書》注，說是冕之所垂，有連貫之象，蓋指《春秋》「屬辭比事」而言。這種解說從大處著眼，似較程說可信。何況即使繁露果真就文體而言，亦不可能全篇累牘全用此體，所以程說不足爲據。此外，《太平寰宇記》、《御覽》和《通典》三書所引《繁露》語，程大昌未及見之，乃是由於所見版本不全之故，黃東發《日鈔》和樓大防跋《繁露》皆已辨之。但是，《繁露》畢竟祇是一部後人輯佚之作，其中駁雜不純的現象，勢所難免。因此，直到今日，仍有人提出質疑，始終難成定讞。諸如文中部分用語，可能有因東漢人依自己的習氣竄改或羼入的情形，像〈五行順逆〉：「舉賢良，進茂才。」茂才本作秀才，因避光武諱而改。又〈五行相勝〉、〈五行相生〉和〈五行順逆〉等篇云：「火者，本朝。」係後漢尚火德，故以火爲朝廷。再者，該書自北宋後期至南宋初年，曾一度大量流失，版本亦有多種。據南宋寧宗嘉定年間，樓大防所見即有四種——里中寫本、京師印本、羅氏蘭堂本、加潘氏本。這四者不僅文辭有異，甚至在篇目上也大有差異，有少到三十七篇的，也有多至八十二篇的。據首先著錄《繁露》篇目的《崇文總目》說應有八十二篇，可見這中間的散佚有多少。有些人見不到足本，當然要起懷疑。何況，它既屬輯佚之作，自不可能將董仲舒的言論著作毫不遺漏地完全收錄，因此，其他書中所引用董仲舒話語，未必全可見於《繁露》之中。上述這種種現象，都是足以致疑的原因。然而，綜觀該書內容，大體可分爲三部分：一部分解釋《春秋》的微言大義，誠如本傳所說「皆明經術之意」、「說春秋事得失」，一部分承陰陽家的遺緒，有天人合一之說，即專論對策所謂「天人相與之際」，一部分則專論當時的禮制或即興之作。而《春秋》的微言大義，事實上又是他天人哲學的主要根據，所以前二部分應是二而一的。因此，其中雖有駁雜不純的現象，仍不失爲探討董仲舒思想的主要參考資料。尤其，書中言五行，仍與陰陽居同等地位，並未被視爲陰陽二氣分化而成，而且陰陽五行的發展雖較秦時複雜，但又不似東漢時周密，正代表陰陽五行思想發展過程中的某一過渡階段，也就是西漢初期陰陽五行思想的型態，是不得前移或後延的，更可見該書非後人所能僞託，故《四庫全書總目提要》說：「今觀其文，雖未必全出仲舒，然中多根極理要之言，非後人所能依託也。」的確是公允之論。總而言之，今本《春秋繁露》絕非董仲舒手訂，而係後人的輯佚之作，其中舛錯、脫誤在所不免，也可能有董氏後學附益的成分。不過其內容實足與《漢書》所載董仲舒的遺作相發明，而且也與西漢初期思想發展的時代意識相符，當可據以探討董仲舒的學術思想。

樓大防在獲得前述四種版本之後，和胡仲方共爲校讎，寄江右漕臺樓版印行。後來，明代黑口本，及清武英殿聚珍版本，都是照這本翻印的。清代還有乾隆二十六年（西元一七六一年）董天工的箋注本、嘉慶乙亥（一八一五年）凌曙的注本，及宣統三年（一九一一年）蘇輿的義證刊本，而以抱經堂刊本爲最善。

現在可以看到的董仲舒的言論著作，除《春秋繁露》外，計有《漢書》本傳〈天人三策〉、〈食貨志〉二端、〈匈奴傳〉一端、〈春秋決獄輯佚〉十三條，《漢書．五行志》董仲舒言災異七十七事，《藝文類聚．士不遇賦》，此亦見於《古文苑》，又《古文苑》有〈雨雹對〉、〈詣丞相公孫弘記室書〉，《續漢書．儀禮志》引〈奏江都王求雨〉，《周禮．宗伯太祝注》引〈救日食祝〉，《抱朴子．內篇．論仙》引董仲舒所撰〈李少君家錄〉。這些散見的言論著作，可能包括在本傳中所錄百二十三篇之內，也可能有後人僞託誤傳之作⑦。此外，〈隋志〉集部所著錄之《漢膠西相董仲舒集》一卷，也是後人輯佚之作，內容多與前述諸文重複，亦不足述。

至於董仲舒著作湮滅不傳的原因，一則由於武帝用仲舒，實爲尊經隆儒的僞飾而已，漢代自公孫弘以下，學風敗壞，士子莫不以利祿爲歸，像董仲舒這樣的儒者，不一定能獲得多少人的欣賞。再則，後來眭孟以再傳弟子妄釋師說，上書昭帝，終被刑誅。當時禁錮嚴峻，董氏之書必遭毀禁，學者更不敢出，乃至劭公釋傳祇述胡母生，不及董仲舒。又逢劉歆崇古學，今文益微，公羊學屢被譏議，董氏之書更無法自存。

① 《漢書》本傳曰：「年老，以壽終於家，家徙茂陵。」案〈武帝紀〉徙郡國豪傑於茂陵，前後有三，一在建元二年，一在元朔二年，一在太始元年。仲舒卒於元鼎中，是其徙居茂陵，絕非太始元年。究係在建元二年或元朔二年，也不可考。

② 漢初襲秦曆，尚以十月爲歲首，故冬十月即第一個月。

③ 董仲舒對策的時間，說法不一。㈠《資治通鑑》說是在建元元年（西元前一四〇年），㈡官本《漢書》考證齊召南說是在建元五年（前一三六年），㈢《漢書．武帝紀》說是在元光二年（西元前一三三年），㈣戴師靜山在〈漢武帝抑黜百家非發自董仲舒考〉一文中，說是在元光二年至四年間（西元前一三三年—一三一年）。本文取第三種說法，詳細考證可參看施之勉〈董子年表訂誤〉一文。

④ 《史記會注考證》引梁玉繩說：「……〈漢志〉載其奏，不免阿詞曲說，起天下誅殘骨肉之心，何以爲醇儒？其弟子斥以下愚，宜也。余疑主父偃竄易奏之，不然，何以與削地分封之議、徙豪茂陵之言，如出一口乎？」顯然是替董仲舒辯護。而漢時經師傳災異，並不遍授弟子，呂步舒不知其說，本不足爲怪。主父偃是否曾竄易董仲舒之說，很難確定。故本文仍從〈五行志〉之說。

⑤ 何休之學出於李育，李育之學本之胡母子都。詳見江藩隸〈經文公羊先師考〉。

⑥ 《西京雜記》始著錄於《隋書．經籍志》，不著撰人名氏，至《舊唐書．經籍志》始注曰葛洪撰，然《酉陽雜俎》載庾信作詩用《西京雜記》事，旋自追改曰：「此吳均語」。故晁公武《讀書志》遂據此而以爲係吳均所依託（詳見《四庫全書總目提要》卷一四〇，子部小說家類）。此二說均不足信，但其書所述皆漢事，又始著錄於〈隋志〉，殆爲魏晉南北朝時代之作。

⑦ 蘇輿〈董子年表〉曰：「《御覽》七百二十四引《神仙傳》云：李少君與議郎董仲舒相親，見仲舒宿有固疾，體枯氣少云云。仲舒爲議郎，史傳不見。《抱朴子．論仙》亦引董仲舒〈李少君家錄〉，《漢武內傳》亦有東方朔董仲舒侍之文，蓋並董仲君之譌。董仲君爲方士，見《廣弘明集》。王應麟《困學紀聞》十，疑仲舒儒者，不肯爲方士家錄，斷爲依託，不知是誤文也。」可見〈李少君家錄〉是否董仲舒所作，早已有人提出質疑。

二、時代背景

1 政治思想

秦自孝公用商鞅之策，變法圖強，法家思想開始植根，至秦始皇慕韓非，用李斯之議，統一六國，而法家思想便已全部實現。其後，李斯勸二世「行督責之術」，也是法家的策略。秦的政治和思想全爲法家所支配，這是史有定論的。高祖入關，雖力主去秦苛法，與民約法三章，緩刑薄斂，頗能予人休養生息的機會。但是，一方面由於秦的遺毒已深，不是旦夕之間即可消除，一方面又因四夷未附，兵革未息，三章之法不足以禦姦，未久，即令蕭何摭取秦法之宜者作成九律，此後，法家制度便成爲漢家政治的重要支撑力量。

漢初的黃老之治，歷高帝、惠帝、高后前後二十三年，而社會頓呈蓬勃景象。當時社會最大的變遷是經濟的復蘇、諸侯王的驕縱和外患的凌逼。有爲主義者莫不厭棄苟且敷衍、姑息偷安的政治，紛紛要求朝廷因事制宜有所更革。文景時的賈誼、鼂錯在奏疏中即一再強調此等問題的嚴重性，並殷切地提出許多實際改革方案。由此可見，清靜無爲之道已不足以應付此時的繁雜社會，改制的機運也就開始醞釀了。

文帝亦知不容再守清簡之政，但他素以恭儉玄默爲長治久安之計，且因以代王入主中朝，諸侯在外者，非其長兄，則其伯叔父，而廷臣皆高祖時功臣，封侯爲相，世襲相承，即使想有所更革，亦爲情勢所礙。再者，文帝本身缺乏魄力，對賈誼的建議，雖心中竊喜，然以羣臣反對，不得不疏遠他。史稱「孝文好道家之學」，而黃老申韓本是同源而異流，其間不免有相通之處①。文帝所好的道家之學，不僅是黃老之言，亦包含自老氏衍出的慎到、申不害、韓非之學，故《史記．儒林傳序》又云：「孝文帝本好刑名之言。」所謂「刑名」，就是「以名責實，尊君卑臣，崇上抑下」之術②，由此可知，文帝號稱仁君，表面上主張黃老清靜無爲，實際上，若無法家刑名之術做爲後盾，黃老之術，恐怕是難以奏功的。

文帝本人既好刑名，對太子勢必也施以此種教育。景帝天資本已刻薄，在東宮時，又有學申商的鼂錯爲其家令，治刑名的張毆以功臣子的身分陪侍在側，如何能不走上法家的政治途徑？後來的七國之亂，便是肇端於此。

由此可知，文景二帝對社會的變遷，並非無動於衷，他們私下已採取刑名之術控制時局，但表面上仍因循黃老的無爲。這種內刑名外黃老的政策，一則是因他們魄力不足，一則亦因時機尚未成熟，不容激烈更革。

至武帝時，上述的種種社會變遷益趨劇烈，不得不謀痛一懲創之道。同時因爲諸呂在高后崩後，已爲功臣宗室所剷平，而功臣宗室的用權，也因文景以來的逐步措施日漸消除。至此時，漢之爲漢者乃定，而中央帝室之尊嚴也因以確立。武帝本其雄才大略、席三世之餘蔭，又得此良機，自然不肯安於先祖的無爲。加上河間獻王修學好古，重金收購民間古籍，所得書皆古文先秦舊書，如《周官》、《尚書》、《禮》、《禮記》、《孟子》、《老子》之屬，或經傳說記七十子之徒所論。又舉六藝，立博士。一般學者受民間古學復興的影響，亦不肯安於無爲。是以朝野並趨有爲一途，改制之事更是刻不容緩。可是，武帝屢欲有所更革，都爲愛好黃老的竇太后所黜，譬如：武帝建元元年（西元前一四〇年），漢帝國已六十餘年，天下乂安，縉紳之屬，皆望天子封禪改正度，於是武帝招舉賢良，趙綰、王臧等以文學爲公卿，欲議古，立明堂城南以朝諸侯，又起草巡狩、封禪、改曆、服色諸事，事爲竇太后所知，逼得綰、臧等皆自殺身死，一切計畫也就因而擱淺。直到建元六年（前一三五年），太后崩，武帝才能大展抱負，而漢帝國改制的願望始告達成。

武帝欲有所更革，首要的工作應是另尋一個適合現勢的學說以代替黃老的無爲。武帝自爲太子時，受其舅氏田蚡和老師蘭陵王臧的影響，對儒家的禮樂制度早已嚮往。即位以後，以竇嬰爲丞相，田蚡爲太尉，二人皆好尚儒術，且推薦王臧爲郎中令，趙綰爲御史大夫。武帝身處諸儒之間，耳濡目染，在改制之時，自然優先考慮儒家之學。在先秦諸子中，儒學最適合武帝時的現勢，因爲黃老一家的政治理論，雖然是西漢初年的顯學，但對於大帝國組織的鞏固、大帝國前途的開展並無貢獻。此時國力既張，需要更積極、更充實的政策。文、景兩帝施以內刑名外黃老之術，但法家之術並非長久之計，秦之以法亡國可爲殷鑑，武帝自然不能重蹈覆轍。至於墨家主兼愛，大不利於專制，祇有儒家嚴差等、貴秩序、尊王攘夷，最適用於統一帝國。何況經術儒生，高談唐虞三代，禮樂教化，能爲盛世之憧憬，最爲太平治世所樂道。武帝本好大喜功，急欲粉飾太平，舉凡封禪、改制、巡狩等事，皆有待儒生的佐助，於是儒學便在偶然的機緣和時勢的要求下膺選了。

可是，武帝內多欲而外施仁義，提倡儒學是他爲自己的諸多欲望所做的掩飾。他一方面可能受母族的影響，篤敬鬼神之祀③，譬如供奉長安女子神君於上林蹏氏觀，建造候神人之蜚廉、桂觀、益壽以及延壽等觀，一方面又因嚮往神仙不死之境，寵信方士者流，諸如李少君、少翁、公孫卿等人皆以方士而貴爲郎將，這在《史記．封禪書》和《漢書．郊祀志》中都有詳細記載。而鬼神之祀本爲陰陽家的原始職務，方士又係陰陽家的末流。秦漢之際，儒與陰陽早已相互容攝，因此，他所取於儒家的，乃在「陰陽」與「文辭」，以滿足其浮誇的本性。同時，他的政治作風，仍保留法家的精神。《史記．酷吏列傳》中的那些酷吏，大都是在「上以爲能」的情況下被擢拔任用的。他們有的是由「攻剽爲羣盜」的無賴漢中，因其殘賊之性，一躍而爲武帝政治的柱石，甚者可以像張湯那樣以「多詐舞智」、「文深意忌」貴幸爲九卿。這些「以惡爲治」的酷吏，斷獄判案全依君主意旨，而不循「三尺之法」，此即法家尊君思想的表徵。所以宣帝時夏侯勝議立廟樂事，說武帝雖有攘四夷廣土斥境之功，然而多殺士眾，傷民財力，奢泰亡度，天下虛耗，百姓流離，物故者半，亡德澤於民，不宜爲立廟樂。事實上，這種法家精神一直延續，甚至宣帝時，還以此訓諭太子說：「漢家自有制度，本以霸王道雜之，奈何純任德教，用周政乎？」

漢初承秦之後的法家政治，可由以下三方面略窺大概：

第一，君臣的關係。君臣地位之懸殊，是由於法家以人君爲統治絕對體所建立的觀念。

而要表現君之尊和臣之卑，必有一套特定的儀節，就是所謂的朝儀。高祖起自匹夫，即帝位以後，羣臣飲酒爭功，醉或妄呼，拔劍擊柱，高祖患之，於是叔孫通建議重定朝儀。實行以後，使得諸侯以下，莫不振恐肅敬，而高祖也大嘆今日始知爲皇帝之樂。而這個朝儀的制定，大抵皆襲秦政。

第二，刑罰的制定。秦用商鞅建議，增加肉刑，大辟有鑿顛、抽脅、鑊烹之刑。漢初，雖有約法三章，網漏吞舟之魚，然其大辟尚有夷三族之令。凡是當夷三族者，都先黥、劓、斬左右趾，笞殺之，梟首，菹骨肉於市。誹謗詈詛者，又先斷舌，可謂五刑兼具。文帝時，除肉刑，而代之以「當劓者笞三百，當斬左右趾者笞五百」，結果是外有輕刑之名，內實殺人。至武帝時，張湯、趙禹重定律令，凡三百五十九章。大辟四百九條，千八百八十二事，以致「文書盈於几閣，典者不能徧睹」。

第三，吏治的敗壞，漢代文職官吏可分爲兩種，一種是文吏，可以說是職業官吏，明習法令，擅長刀筆，幹練稱職，這種人原來就是掾吏出身的。一種是儒生出身的官吏，誦習五經，稱說仁義，卻不見得能辦事。這兩種官吏是對立的。文吏自幼爲幹吏，以朝廷爲田畝，以刀筆爲耒耜，以文書爲農業，猶家人子弟生長於宅中，當然比賓客知道其中曲折，而儒生猶如賓客。這些文吏都是沿秦以吏爲師，亦都是法家之徒。他們的知識範圍，自是在刑名法術之學，根本沒有儒家的教化觀念。只曉得上下相毆，以刻爲明，以惡爲治，以置人於死地爲自安之道。這種現象不但賈誼時有，即使到宣帝時，路溫舒也曾上〈尚德緩刑疏〉痛陳其惡。

綜觀高祖建國以迄武帝即位，漢帝國的政治變化甚大，即由無爲而有爲，由靜止而躍動，由守成而建設，由消極而積極。使許多有爲主義者敢於挺身獻策，諸如重農抑商、削弱封建諸侯、積貯軍粟、伐匈奴、重教育等計畫，都是發端於文帝，醞釀於景帝，而實現於武帝。仲舒親歷四世，對改制更化之事，不但早已嚮往，而且胸有成竹，因此當他看到武帝的作風，深知時機已到，就急於一吐爲快。尤其自高祖首開納諫之風，文帝親策賢良、廣開言路之後，儒生論政之風大行，董仲舒躬逢其盛，言論才得以發抒。而以儒代法，則爲他立論的主旨，以陰陽推動儒術又爲他非不得已的下策。

2 社會風氣

秦用商君之法，遺禮義，棄仁恩，並心於進取，風俗敗壞，已不待言。入漢以後，社會風習不但未能改善，反而變本加厲，敗壞日甚。這種現象的形成，固然積習難改是一個因素，但是，最主要的原因還是在於經濟放任和吏治敗壞的結果。

漢之初興，民間戶口耗亡，經濟衰落，已不待言。自孝惠、高后之後，此種衰狀，即有復蘇景象。然因政治寬簡，一任社會事態自爲流變，以致在經濟復蘇的過程中，不免有連帶而來的弊患。最嚴重的問題便是新商人階級的崛起，而形成資產與財富的集中與不均。由此又導致社會奢侈的風氣，影響民心至鉅。

新商人階級的崛起，始自春秋諸君浮誇炫耀的幼稚心理，人主大臣競相以高價收購天下奇貨珍寶，於是賈人越國度險，羅致珍奇，然後從中取利。至戰國時，不但封建井田之制廢，民得自由買賣田地，而同時又開放山澤，聽民資生牟利，政府僅徵其定額之稅，此爲當時農業經濟分解，而工商突起的另一主要因素。於是往日平民與封君對立的局面，漸轉變爲農民與商賈的對立。這種現象，到漢初又聽任其發展，後果更是不堪收拾。據鼂錯比較當時農夫和商賈的生活說，一個五口的農家，服役者不下於二人，所能耕作的土地祇不過百畝，而百畝的收穫，最多不過百石，何況還會遭水旱天災或政府的急征暴斂。有時不得不低價出售農作物，或者高利向人貸款，乃致賣田宅，鬻子孫，以求償債。然而商賈大者積貯倍息，小者坐列販賣。男不耕耘，女不蠶織，衣必文采，食必粱肉。既無農夫之苦，又有阡陌之得。而且交通王侯，力過吏勢，千里遨遊，輕鬆無比。這兩種生活不啻霄壤之別，難怪有辦法的人紛紛經商事賈，造成貧者愈貧，富者愈富的現象。

爲了挽救這種不調勻的社會現象，賈誼、鼂錯等人都力倡重農抑商之策。鼂錯更提出「入粟拜爵」的方法，主張募天下入粟縣官，得以拜爵或除罪。如此，則富人有爵，農民有錢，粟有所渫，不但可損有餘補不足，又可扶植農業，積貯軍糧。文帝聽從他的建議，令人民入粟邊塞六百石者，可爵上造。稍增至四千石，爲五大夫，萬二千石，則可高居大庶長。然而一個五口農家，力耕不過百畝，所收不過百石，能捐得出六百石的有幾人？終究還是落到豪強富商手裏。如是，則重農而農益輕，貴粟而金益貴。士宦之途，仍在財富，首開鬻爵之路④。景帝又立貲算之法，先是定貲算十（十萬錢）以上之廉士始可爲官，但廉士大都無財，所以下詔改爲貲算四即可爲官。這個數目仍然相當龐大，不是一般人企望可及。武帝即位以後，干戈日滋，財路衰耗，始立賞官，明開鬻賣之門。凡是入穀者、入羊者、入奴婢者、煮鹽冶鐵者皆得入仕。此外，因當時世家弟子富人多喜鬥雞走狗，馬弋獵博，戲亂齊民，於是又定株送之法，凡是犯罪者可以錢償罪，甚至補郎。因此富者既可憑其財力，役使平民，又可買爵得官，富貴兼得，造成富者必貴，貴者必富的流弊。

漢代吏治在法家思想的支配下，本已敗壞不堪。一般文吏競相以惡爲治，以刻爲明，使人民動輒生咎，益輕犯法，盜賊滋起。武帝防不勝防，只得制定沈命法（即連坐法），下令「羣盜起不發覺，發覺而捕弗滿品者，二千石以下至小吏主者皆死」。其後，小吏畏誅，雖有盜亦不敢發，所以盜賊寖多，上下相匿以文辭避法。一般俗吏只以刀筆筐篋爲務，對於世俗之流失敗壞，恬不以爲怪。而今株送之法既定，往往故意陷害富家子弟，以圖取他們的錢財。官吏和豪門互相勾結，狼狽爲奸，吏治益趨卑下。而豪門富商仗恃有錢即可除罪，更加爲非作歹，欺壓良民，無所不至。

一般農民在商人的兼併下，生活益趨貧困，無以自存。於是弱者淪爲奴婢，仰食豪門地主，並免自負政府賦斂之責。而當時所謂商賈，大抵尚以工虞農牧爲主，以轉販居積爲副，故奴婢爲治產之一要素。如今奴婢的激增，適足以助長商賈的勢力。至於貧民之強者，不甘淪爲奴婢，則亡逃山林，轉爲盜賊，作奸犯法，流爲亡命，任俠之風因而興起。任俠專主周人困乏，藏匿亡命，借交報仇。凡是貧罪之徒，都可以仰食其門，恃以藏跡。必要時，更可爲之效命復仇，法律因而威嚴掃地，誠如班固所說：「背公死黨之議成，守職奉上之義廢。」（《漢書》卷九十二〈游俠列傳〉）而這種現象和畜奴無異。多畜奴，可以逐利長產；多聚貧罪之徒，可以爲姦圖利。可見任俠與商賈同出一源，都是經濟發展、財源集中的必然後果。

在這種貧富不均的社會裏，富者鬻官求爵，驕奢無度；貧者干禁犯法，狡詐難治。全國上下沆瀣一氣，廉恥喪盡，禮義不存。風俗的敗壞可想而知，有爲的儒者豈能坐視不顧？因此「移風易俗」、「復古更化」成爲他們的主要課題。

3 學術潮流

凡專制之世，必禁言論自由。秦漢之交爲中國專制政體發達完備的時代，武帝的尊儒和始皇的坑儒，就政治目的而言，實具同等意義。可是，自戰國諸子之學並興以來，各家皆頗具勢力，至漢初餘威猶存。各派學者，爲了在學術上爭取一席地位，自然要擷取他家之長，彌補自身之短。像這樣在擴充自家學術時，無意間亦包含別家的學術，是學術發展的必然後果，但是卻使漢初的學術呈現一片駁雜的景象。此時的儒者多務左右採獲，其學術內容實已羼雜百家之學，例如：叔孫通、陸賈、張蒼、賈誼、鼂錯、賈山諸人，或兼法，或兼縱橫，或兼陰陽，皆非純儒。尤其自公孫弘以文學封侯拜相之後，利祿之途已開，學者往往假儒家之名進身仕途，儒學的內涵，也就更加駁雜不純。所以武帝立五經博士，其實是尊六藝，而非尊儒，雖然對儒學的興盛不無助益，儒學卻也因而喪失其本來面目。

在漢初駁雜的學風中，儒與陰陽兩派思想的合流成爲漢代學術的主流，也就是所謂漢家儒學的真面目。其實，這個現象並非始於漢代，而是早已有之。細究起來，這種現象和鄒衍初起時以仁義節儉爲要歸、以閎大不經迎合帝王的口味不無關係，因爲鄒衍本有意揉合齊、魯之學，再者，儒與陰陽在秦代已因求仙的妄想而被淆亂爲一。秦人好神仙之說，並以祀神爲求仙的基礎，而儒家重祀禮，因此，明祀禮的儒生都能因求仙而進用。譬如：當時的博士能作真僊人詩。柱下史張蒼傳《左氏春秋》，但其書卻列於陰陽家。張良從倉海公學禮，傳說倉海公乃一神仙。可見秦儒的誦法儒學，大都雜有神仙之說。尤以始皇焚書坑儒之後，真正的儒者影滅跡絕，所謂備員之博士，不過叔孫通諂諛媮合之流而已，至於未隱居而又不肯折節獻媚者，祇有藉陰陽之術全身自保了。此後，援陰陽入儒，遂成一時風尚，儒家和陰陽家由「自覺」的結合，漸趨「不自覺」的混融。

漢初，未遑修改秦法，挾書律和妖言令尚存。前者在惠帝四年（西元前一九一年）時纔廢除，而後者一直拖延到文帝二年（西元前一七八年）始真正廢除。在這數十年間，儒者習於禁學之風，仍以全身爲要，陰陽感化漸深，以致不容儒學再還其本來面目，是以有漢一代鮮有不崇陰陽之儒家。而漢儒多講求通經致用，好善論政，一方面要加強自身言論的分量，另方面又不能突破政體的限制，自不免本著儒家道德的天命思想，配合陰陽五行學說，引天道以言人事，遂使自迷信中脫穎而出的儒家天道觀，急劇退化，再淪入原始宗教的迷信中，所謂漢代的天人合一思想於焉形成。

董仲舒學術的主要源流在於儒學與陰陽學，已俱如前述。然而，這並不是他個人的獨創，而是時代風尚所使然。這種混融的天人思想，實爲董仲舒一切思想言論的據點。祇要把握這個原則，要瞭解他的各項思想就易如反掌了。

① 《史記．老莊申韓同傳》，其文云：「申子之學，本於黃老，而主刑名。」又云：「（韓非）喜刑名法術之學，而其歸本於黃老。」

② 見《漢書》卷九〈元帝紀〉顏師古注引劉向《別錄》語。

③ 參看胡適《中古思想史長篇》第六章〈統一帝國的宗教〉，頁五三四—五三五。

④ 五等封爵，本為封建世襲制度下的專稱，秦孝公用商鞅，變封邑，立二十級爵：(1)公士(2)上造(3)簪裊(4)不更(5)大夫(6)官大夫(7)公大夫(8)公乘(9)五大夫(10)左庶長(11)右庶長(12)左更(13)中更(14)右更(15)少上造(16)大上造(17)駟車庶長(18)大庶長(19)關內侯(20)徹侯。沿而勿革，以至於漢。凡是有爵位者，皆有種種優待，或賜田宅，或免徭役賦稅，或減罪，無異一種特權階級。

三、天人哲學之一——基礎與方法

1 天人哲學的基礎

自先秦以降，諸子學說多係針對時弊而發，故而學術與政治不分。這種現象，漸成風氣，尤其俟專制政體逐日發達，大一統帝國奠立以後，學術的自由受到限制，學者想要推廣自己的學說，首先要薦諸皇帝，更非把它說成帝王佐治必備的工具不可，於是思想與實際世務越趨交融難辨。董仲舒亦不例外，其思想係以現實層面為依歸，而以抽象的天人哲學為立論基礎。換言之，他許多有關實際世務的主張，都是基本哲學思想的投射。因此，欲瞭解董仲舒的政策治術，非得從其基本哲學思想著手不可。董仲舒的天人哲學主要係融合公羊春秋學與陰陽五行學說而成。前者是他個人所受之學，屬於儒學正統；後者則是當時的時代思潮，是陰陽家之學。《漢書．五行志》說：「漢興，承秦滅學之後，景武之世，董仲舒治《公羊春秋》，始推陰陽為儒者宗。」正是此意。董仲舒天人哲學的主要目的，是想要予當時漸趨成熟的大一統專制政治，一個新的內容和理想。他的理想就是繼承孔子以來的儒家傳統，而這些道統則大部分從《春秋》中體認而來。陰陽五行思想不過是他為了成就這份理想所採用的較易取信於時人的論說方法。

《公羊傳》本身是一部謹嚴質實的書，其中絕無宗教性或哲學性的「天」，亦無陰陽五行之說。董仲舒如何通過它來建立當時已經成熟的大一統專制的理論根據，如何把它做為天人哲學的構成因素，這完全靠他所使用的方法。在〈精華〉篇中，他說：「詩無達詁，易無達占，春秋無達辭，從變從義，而一以奉人（天）。」又在〈竹林〉篇中說：「春秋之道，固有常有變，變用於變，常用於常，各止其科，不相妨也。」他就是借用這種權變的方法，突破文字的藩籬，以達到借古喻今、以史言天的目的。事實上，董仲舒對《公羊傳》的研究，不過是想由文字以求事故之「端」，由「端」而進入於文義所不及的「微眇」，由「微眇」接上了「天志」，再由「天志」以貫通所有的人倫道德，由此以構成自己的哲學系統，故在許多地方皆加上了一層特殊的轉折，以致扭曲了《公羊傳》的原面目，終於使《公羊傳》反成了芻狗。而他這種穿鑿比附的解經法，就是緯書精神的濫觴。後來王充《論衡》的〈實知〉篇及〈案書〉篇有「董仲舒，亂我書」之讖，實在是有以致之的。

陰陽五行思想係結合陰陽和五行兩種思想而成，其原始意義本來相當平實。陰陽，本作侌昜，係指日光之有無，陰陽是其孳乳字，專指山之南北受日光之情形。因受日則暑熱，否則寒冷，於是又有「寒暑」之義。後來，更因陰陽寒暑可感覺卻不能聽視，有其力而無其形質，乃認為是氣。又以其氣能使物生長成熟，在遠古已有農業的社會中，是甚為重視的，故把陰陽看作有神的意味。陰陽家在體認「陰陽」作用的神通廣大後，進而以陰陽之氣相動，造成物類相感、天人交通之說。此陰陽意義的轉變，是經長期演進的結果。大約在春秋中期始見其端緒，至戰國中期，已成爲確定的學說，而開始向諸子百家中流布。五行的原始意義應爲五種可用的東西，即金、木、水、火、土五種物質的共稱，這五者是民生日用必需品，爲初民所重視，故易被神格化，又加上人類思想抽象化的結果，終致亦只取其「氣」，而不取其「形質」，演變而爲宇宙間的五種基本元素。到鄒衍時，更與陰陽二氣關聯在一起。再到了《呂氏春秋》，則把五行配入到四時中去，更配上他們認爲與四時相應的政令思想，首次建立了以陰陽五行爲依據的宇宙、人生、政治的特殊結構。此一特殊結構，給予漢代思想家重大的影響。尤其是董仲舒所受的影響最爲深刻，他由此把陰陽、四時、五行的氣，認定是天的具體內容，伸向政治、學術、人生的每一角落，完成了天人哲學的大系統，以形成漢代思想的特性。可以說，漢代思想的特性是由董仲舒塑造的。

天人哲學的內容，主要可分爲兩大部分：一是天的哲學，一是人的哲學。前者亦就是所謂的天道觀，是天人哲學的主體；後者包括政治、學術與人生諸方面的思想，乃天道思想的實地運用。換言之，前者是轂，後者是輻，輻輳於轂，關係至爲密切。

「天人相與」的觀念，起源於原始社會民神雜糅的迷信思想。彼時民智未開，迷信思想充斥，神人之間不僅無明顯的界限，而且可透過巫覡之屬傳達溝通。其後，因文明的逐日發展，天人思想亦大致循以下三種途徑而演進：

(1)儒家者流，揚棄原始社會神人雜糅的迷信思想，逐次演進而爲倫理學的天人思想。

(2)道家者流，完全擺脫原始宗教的巫魔性和神祕性，而形成一種視天爲潔淨存在的自然論。

(3)陰陽家者流，將原始社會中神人雜糅的迷信色彩，配合其重視歷史的精神，演變而爲系統化的五德終始說。

漢代的天人相應說，乃是儒家敬德的天道觀，與陰陽家思想結合而成的綜合性理論。也就是把陰陽五行運會的、盲目演進的自然歷史觀，轉移爲政治得失上的反應，於是朝代的廢興，依然決定於人事而不是決定於天命。這便從陰陽家的手中，把政治問題還原到儒家人文精神之上。而董仲舒在對策中首先揭示「天人相與」觀念的重要性，是漢儒天道思想的發端和典範。

董仲舒對策中所謂「道之大原在於天」一語，就是他天道思想的核心。固然他所謂的「天」，有時係指實體的天，即與地相對的天，但在此卻指有智力有意志的自然（異於宗教中有人格的上帝），此即天人關係的癥結所在。人之形體、性情，乃至行爲準則，無一不是受自天，因此，一切人事必在於象天，而其功過亦全在天的洞察力之觀照中。善者，天賞之；惡者，天罰之。此即「天人相與」之學的大概。

天有十端：天、地、陰、陽、火、金、木、水、土、人。此十端，可統括爲四類組合，即天地一組，陰陽一組，五行火、金、木、水、土一組，人自成一組。換言之，天自身的結構，即包含天地、陰陽、五行與人。而其性格就全由這些結構的相互關係締構而成。而董仲舒又認爲天地之氣，合而爲一，分爲陰陽，判爲四時，列爲五行。因此，本節擬藉陰陽、四時、五行諸主要因素說明董仲舒的天道思想。

天的常道，係由兩個相反而又相成的原動力——陰與陽構成的。這兩種力量有相斥作用，一消必有一長，一出必有一入，所謂天道的「獨一無二」即就此言。而事實上，獨陰獨陽皆不能生長萬物，必待陰陽與天地相參，然後萬物始能萌生。因此，陰陽之氣同爲生命的原動力，缺一而不可。

天道是終而復始，循環不已的，四時的規則變化，便是其具體表現。而四時的產生是由於陰陽的推動。關於陰陽的運行，董仲舒所說與一般說法不同。一般大都以爲陽氣起於東北，盡於西南。陰氣起於西南，盡於東北。若依此說，則陽起於東北而南行，至東方遇木所主之氣，即助之使盛而爲春；至南方遇火所主之氣，即助之使盛而爲夏。陰起於西南而北行，至西方遇金所主之氣，即助之使盛而爲秋；至北方遇水所主之氣，即助之使盛而爲冬。圖解如後：

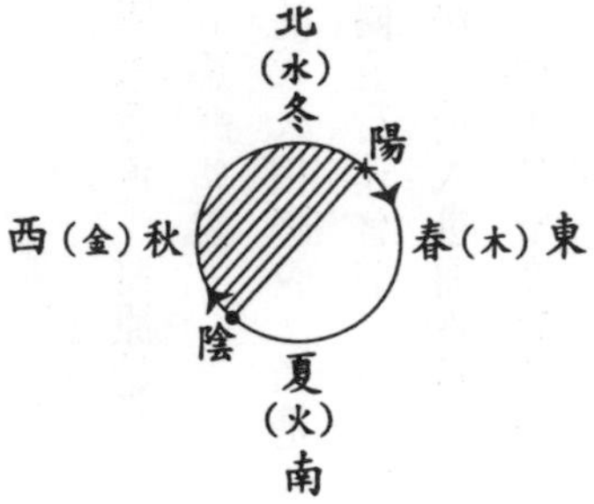

這本爲對四時變化最簡易的解釋，但董仲舒不用此說。他認爲「陽氣始出東北而南行」，「陰氣始出東南而北行」。陰陽二氣，「春俱南，秋俱北。夏交於前，冬交於後。」《繁露．陰陽出入上下》中對此就有一個詳盡的說明。在大冬時，陰陽各從一方來。陰由東方來西，陽由西方來東，至中冬之月，相遇於北方，即爲冬至。然後相背而去，陰向右，陽向左。冬月盡，陰陽俱向南，至中春之月，陽在正東，陰在正西，即爲春分。此時，陰陽各居一半，所以晝夜均等，寒暑適中。然後，陰氣漸損，陽氣漸增，天氣加暖，到大夏之月，在南方相遇，即爲夏至。而後陽繼續向右，陰繼續向左。至中秋之月，陽在正西，陰在正東，是爲秋分。此時又是陰陽各半，晝夜寒暑與春分時同。慢慢的陽漸增，陰日損，終於又回歸到北方。如此形成一個周期，也就是一年四季。茲繪一簡圖說明之：

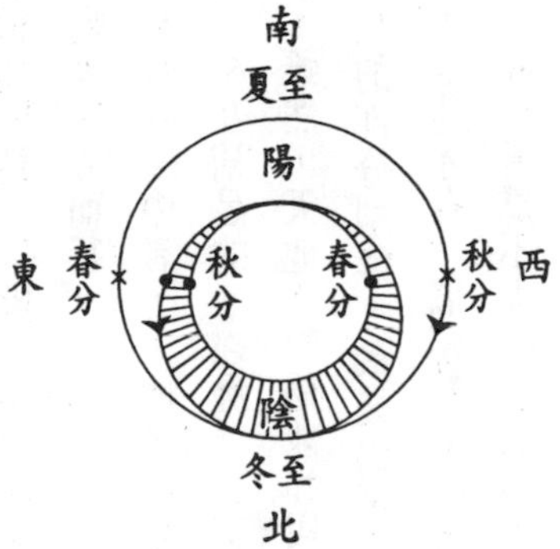

陰陽兩數相加恒爲一常數，陰增則陽減，反之亦然。但絕不消減至零，也不增加至整。二者又恒朝異向繞四方而行。因此，出入之處常相反，多少調和之適常相順。而這也就是所謂天道的「中和性」。中者，天地之所終始；而和者，天地之所生成。本來宇宙間的道理，就是相互交感，相互補足的。經過一次交感，便發生一度補足。交感而補足的過程，就發生「中和」現象。雖然，天地之制是兼和與不和，中與不中，但這種不中和的現象，是過渡到中和以前所存在的部分型態，最後仍可走向中和。簡言之，中和是天地之道的總歸趨。因爲能「中」，天地間才有一個相對中的絕對，不會偏傾。如此，方可使人有求「平」的信心，而不致落空，故「所爲不失」。能和，天地間始有一個矛盾的協調，不會永久對立。如此，方可使人有推誠合作的可能，故「所爲有功」。總之，天地間的道理，是在不中和中求中和，這就是由於「中者，天之用；和者，天之功」的緣故。

由上述陰陽的特性，綜觀董仲舒的天道思想，約有三端：天道是獨一無二的，天道是終而復始的，天道是趨向中和的。由這些特性構成四時的遞變，而有春生、夏長、秋收、冬藏的現象，此即「天志」的顯現。春暖以生，是天之愛。秋清以成，是天之嚴。夏溫以養，是天之樂，冬寒以藏，是天之哀。

然而，如此一個有規則、有條理的運動體，有時也會因人事的得失而引起它異常的消長流動，以致陰陽錯亂，四時倒置，造成所謂的「災異」。人與天之間的這種感想，就是「同類相動」的原理。天有陰陽，人亦有陰陽，天地的陰氣起，人的陰氣必應之而起，反之亦然。故而求雨時只需「動陰以起陰」；止雨時，只需「動陽以起陽」。這種關係固然神祕非凡，卻無任何神靈的意味，純為「同類相動」而已。因此，董仲舒對天絲毫不存宗教式的崇拜之情，僅視之為範疇與評鑑人類行為的一個自然理則。

由於五行思想在長期形成過程中所包容的神祕性以及被運用範圍的廣泛，使得「五行」二字的真正含義，始終沒有固定的確解。董仲舒以為五行乃天地之氣布列而成，是天道在陰陽之外的另一型態組合。而這五者之間，存在著兩種完全不同的相互關係，即所謂的「比相生」和「間相勝」之說。茲以簡圖說明之：

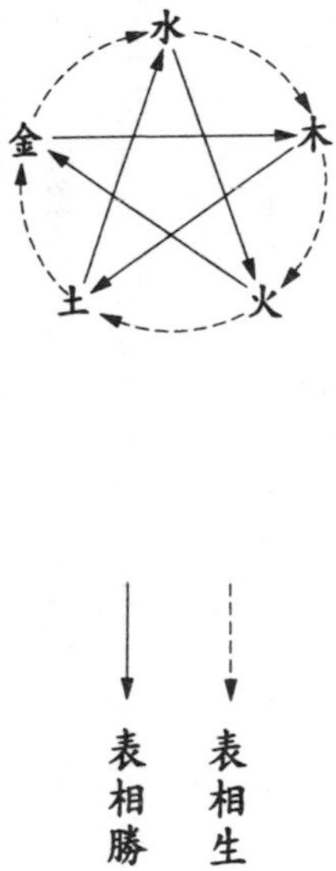

木生火，火生土，土生金，金生水，水生木，這是比相生。金勝木（中隔水），水勝火（中隔木），木勝土（中隔火），火勝金（中隔土），土勝水（中隔金），這是間相勝。至於生勝關係的取決，董仲舒在〈五行相生〉與〈五行相勝〉兩篇內，以人事釋之，將因果倒置，穿鑿附會的痕跡顯然可見，倒不如《五行大義》及《白虎通．五行》就物性立論恰當些。《五行大義》說相生之理為：木性溫暖，火伏其中，鑽灼而出，故木生火。火熱故能焚木，木焚而成灰，故火生土。金居石依山，津潤而生，聚土成山，山必生石，故土生金。少陰之氣，潤澤流津，銷金亦爲水，故金生水。木因水潤而能生，故水生木。《白虎通．五行》說相生之理爲：大地之性，眾勝寡，故水勝火。精勝堅，故火勝金。剛勝柔，故金勝木。專勝散，故木勝土。實勝虛，故土勝水。此二說雖亦牽強，但就物性論生勝，與五行的原始立義似較符合。五行相勝之理早已有之，鄒衍的五德終始說，即是根據此理。至於相生之理，則爲《呂氏春秋．十二紀》的根據。董仲舒兼論五行生勝，但並不以此講朝代的興替，而只是以它和自然界的現象結合，用以解釋政治得失和人倫道德諸事，使天道經由五行顯現予人類，也使五行成爲上天昭示人類的行爲理則。

五行與自然現象的結合，最主要的是四時和方位兩種。木居東方而主春氣，火居南方而主夏氣，金居西方而主秋氣，水居北方而主冬氣，土則居中央而主季夏，爲五行之主。四時各有其職，五行亦各主一事。春生、夏長、季夏養、秋收、冬藏，故木、火、土、金、水亦分別具有生、長、養、收、藏之特性。以這些特性去和各方面的人事配合，都可以形成一套天人感應的哲學。所以，董仲舒說五行乃忠臣孝子之行，就因爲「其行不同」，才分列爲五行。聖人知之，故能多愛而少嚴，厚養生而謹送終，以應天制。如果一個人能夠養父如火之樂木，喪父如水之剋金，事君若土之敬天，即爲「有行人」。同理，五行亦可以和五官配合，而使木爲司農，火爲司馬，金爲司徒，水爲司寇，土爲司營。亦可以和五音配合，而使木音角，金音商，火音徵，水音羽，土音宮。亦可以和五事配合，而使貌屬木，言屬金，視屬火，聽屬水，思屬土。凡此種種皆能自成其理。

總之，五行在董仲舒看來，就是上天藉以昭告人類的五種行事理則。逆之則亂，順之則治。人事的不當，就會使五行相干，綱紀無存。如此，則必有自然災異相應而生。遇此情景，只有以人事救之，方可消除災異，所以有「五行變救」之說。

由此可知，明陰陽的入出實虛之處，可以觀天志。辨五行的本末順逆、大小廣狹，可以觀天道。陰陽二者同為構成天道的二因素，本應不分高低，但董仲舒為了成全他崇德抑刑的理想，不得不提出天以陽為經，以陰為權，經用於盛，權用於末之說，來加以補救。凡是惡之屬盡為陰，善之屬盡為陽，陽為德，陰為刑，刑後德而順於德。《春秋繁露》中，言陰陽與五行各列篇章，可見彼時陰陽與五行，同為組成天地之體，二者並無從屬關係。大約至《白虎通》時，始將五行納入陰陽統貫之內，以五行為陰陽分化的五種型態。所以《白虎通》只有〈五行〉篇，不另立陰陽篇，因為言五行，即是陰陽，而較陰陽更為詳備，《漢書》中不以陰陽名志，而以五行名志，也是這個緣故。

除前述由陰陽乖謬、四時倒置、五行相干所引起的「災異」之外，董仲舒復提出「元」來，同列為春秋至意之二端，亦即吾人體現天之微意的兩條通路，藉此二端，而將歷史、人事與天連在一起。「元年」本指君初即位之年，為商周史臣記載的通例。但是，董仲舒卻以為「元年」具有深意。他以「元」為天地萬物的根源，亦即宇宙起源的第一因。有因才有果，有元才能化育萬物，故「元」具有最高性和發展性，頗類似易所謂的「太極」，老子所謂的「道」，以及莊子所謂的「氣母」。春秋之道，以元正天，以天正王，以王正諸侯，以諸侯正境內。王正則元氣和順，風雨時，景星見，黃龍下；王不正則上變天，賊氣並見。故「元」亦為天人相與關係中重要的一環。

以上係就天人相與關係中天的哲學部分所做的剖析。至於人如何法天道、順天志以修治人事，是董仲舒其他各項思想理論的依據，也是以下諸章節的主旨所在。簡而言之，天道觀是董仲舒所有思想的輻輳點，唯有把握這個重點，才是探索其整體思想的捷徑。

2 天人哲學的方法

上述所謂天的哲學，即所謂天道，而天道的結構與性格，在董仲舒而言，都是爲了成全人的哲學而設立發展的，故天的哲學與人的哲學必須經由某種方法加以溝通聯絡，使天人合一，並以人爲最後歸趨，以期達到董仲舒的最終實用目的。

董仲舒所使用的溝通法，大致可歸納爲兩種：一種是數的偶合，一種是類的相感。凡是有數目可合的，就由數的相參來貫通天人。譬如就最具體而普遍的人形言，天以終歲之數成人之身，故小節三百六十六，以副日數。大節十二分，以副月數。內有五藏，以副五行數。外有四肢，以副四時數。又人身有四肢，每肢有三節，三四十二，十二節相持而形體立，恰如天有四時，每時有三月，三四十二，十二月相受而藏終。諸如此類數目的巧合，就是天人交感的橋梁。此法固然簡易，但是這種巧合畢竟不多，故天人之交通，大都靠類來相感，也就是前面所舉的「同類相動」之說。同類相動有兩個原則：第一，萬物各去其所與異，而從其所與同，故美事召美類，而惡事召惡類。第二，天可感人，人亦可感天，這種相感關係，不是片面的，而是互惠的。所以天地之陰氣起，而人之陰氣應之而起，人之陰氣起，天地之陰氣亦宜應之而起。譬如：少陽因木而起，助春之生，故春有愛志。太陽因火而起，助夏之養，故夏有樂志。少陰因金而起，助秋之成，故秋有嚴志。太陰因水而起，助冬之藏，故冬有哀志。此乃四時之則。但喜怒之禍（禍字疑誤）、哀樂之義，不獨在人，亦在於天。而春夏之陽，秋冬之陰，不獨在天，亦在於人。人無春氣，何以博愛而容眾？人無秋氣，何以立嚴而成功？人無夏氣，何以盛養而樂生？人無冬氣，何以哀死而恤喪？天無喜氣，亦何以暖而春生育？天無怒氣，亦何以清而冬殺就？天無樂氣，亦何以疏陽而夏養長？天無哀氣，亦何以激陰而冬閉藏？所以說「天乃有喜怒哀樂之行，人亦有春秋冬夏之氣」，此即所謂「合類」，也就是「通類」。又如春慶、夏賞、秋刑、冬罰，這種四時與四政的配合，也是「通類」之例。

天感人，是上天以它的自然現象昭示人類，以爲人類的行爲楷模。人感天，則具有雙重意義。第一層意義，是說以人事的得失導致自然現象的異常，也就是「災異」之所由生。第二層意義，則是說在災異發生之後，人類應由自然現象的失調醒悟己身的過失，進而體認「彊勉人事」的重要。以此言之，人類應察身以知天，而「人主之道，莫明於在身之與天同者而用之」（《繁露．陰陽義》第四十九）。如此，便可以把天道貫通到政治和人生諸方面。

綜括這種天人交通的方法，是「陳其有形以著其無形」、「拘其可數以著其不可數」（《繁露．人副天數》第五十六），在「有」與「無」、「可」與「不可」之間，通過想像把它聯繫起來，其間當然有不少無可理喻之處。但是，董仲舒哲學的重點是在人，而不在天，因此，這中間的矛盾不合理之處，就不是董氏所在乎的了，也不是吾人憑此就可以否定董仲舒哲學思想的價值的。

四、天人哲學之二——人性論、倫理學與養生法

1 人性論

漢儒性說的特點在於善惡二元論，此種理論的形成與時代背景大有關係。自西漢以至東漢之初，學風駁雜，百家合流，儒家思想與陰陽家思想的混融，成爲當時學術的主流。學者立論每好稱說天人，侈言陰陽。上自抽象的天道觀，下至具體的政治論，無不以此爲據，而趨向陰陽二元論。其論人性自亦難脫此道，故漢儒性說實係以陰陽對比的方法，分析人性爲善惡的混合體。而董仲舒「始推陰陽，爲儒者宗」，他的性說正爲漢儒的最佳典範。

董仲舒論性以《春秋繁露》的〈深察名號〉及〈實性〉兩篇爲最詳，其他各篇如〈玉杯〉、〈盟會要〉等，以及〈對策〉中亦偶見數語。今特就以上諸文作一簡析，以明其性說的源起、意義與價值。

凡思想的產生必有所因，董仲舒性說當非憑空臆造。大體言之，係融合孟、荀與陰陽諸家之論於一爐。孟子主性善，荀子主性惡，此種歧異實源自二人對「天道」看法的不同。孟

子言義理的天，以性為天的一部分，故人性本善。他不但承襲孔子的道德的天道觀，而且接受周初「天生烝民，有物有則，民之秉彝，好是懿德」（《詩經．大雅．烝民》）的思想。對孟子而言，所謂「懿德」，即是仁、義、禮、智四端，亦即所謂惻隱之心、羞惡之心、辭讓之心、是非之心。此四端是天賦予人的，祇要能擴而充之，就能保四海，否則連事父母亦無能為力。換言之，既然我的心性由天所生，則盡性即可知天，存心養性即為事天。人之墮落為惡，全因物慾的陷溺和外界的脅誘，以致喪失其本心——即本性，唯有「收放心」才能臻於至善。因此，孟子的性論乃一道德先天說。

荀子視天為自然物質，無所謂道德原理可言。天與人之間毫無牽連。人與其歌頌天的偉大，思慕天的威力，不如裁制之、利用之，以「自求多福」。他根據己身經驗，從人類的社會行為分析人性，發現人生而有好利、嫉惡和耳目之欲，如果從人之性、順人之情，必出於爭奪，而導致暴亂無理。是以必定要有師法之教化、禮義之導引，而後才能謙恭辭讓，合於文理而歸於治。可見人之性惡，應是明顯的事實，若非加上人為力量，便無法向善。藉後天教育以改變先天氣質，故荀子之意，為一道德人為說。

董仲舒折衷孟、荀二家而言性，以為天道有陰陽，人性亦有陰陽，性善性惡之說皆失之，故而提出性情二元論。他的性說由正名著手，辨性之非善，又就人性與陰陽的關係，分解一整全人性為兼具陽善陰惡的性情二者，復由此歸實於王教的不可或缺，以成就客觀的政教目的。

他在〈深察名號〉篇中，論性的善惡，層次分明。首先問「性」一名之義是否與「善」之質相當。他說：「生之自然之質謂之性。」依此義看，其中並未包含「善」義。又天人既相合，天有陰陽，性亦有陰陽。性中既有陰陽貪仁二者之質，便不可定說為善，亦不可定說為惡。又依一般所謂「心」的含義為「栣（案通作袵，義為禁）眾惡於內，弗使得發於外者」，若人的受氣無惡，心有何可栣？由此可見，「心」一名的含義，即包含人生的質原不全善之意。並以性比於禾，善比於米。米出自禾中，而禾未可全為米，善出自性中，而性未可全為善。善之於性，猶如米之於禾，若謂性善，僅得其一，失之大矣。既需以「人事」成善，性之未善，更卓然可見。其次，就人民之「民」一名的含義，以見人性的不含善義。「民」之號取自「瞑」，倘若性已善，何故以「瞑」為號？性有似目，目在睡眠時，緊閉而不能視物，祇有待醒覺後才能視物。當其未醒覺時，祇能說它有「視」的本質，不能說它已能視，萬民之性亦是有善質而已，須待教化然後才能為善。又就性與情的關係，以證明性非全善。性與情的關係，猶如陰與陽。天有陰陽，人亦有性情。〈對策〉中說：「性者，生之質也。情者；人之慾也。」然而情乃性之動，故亦在性中。情欲所發不全為善，非繼以教化，則善不可保。若說性已善，則情亦已善，與事實不符。最後，復就王教的功用，證明人性非全善。聖王受命的主要目的，在於依循人民生而具有的善質以成就其善性，即所謂「民受未能善之性於天，而退受成性之教於王」。若人性已善，則王者受命的任務何在？聖王既受命成民之性，可見民性本來未善。而且祇有在天下無患時，然後性可善。性可善，然後清廉之化流。清廉之化流，然後王道舉，禮樂興。這是性論在董仲舒政治哲學中所佔的地位。

至於「性」與「善」二名所指的範疇，董仲舒都曾加以釐定，他說：「名性不以上，不以下，以其中名之。」係就中民之性而言，既非善的聖人之性，亦非惡的斗筲之性，但其最終目的，卻置於至高的聖人之性上。孟子以為性有善端，動之愛父母，善於禽獸便是善。而聖人的所謂善，則是循三綱五紀，通八端之理，忠信而博愛，敦厚而好禮，此方為董仲舒所嚮往推崇的善。由於這種善不易達成，更予董仲舒人性未善說一有力的佐證。

綜觀以上，可知孟子以為善自性出，其教在於擴內，荀子以為善自聖人出，其教在於治外。而董仲舒的性情二元論，旨在歸重教化，綜合孟、荀之論，以正名為主，並非擅自建立性說。然而其論性的態度與方法，均與孟、荀大相逕庭。大體言之，先秦學者都就人的德性生活、文化生活、精神生活而言性。至秦漢時，由於天下既定於一尊，學術亦趨統一。帝王的好惡左右學術潮流，學者都自言其道術為王治所不可少，而終成佐治之具。所以自秦至兩漢，學術思想的目標所在與學者用思的態度，都與先秦有異，言性的思路亦漸趨向客觀政教的目的。是以董仲舒論性不由道德生活的親自體驗著手，亦即不由吾人對人性的體驗了解之深度著手，而採取邏輯的辯證法，探字源以明義。就公認的「心」、「性」、「民」、「王之任」、「聖人之所謂善」諸名的含義，以見人性的不能直說為善，而只為一生之質，唯有藉王者政教的力量，才能使之成善成德，此可謂真正的本名理以為論。這種「隨其名以入其理」的辯證法，實為歷史語言之學，而不足以發人深省，故就此論性的善惡，欲以之成民之德，恐有不當之處，頗為後世學者所詬病。何況所取諸名之義，皆非該字本義，即使以語言學觀點言之，亦有所闕失，此即董子論性未能令人滿意之處。

孟子為儒家正統，已無需置疑，荀子雖然反孟子性善，但重教化，仍不失為儒家正傳。

至於董仲舒以陰陽家的二元說爲其人性論，將善惡皆本於天，一切立論在於人必象天，雖爲陰陽化的儒家，然尚保存積極的人爲主義，故亦可視爲儒家的一宗。

其後，漢儒言性亦都和董仲舒同出一轍，持一由爲政施教及客觀宇宙的觀點，本陰陽之氣以論人性，如劉向的性情相應說、揚雄的善惡混合論等皆是。此種性論，乃先視人爲天地的陰陽之氣相和所生，故人亦有陰陽兩面。天有陽以生，有陰以教。人性中亦有陽——即仁，有陰——即貪戾。天以生爲本，而恒扶陽抑陰。扶陽爲天之仁，抑陰爲天之義，則人亦當抑貪戾以成仁義，以德教興仁，以刑政成義，然後天人合德之義始告完成。由此又演繹出董仲舒陽德陰刑之說，與《中庸》所謂「天命之謂性，率性之謂道，修道之謂教」，同爲由天命言人性，並依人性言道言教的理論。

魏晉以後，性情二元論雖漸爲三品性說所取代，但董仲舒分性爲聖人之性、中民之性、斗筲之性，實際上已啟三品性說的端倪。其後，宋儒言造爲氣質之性，亦深受其影響。足見董仲舒的論性，在人性論史上，也是要佔一席位的。

2 倫理學

人性既具有善端，則如何才能發展此善端，使成爲完全之善，便是董仲舒在倫理方面所重視的課題。本節擬由個人倫理與社會倫理兩部分試作探討。

在個人倫理方面，他繼承了儒家的大部分倫理思想，而加以發揮光大。孔子言仁，孟子言仁義，並列舉仁、義、禮、智爲人的四端，荀子則又特重禮。而董仲舒亦重視仁、義、禮、智四端，且在《繁露》中闡明甚詳。

董仲舒以爲人畢竟與鳥獸不同，上天賦予人性命時，便同時要使他行仁義而羞可恥，並不是只爲生爲利而已。仁義二者爲孔孟學說的精義。孔子答樊遲問仁，說是「愛人」（《論語．顏淵》）。孟子也說：「惻隱之心，仁之端也」（《孟子．公孫丑上》）。董仲舒也以爲「仁者，愛人之名也」（《繁露．仁義法》第二十九）。更具體地說：「仁者，惻怛愛人，謹翕不爭，好惡敦倫，無傷惡之心，無隱忌之志，無嫉妒之氣，無感愁之欲，無險詖之事，無辟違之行，故其心舒，其志平，其氣和，其欲節，其事易，其行道，故能平易和理而無爭。」（《繁露．必仁且智》第三十）乃就人的心、志、氣、欲、事、行六者而言仁。

仁爲眾德之首，義、禮、智皆具有輔仁的作用。孟子以仁義並稱，董仲舒在〈仁義法〉中則從字形、字音辨仁義的不同。仁者，从人；義者，从我。故「仁之法在愛人，不在愛我；義之法在正我，不在正人」。簡言之，「以仁安人，以義正我」，即儒家「躬自厚而薄責於人」之意。如果反以仁自裕，以義設人，則必導致天下擾攘不安。因爲以自治之節治人，是居上不寬；以治人之度自治，是爲禮不敬。爲禮不敬，則傷行而民弗尊。居上不寬，則傷厚而民弗親。弗親則弗信，弗尊則弗敬。如此，則天下豈有不亂之理？但是，義又很容易被利所蒙蔽，所以義利之辨也是儒家所重視的。孔子說：「君子喻於義，小人喻於利。」（《論語．里仁》）孟子也說：「雞鳴而起，孳孳爲善者，舜之徒也；雞鳴而起，孳孳爲利者，蹠之徒也。欲知舜與蹠之分，無他，利與善之間也。」（《孟子．盡心》）可見君子與小人、賢與不肖之分，就在於義利之間。可是，天之生人，就使之生義與利。利以養其體，義以養其心。心不得義，不能樂；體不得利，不能安。而吾人衡量體與心之輕重，便可知義之養生人大於利，因此，董仲舒有「身之養重於義」之說。而這也就是他在〈對策〉中標榜「正其誼不謀其利，明其道不計其功」的原因。此與孟子「先立乎其大者，則其小者不能奪」（《孟子．告子上》）的意義相仿。

孔子以「克己復禮」爲求仁的功夫。非禮勿視，非禮勿聽，非禮勿言，非禮勿動。視聽言行一合乎禮，便可達到仁的境界。孟子兼言仁義，以禮乃節文仁義之事，他說：「仁之實，事親是也。義之實，從兄是也。……禮之實，節文斯二者是也。」（《孟子．離婁上》）荀子主以禮矯化人性。人生而有欲，欲有不得，則不能無求，求而無度量分界，則不能不爭，爭則亂，亂則窮，故先王制禮義以分之，以養欲給求。董仲舒對人性的觀點，雖然與荀子有異，但是亦甚重視禮。禮爲「體情而防亂」的工具，因爲人性雖有善質，然由於情的無法制欲，故仍未能善，必須要曉之以禮，使目視正色，耳聽正聲，口食正味，身行正道，以安其情，而非奪其情，然後，始能成善。所以，禮的作用很大，可以繼天地、體陰陽、慎主客、序尊卑、貴賤、大小之位，差外內、遠近、新故、大小之級。而禮的實踐，易流爲徒具形式，而乏實質，以致孔子有「禮云禮云，玉帛云乎哉！」之嘆（《論語．陽貨》）。必須文質兼備，斯可謂之禮。志爲質，物爲文，故禮重在志，志敬而節具，即爲知禮。此復與孔子「禮，與其奢也，寧儉；喪，與其易也，寧戚」（《論語．八佾》）的精神相符。以故，董仲舒認爲孔子立新王之道，是在於「明其貴志以反和，見其好誠以滅僞」（《繁露．玉杯》第二）。

孟子說：「是非之心，智也。」（《孟子．告子上》）以故，智者必有先見之明，即所謂「見禍福遠，知利害早。物動而知其化，事興而知其歸，見始而知其終」（《繁露．必仁且智》）的聰明才智。仁是富於情感的行爲，智是理性的判斷，必須情感與理智相輔相成，才能達到至善的地步。否則，「仁而不智，則愛而不別；智而不仁，則知而不爲。」（同前）二者俱有所偏，所以，智是行仁時不可或缺的必備條件。而仁與智又同爲人所不可缺的二大德行。不仁而有勇力材能，則狂而操利兵，不智而辯慧獧給，則迷而乘良馬。故不仁不智而有材能，將以其才能輔其邪狂之心，而贊其僻違之行，適足以大其非而甚其惡。

上述仁、義、禮、智四端，散見於《繁露》各篇中，所言平實無奇。而〈五行相生〉篇中則以東方爲司農尚仁，南方爲司馬尚智，西方爲司徒尚義，北方爲司寇尚禮，中央爲司營尚信。是在仁義禮智四端之外，復添入「信」，以配合五行。後來《白虎通》繼承此說，並與五臟相組合。然而其中五行與仁義禮智信的配合與《繁露》所言略有出入，它是以肝仁屬木居東方，肺義屬金居西方，心禮屬火居南方，腎智屬水居北方，脾信屬土居中央，而且已不似董仲舒的純就政治立說。五行思想的演進，至此遂又向前邁進了一步。

至於社會倫理中所講求的人與人之間的關係，則完全建立在天地間陰陽二氣的特質之上。陰陽爲天道運行的兩大原動力，彼此之間，相斥又相成。獨陰獨陽皆不能生長萬物，必待陰陽與天地相參，而後萬物始得萌生。故陰陽無所獨行，其始也，不得專起，其終也，不得分功。但陽之出常懸於前而任事，陰之出常懸於後而守空處。由此可見，天之親陽而疏陰。天出陽爲暖以生之，地出陰爲清以成之，不陽不暖，不清不成，然而暖暑居百，清寒居一，所以陰道始終居於輔陽的地位，不敢專美於前。正如《易傳》所云：「陰雖有美含之，以從王事，弗敢成也；地道也，妻道也，臣道也，地道無成而代有終也。」（《周易．坤文言傳》）萬物必有合，合各有陰陽，於是「君臣、父子、夫婦之義，皆取諸陰陽之道」（《繁露．基義》第五十三），君爲陽，臣爲陰；父爲陽，子爲陰；夫爲陽，妻爲陰。由此遂形成所謂「三綱」之說。

《韓非子．忠孝》曰：「臣之所聞曰：臣事君，子事父，妻事夫。三者順則天下治，三者逆則天下亂，此天下之常道也。」可見此三者並舉，早已有之。但「三綱」一詞則首見於《春秋繁露》的〈基義〉篇和〈深察名號〉篇。在陽尊陰卑的原則下，「下事上，如地事天。」（《繁露．五行對》第三十八）「諸在上者皆爲其下陽，諸在下者皆爲其上陰。陰猶沈，何名何有（言陰無名無有），皆併於一陽（陰將自己之名及其所有「皆歸併於陽」），昌力辭功：上善而下惡。惡者受之，善者不受。」（《繁露．陽尊陰卑》第四十三）「君不名惡，臣不名善，善皆歸於君，惡皆歸於臣。」（《繁露．王道通三》第四十四）「孝子之行，忠臣之行，皆法於地。」（同前）再加上前述五行爲忠臣孝子之行的人倫思想，可以說把人倫的關係都配入到天地陰陽五行中去，將先秦儒家相對性的倫理，轉變爲絕對性的倫理。這與他在〈堯舜不擅移，湯武不專殺〉中所說的「且天之生民，非爲王也；而天立王，以爲民也。其德足以安樂民者，天予之；其惡足以賊害民者，天奪之」的民本思想似有衝突，想必是大一統專制政體下，無可避免的矛盾現象。兩漢時，此種思想甚爲普遍，所以《說苑．辨物》曰：「其在民，則夫爲陽，而婦爲陰；其在家，則父爲陽，而子爲陰；其在國，則君爲陽，而臣爲陰。故陽貴而陰賤，陽尊而陰卑，天之道也。」又揚雄《太玄》亦有「三綱得於中極」之說，蓋皆本於此。

〈深察名號〉篇中，「三綱五紀」連言，但五紀何指，並未明言。《莊子．盜跖》云：「子張曰：子不爲行，即將疏戚無倫，貴賤無義，長幼無序，五紀六位將何以利乎？」則古人亦自有五紀之說，且五紀之內容當亦指人倫而言。而《白虎通》有「三綱六紀」之說。三綱是「君爲臣綱，父爲子綱，夫爲妻綱」。六紀則爲「諸父有善，諸舅有義，族人有序，昆弟有親，師長有尊，朋友有舊」。顯然地，也是繼承董仲舒的思想而來。

3 養生法

鄒衍的陰陽五行學說，在戰國末期，由於道家養生思想的發達，而被燕齊海上方士運用於求神致仙之道，於是方藥中遂染有陰陽五行的色彩。據《漢書．劉向傳》載，劉德（劉向之父）在武帝時治淮南獄，曾得到「鄒衍重道延命方」，想必即是這班人的附會之作。《呂氏春秋》中特重養生，他們肯定人是由天所生，更以爲人是由天地間的陰陽之氣所生化而成。由養生可以與天地相通。這是道家思想在戰國末期與陰陽家混合以後的結果。此種思想至漢初仍甚流行，故《繁露》有專論養生的篇章，把養生納入天人哲學內，做爲天人交感的一個途徑。而《漢書》本傳所載多係董仲舒興教化之功的思想與措施，未有隻字提及養生，又《神仙傳》及《抱朴子》中所論董仲舒與李少君的關係，蘇輿疑係方士董仲君之誤①，故此養生之說是否爲董仲舒所有，尚待商榷。不過，由於後世公羊學者有以爲董仲舒論養生的，故亦略述如後。

《繁露．循天之道》第七十七全篇，都是言養生之道。養生的主要原則就在於循天的中和之道以養氣。天道的中和性正俱如第三章所述，「能以中和養其身者，其壽極命」，而養生首重養氣，氣從神而成，神從意而去，心之所之謂之意，意勞者神擾，神擾者氣少，氣少者難久，所以君子應止惡以平意，平意以靜神，靜神以養氣。氣多則治，也就等於掌握了養生的大旨。

養氣的方法可從多方面著手，諸如情緒、房中術、飲食、衣服、居處等。他認爲「泰實則氣不通，泰虛則氣不足，熱勝則氣□，寒勝則氣□，泰勞則氣不入，泰佚則氣宛至，怒則氣高，喜則氣散，憂則氣狂，懼則氣懾，凡此十者，氣之害也，而皆生於不中和」。所以不論實虛、熱寒、勞佚、喜怒、憂懼都應保持中和的狀態，勿使過或不及。這種居處與情緒的趨向中和，絲毫不含怪異的成分，亦無牽強的痕跡。

房中術向來就被視爲養生的祕訣，男女乃相對之物，正如天之有陰陽，故男女之法，應法陰與陽。陽氣起於北方，至南方而盛，盛極而合乎陰。陰氣起乎中夏，至中冬而盛，盛極而合乎陽，不盛不合。故男女皆應待生理狀態極成熟極強盛之際，才可以有結合交配之事。同時交配的季節亦有限制。秋冬陰盛，春夏陰衰，故古人「霜降而迎女，冰泮而殺內（減少房事）」。如不與陰陽俱往來，而恣其所欲，則最損養氣。行房的次數亦有限制，新牡十日而一遊於房，中年者倍新牡，始衰者倍中年，中年者倍始衰，以等比級數逐漸遞減，至大衰者則以月當新牡之日，即每隔十月行房一次。董仲舒以一代儒者而談房中術，似難使人置信。然據《漢書》本傳說他曾經先後相素驕好勇的江都王和賊鰲陰痿的膠西王，在漢代諸王荒亂的風氣中，此二王的荒淫無度是意料中事，所以董仲舒有感而言房中術，並非全不可能。

至於衣服居處，亦應法天的中和之性，春襲葛，夏居密陰，秋避殺風，冬避重漯，此乃就陰陽的調適而言。然而飲食方面，就套入五行厭勝的原理，以爲凡天地之物，乘於其泰而生，厭於其勝而死，四時之變即爲一顯例。冬天的水氣，東加於春而木生，是乘其泰之故。春之生，西至於金而死，是厭於勝之故。飲食臭味，每至一時，亦有所勝、有所不勝之理。因爲四時不同氣，氣各有所宜，宜之所在，其物代美，由此可見冬夏之所宜服。譬如冬天水氣盛而薺味甘，甘勝寒，故薺以冬美。夏天火氣盛，荼味苦，荼勝暑，故荼以夏成。至於春秋之際，適宜萬物生長，故可就同時美者而雜食之。如此則可得天地之美、四時之和。天無所言語，而以物示意，君子察於物之異，以求天意，必然可得。

此種理論繼續發展，到魏晉時講煉養服食之術的道教人士，如魏伯陽、葛洪等人，無不以陰陽五行爲根據，以致醫藥服食與陰陽五行的配合，就更加不可究詰了。因此《繁露》論養生，雖然取自道家，但亦受陰陽家的影響，此蓋陰陽五行思想發展運用的一個階段。

①詳細請參看本文第一章注⑦。

五、天人哲學之三——正名說與歷史觀

1 正名說

董仲舒的正名思想，大體承襲儒家的傳統。孔子論政，講求正名。如子路問政，孔子答以「必也正名」，因為「名不正，則言不順；言不順，則事不成；事不成，則禮樂不興，禮樂不興，則刑罰不中；刑罰不中，則民無所錯手足」（《論語．子路》）。又齊景公問政，孔子告以「君君、臣臣、父父、子子」（《論語．顏淵》）。蓋當周衰之世，貴族奢僭，上不尊王，下事篡竊，孔子高唱正名，旨在調整當時君臣上下的權義關係。一名必有一義，君臣父子各如其義，各盡其道，天下始能大治。後來，孟子批評楊墨說：「無父無君，是禽獸也。」（《孟子．滕文公下》）斥無父無君於人之外，可見孟子的正名與孔子的正名，並就倫理立說。到了荀子時，因為公孫龍、惠施等辯者之徒，亂名改作，以是為非，於是作〈正名〉篇。而他的「正名」，除了繼承孔孟政治倫理的意義之外，尚有邏輯的意義。所以他說：「制名以指實，上以明貴賤，下以辨同異。」（《荀子．正名》）「明貴賤」是指社會上人與人各種關係之名的功用言，也就是孔子所謂「君君、臣臣、父父、子子」之意。「辨同異」則指事物之名的功用而言，務使「異實者莫不異名」、「同實者莫不同名」，而有「共名」、「別名」之分。要徧舉之，則用「共名」，要偏舉之，則用「別名」。而「別名」之中復有「別名」，必至於無別而後止。「名固無宜」，初制名時，以某名爲某實，本爲人所隨意約定，但既約定之後，則名便有「固實」、「固宜」，不可隨意亂改。名必有一定的意義，然後「志無不喻之患，事無困廢之禍」（《荀子．正名》）。爲統一起見，一切名皆由政府制定，制定以後，不能任意更動。人民不敢託爲奇辭，以亂正名，故壹於道法，而謹於循令。如此，才能達到政和民平的境地。總之，荀子「正名」的最終目的還是在求太平治世，這也是先秦諸子立說的一貫宗旨。

孔子既主「正名」，在整理魯史記以爲《春秋》時，就曾力求文字的精確。《公羊傳》的作者既相信孔子將其褒貶之意，寓於筆法之中，所以《公羊傳》在文字上作許多精密的訓釋工作，也可以說是文字的正名功夫，企圖捕捉孔子的這一層用意，而致有所謂「微言大義」之學。譬如最有名的一個例子，就是五石六鷁之說。記雷石，先聞其聲磌然，視之則石，察之則五。記鳥飛，則先視其六，細察則鷁，所以《公羊》僖十六年傳說「霣石于宋五」、「六鷁退飛過宋都」。由文字紀錄的順序，反映出聞與見發現的先後，這當然是很精密的紀錄。董仲舒少治《公羊春秋》，有鑑於《春秋》慎辭，謹於明倫等物，諸如小夷言伐而不言戰，大夷言戰而不言獲，中國言獲而不言執，皆各有其辭，而深感名分的順逆與治亂攸關，因此也提倡「正名」。

董仲舒的正名思想，以《繁露．深察名號》所論爲最詳，其他如〈玉英〉、〈精華〉、〈實性〉、〈天道施〉各篇亦略有所言。以下就以〈深察名號〉篇爲主，其他諸篇爲輔，略加分析。

首先，董仲舒說正名的功用爲「治天下之端，在審辨大，辨大之端，在深察名號」。名可以分別親疏重輕、尊卑文質、近遠詳略。如果從社會方面看，名分的背後就是等第，等第不紊，則名分不亂，倘等第一亂，則名分自然隨之敗壞。所以說「大小不踰等，貴賤如其倫，義之正也」（《繁露．精華》第五）。可見在政治上，名是權利義務的分界，因此，「治國之端在正名」（《繁露．玉英》第四）。

此外，名又是一切萬物是非善惡的準繩，以名審是非，猶如以繩審曲直，因爲「名生於真」、「名之爲言真也」。如果不真，就不能以此爲名，名與物之間有必然的相關性，甚至可以說「萬物載名而生」（《繁露．天道施》第八十二）。而名號取法乎天地，唯有聖人能體察天意以制萬物之名，所以名是聖人所發的天意，不可以不深觀。要使事各順於名，名各順於天，天人之際乃能合而爲一。如此，便又把「正名」思想納入他的天人哲學的大系統中，雖然加強了「正名」的重要性，但是董仲舒又將它視爲辯證法的一部分，自然就難免有牽強的痕跡。譬如前面所舉他辯人性有善質而非全善，「隨其名號以入其理」，就是一個明顯的例證。此外，他常好從語言的根源上去判定該字的意義，也是十分荒謬而危險的。譬如他釋「王」和「君」各有五科，「皇科、方科、匡科、黃科、往科，合此五科以一言謂之王」，「元科、原科、權科、溫科、羣科，合此五科以一言謂之君」，完全由聲韻著手，可謂穿鑿附會，無有此甚。

名號有別，「號凡而略，名詳而目」，號是獨舉其大事，也就是總類之稱，故又稱「凡號」、「洪名」，相當於荀子所謂的「共名」。名則是偏舉其小事，也就是分類之稱，故又稱「散名」、「私名」，相當荀子所謂的「別名」。譬如：享鬼神曰祭，祭又有祠、礿、嘗、烝之別，所以祭為「凡號」、「洪名」，祠、礿、嘗、烝則為「散名」、「私名」。

以此言之，董仲舒的正名思想雖然得自孔子《春秋》的啟發，但也頗受荀子的影響，而兼有倫理與邏輯的雙重意義。但是，他和荀子又有不同。荀子說名的制定只是約定俗成，唯經君王之確定後，此名便不得再改，旨在消除當時名者辯徒鉤鈲析亂的弊病。而董仲舒則直以名生於真，名與物之間，有不可破的必然關係。這種立說完全是為了強調正名的重要，進而強調天意的不可逆，這在藉天言人的董仲舒哲學中是無可避免的事，而由此以建立的辯證法，當然就具有先天性的缺陷。雖然如此，卻不足以抹殺「正名」思想在天人哲學中的地位，因為「名號」也是天人交通的一個途徑。

2 歷史觀

秦漢的歷史哲學大致有三種派別，即五德說、三統說和三世說。前二者所言雖異，卻具有一個共同的信念，以為歷史的演進是循環不已、周而復始，甚至可以被納入一個預定的制度系統的。其中以五德說的興起最早，據《史記．孟荀列傳》說：「（鄒衍）稱引天地剖判以來，五德轉移，治各有宜，而符應若茲。」這就是最早將五德終始的原理用以解釋歷史運行法則的創例。到《呂氏春秋．十二紀》裏，更將鄒衍歷史的五德終始發展而爲四時的五德終始，將陰陽五行與天文、曆數、顏色、方位、氣味、節候、生物、風俗習慣及政治理想等配合在一起，而形成一套陰陽五行的政治、人生、宇宙哲學。故五德生剋的原理，不但被用以解釋歷史的運行和政權的轉移，同時，也用以支配王政的原則和制度。不過，在漢代五德終始說流行雖盛，用以解釋實際歷史時，卻各派意見紛紜，爭訟不絕。自高祖初起，以地理方位漢居南方屬火德，而用赤幟，待即位後，復襲秦水德。而文帝以降，更有土德、水德之爭，至武帝即位之初，仍無定論。故而在這同時，又有新的歷史哲學應運而生，亦即三統說和三世說。此二種歷史哲學，並爲公羊學者所宗習，很難說創始者是誰，但是據今日留存的資料看來，董仲舒是最早著錄並加以整理成系統的人，即使無創始之功，亦應有集大成之勢。以下分別就三統說和三世說來探討董仲舒的歷史觀。

董仲舒身處五德說盛行已久的時代，對五德說早已熟知，因此，他雖不以五德說來解釋歷史的運行，卻也不免要受五德說的影響。據《繁露．三代改制質文》所示，三統說的內容，大體而言，是截取五德說的五分之三，略加改變，並加上一套較五德說更爲詳密的制度系統演變而成的。他把時代的遞嬗歸之於三個統的循環，而這三統就是黑統、白統、赤統。王者繼位，必須改制以明易姓非繼人，而是受命自天，因此，凡是得到那一統而爲天子的，改制作科時，就須依照該統的全套定制而行。茲將三統說下的制度表列於後：

三統＼制度	正日月朔	歲首	顏色	犧牲	行冠禮處	昏禮親迎處	喪禮殯處	薦物	朝正
黑統	營室	建寅	黑	角卵	阼	庭	東階	肝	平明
白統	虛	建丑	白	角繭	堂	堂	楹柱之間	肺	鳴晨
赤統	牽牛	建子	赤	角栗	房	戶	西階	心	夜半

就實際的歷史言，湯受命而王，時正白統；文王受命而王，時正赤統；春秋應天作新王之事，時正黑統。而孔子作《春秋》，依董仲舒的看法，是爲漢立制，由此影射漢亦應爲黑統。

三統又稱三正，以黑統爲首，董仲舒在舉證時，僅止於白統的湯，而不敢上推至黑統的夏，就是因爲三統說較晚形成，爲了取信於早已熟諳五德說的人們，不得不有的遮掩態度。五德說中，商爲金德尚白，周爲火德尚赤，周後一代爲水德尚黑，正與三統說脗合。但是，夏爲木德尚青，與三統說的夏屬黑統大異，因此，後起的三統說，在舉證時，祇能始於殷，而止於周後一代，不能再往前後延伸。

三統又和四法組合而成一個大的循環周期，必須歷十二代才能完成一個周期。所謂四法，就是夏、商、質、文，猶如四時，終而復始，窮則反本，即所謂「有四而復者」，它和天地二者組合而爲四套不同的制度，就實際歷史言：

舜——主天法商而王。

禹——主地法夏而王。

湯——主天法質而王。

周——主地法文而王。

到漢又該是主天法商而王的時候了。各套制度內容在〈三代改制質文〉中亦有詳細的記載，茲不贅述。又以商質主天、夏文主地、春秋主人，構成所謂「春秋三等」。可能由此而有後來「天正、地正、人正」和「天統、地統、人統」的說法。

董仲舒在對策中，更有忠、敬、文三教之說，雖然《繁露》中未予著錄，但料必也是三統說下的產物。他根據孔子所云「殷因於夏禮，所損益可知也；周因於殷禮，所損益可知也；其或繼周者，雖百世可知也」（《論語．爲政》），解說三教何以始於夏的原因，以爲在殷克夏之前，三聖相受而共守一道，禹繼舜，舜繼堯，到亂世以後，政治的實質才須有所改變。據《史記．高祖本紀》司馬遷贊，夏政忠，忠的弊病，是小人流於粗野，所以殷人承之以敬。敬的弊病，是小人崇信鬼神，所以周人承之以文。文的弊病，是小人拘於細碎之禮，而無悃誠，所以應救之以忠。但是秦政不改周文的弊病，反而實行嚴刑酷罰，所以漢興應行「忠」政。可見，三教所以要輪番更替的原因，是由於前朝的政治有了弊病，自然要痛下鍼砭，修正補救。司馬遷的春秋學是「聞諸董生」（《史記．太史公自序》）的，所以我們可以推知董仲舒也是主張漢爲黑統的。後來，《白虎通．三教》中亦有此說。據《漢書．嚴安傳》引鄒子之文說：「政教文質者，所以云救也。當時則用，過則舍之，有易則易也。故守一而不變者，未睹治之至也」，此爲西漢人稱引鄒子遺文之僅見者，可見鄒衍也是相信文質說的。此蓋因春秋時代常有以文質論人或論政的說法，三統說和五德說同受其影響。不過，在三統說中，除質文之外，更進而演成忠、敬、文三教，以配合三統。由此更見三統的成立應在五德說之後，所以更爲完善而複雜。

從以上所論三統、四法、三教的各項舉證看來，三統說實際上是爲漢代制定的，因此，其舉例都旨在表明漢在各循環中的地位，而且漢皆居第二循環之首。在四法中，漢爲主天法商而王，是由舜、禹、商、周推衍而來的；在三教中，漢當行忠政，是繼夏、商、周之後必然的趨勢，這都是第二循環的開端無疑。必須加以說明的是，漢爲黑統，承殷、周之後，若非〈三代改制質文〉中指明黑統爲三統之首，必使人誤會白統居首，繼之以赤統、黑統。以此言之，三統說的創立者，爲遷就五德說，並成全漢的黑統，確實花費了不少苦心。

在五德說已普遍流行之際，董仲舒何以要費盡心機提倡三統說？其主要原因即在於曆法的需求。據《漢書．律曆志》說，春秋末期史官喪紀，疇人子弟分散，他們所用的曆法不一，竟多達六種，包括黃帝、顓頊、夏、殷、周及魯曆。戰國擾攘，秦併天下，卻無暇顧及，衹知推演五行，應爲水德，乃以十月爲正朔，色尚黑。漢興，襲秦正朔，聽從北平侯張蒼的建議，採用顓頊曆。在六曆中，這算是最精密的，但仍不適合當時的實際情況，以致弄得晦朔弦望錯亂失真。再者，以十月爲歲首，先冬後春，不應四時之序，予人民諸多不便，改曆自然迫在眉睫。因此，武帝元封七年，大中大夫公孫卿、壺遂及太史令司馬遷等都奏言曆紀壞廢，宜改正朔。武帝於是命御史大夫兒寬與諸博士共議正朔服色事。他們共同認爲漢應襲夏時，以正月爲歲首，依照三統定制度。三統說本身立論雖有不少未周處，但由於它的曆法較五德說更適合實際，所以能獲得普遍的推崇。按五德說中，有關三代曆法的部分與三統說無別。都是以夏建寅（正月），殷建丑（十二月），周建子（十一月），可是，秦以後就不同了。秦以十月爲歲首是建亥，依此下推，則漢武的土德，若以「戌、亥、子、丑、寅」爲次而逆數之，則應建戌（九月）；若以「亥、子、丑、寅、卯」爲次而循環之，則應建卯（二月）。然而，據當時學者的推算，可能應以寅正最爲合適。而傳說中，夏行寅正，於是設計出一套能使漢復行夏時的歷史哲學，這就是三統說創立的動機，在三統說中，黑統建寅，夏與漢在代次上俱爲黑統，故俱應建寅。兒寬、司馬遷都是三統說的信仰者，太初改曆由他們主持，則採用黑統以行寅正，是順理成章的事。董仲舒雖然沒能參加這次盛會，但太初改曆是他的理想，也是他提倡三統說的主要宗旨所在。據此可知太初曆實即後來劉歆所說的「三統曆」，祇是「太初以改元名曆，三統則以法數命名」（朱文鑫《天文學小史》）。所以《續漢書．律曆志》直言「自太初元年，施行三統曆」。可是，太初曆仍有不完善之處，司馬遷心知鄧平之術未善，卻不敢稍持異議，《史記》中不載鄧平八十一分法①，想必就是這個緣故。今日要知道太初曆的真相，祇有從劉歆的三統曆去尋其蛛絲馬跡了。

武帝太初改制時，曆法的部分是依三統說的黑統建寅而制定的，至於其他諸制度則採土德之說②。到王莽時，也沿用此法，兼採五德說和三統說爲改制的依據，因此，除了承漢之火德而爲土德外③，又繼武帝之黑統而爲白統。其中依三統說而制定的有正朔、朝正和犧牲三項，以十二月朔癸酉爲建國元年正月之朔，以雞鳴爲時，犧牲應正用白。至於服色和徽幟的顏色，則依五德說製成。服色配德尚黃，使節之旄旛皆純黃。可見王莽依三統說釐定的制度，已比武帝時多，三統說的逐日流行，確爲明顯的事實。

三統說的內容與制作動機及其對漢代典章制度的影響，已俱如上述，然而它對實際歷史的演進有何作用呢？董仲舒針對這一點提出「存三統」之說。由於人類生命的綿延不斷，使得歷史亦日益增長。在「奉天法古」的原則下，理應對先王皆有所尊奉，但事實上，這種等加級數的累增，是不勝後人負荷的。因此，董仲舒將先王依時代遠近分爲四個等級，即三王、五帝、九皇以及民。在位帝王將本朝加上前面的二代合稱三王，必須存前二代的後嗣以大國，令他們擁有自己的禮樂制度，並待之以賓客之禮。這三代便是所謂的「三統」，例如春秋上絀夏，下存周，以春秋當新王，它的三統便是商、周以及春秋。再往前推五代，合稱五帝，封其後代以小國，令他們自行奉祀即可。至於五帝之前的九代，則爲九皇，祇存其名號，而不需有所奉祀。九皇之外，便列爲民。按〈三代改制質文〉中所舉的實際歷史之推衍情形，可以下圖綜括之：

正統＼朝代	春秋	周	商	夏	虞	唐	帝嚳	顓頊	軒轅	神農	庖羲
商			三王			五帝					九皇
周		三王			五帝					九皇	
春秋	三王			五帝					九皇		

由此可知，三王、五帝、九皇以及民，都不是固定的稱謂，而是隨著歷史的演進在變動。聖王生則號稱天子，死後便存爲三統，然後逐次絀減爲五帝、九皇與民。愈遠的，名號雖尊，但封地愈小；愈近的，名號雖卑，但封地愈大，這是按照親疏大義制定的。這種制度相當現實，卻是歷史演進的必然結果，董仲舒深明於此，所以標榜「存三統」之說。

董仲舒的三統說，後來雖漸被學者所推崇，但是也因而發生很大的演變。譬如：劉歆說三統曆時，其實是假三統之名論五行相生，與原始三統說名同實異。據《漢書．律曆志》所引三統曆，是以夏始自子爲天統，殷始自丑爲地統，周始自寅爲人統。不但忘記董仲舒三統說不舉夏爲例的禁忌，而且多出「天統、地統、人統」三個名目，又其中子丑寅的次序，也與原始三統說不相一致。此種新法，想必是爲迎合《左傳》「夏數得天」（〈昭公十七年傳〉梓慎語）一語而妄設的。劉歆更將太陽的顏色分成五行的五色，並分配給各統，天統屬赤（火德），地統屬黃（土德）與白（金德），人統屬黑（水德）和青（木德）。且以三辰五星相經緯，誠所謂「五行與三統相錯」，而非原始三統說的本來面目。其後講三統說的，雖然不再採用劉氏夏爲天統之說，但往往也有「天統、地統、人統」之說。到《白虎通．三正》中，更以周爲天正、殷爲地正、夏爲人正，這三正的細目，想必又是由〈三代改制質文〉中所謂「三正以黑統初」和「春秋三等」發展出來的。

綜觀前述三統說諸端，可知董仲舒倡三統說的主要目的，除了應曆法之需外，還是想藉天意將漢代政教納入儒家理想中的正軌。在三教中，漢應行「忠」政，這和在四法中，漢主天法商而王，其道佚陽，親親而多仁樸，是同一回事，目的都在轉移秦的苛政而爲仁政，也就是要效法上天的助陽抑陰，而以德代刑，以期建立大一統專制君王的行爲規範和權力約束，其最終目的當然也是落在政治的實用價值之上。

除了這種循環的歷史觀之外，董仲舒尚主張一種進化的歷史觀。在《繁露．楚莊王》中，分春秋十二世爲三等：

(1)見三世，凡六十一年，包括哀、定、昭三世，爲君子之所見。

(2)聞四世，凡八十五年，包括襄、成、文、宣四世，爲君子之所聞。

(3)傳聞五世，凡九十六年，包括僖、閔、莊、桓、隱五世，爲君子之所傳聞。

他秉持著親疏遠近的大義，對於愈遠的朝代，所持的批評態度愈是嚴格苛刻，所以說：「於所見微其辭，於所聞痛其禍，於傳聞殺其恩與情俱也。」當然，這也是專制政體下，不得不有的批評態度。

這「三等」之說，其實就是後來公羊家「三世」說的肇端。人之所以能爲萬物之靈，就在於人類的進化不已，故從進化的原理看來，愈是晚近的時代，道德的水準應該愈高，因此而有公羊家的三世之義，於愈進化之世，道德的責求就愈嚴。何休在隱元年「公子益師卒」傳文的解詁中，就發揮此義，而申述加詳。他分人類的進化爲三大時期。所傳聞之世，託治起於衰亂之中，由草昧而進於文明，是進化的第一期。此時，各奉其酋長，各有其國土而已，故曰：「內其國而外諸夏」。人人祇知有己之國，而不知有人之國，故曰：「先詳內而後治外」。由是，酋與酋相爭，國與國相攻，天下將無寧日。待諸酋之中，有覺悟者力倡息爭，聽命於賢者，爾後其國益大，故於所聞之世，託爲昇平之世，是爲進化的第二期。此時，賢者能者進而爲天子，而諸酋長則進而爲諸侯之君。然而猶有中外之分，華夷之判，蓋世界文明，尚未能平等，猶是國家主義，種族主義的時代，故曰：「內諸夏而外夷狄」。既有國家主義，就難免有國家之爭，有種族主義，就難獲種族平等，故當進而爲大同之世。於所見之世，託爲太平之世，是爲進化的第三期。此時，無國界之見，無種界之分，一於平等而已，故天下遠近大小若一。可謂至治之世，大同之世界。如此納遠近輕重詳略之旨於「三世」之說，三世遂突地成爲春秋大義的核心，而爲後來康有爲所謂「據亂世」、「昇平世」、「太平世」之稱的由來。

這三世說的進化歷史觀，是董仲舒本著儒家的理想，以爲天下應日趨太平，日臻完美，實則未必屬真。因此，三世之說祇是「應然」，而非「實然」，將它昭告於世，寓意當然深長。這種歷史觀與天人哲學本不相涉，但是，我們把它和三統說綜合起來看，可以知道董仲舒以爲歷史的演進是循環或進步的。我們不能恢復過去，也不能取消過去，我們祇能繼續過去。歷史的現在，包含著歷史的過去。這就是說歷史的演變，所遵循的規律是辯證的。

① 鄧平曾參與太初改曆的工作。所謂八十一律，是以黃鍾九九自乘爲日法，考古曆一月之長爲二十九日又九百四十分之四百九十九，其策餘（即日下小數）大於二分之一，鄧平欲化繁爲簡，定之爲八十一分之四十三，於是假託黃鍾，以日法爲八十一，策餘爲八十一分之四十三。《漢書·律曆志》以一月之日爲二十九日八十一分之四十三，正是由此制定的。

② 據《漢書·元后傳》載，王莽更漢家黑貂，著黃貂，又改漢正朔伏臘日。太后心中怨恨，令其官屬著黑貂，至漢家正臘日，獨與左右相對飲酒食。漢制著黑貂，與武帝的土德尚黃不合，而此時正在醞釀火

德之說，並不採用水德之說，所以可能是據黑統制定的。

③漢自昭宣以後，「禪讓說」與「再受命說」興起，學者多以五行相生論朝代的興替，王莽的土德說，就是承此時醞釀正久的火德說而來的，火生土，故以土代火是天經地義的事。

六、天人哲學之四——政治教育觀與社會經濟觀

1 政治教育觀

董仲舒深感於秦政的殃民，因此，在政治思想方面，力圖要改變法治而爲德治，即以儒家的教化代替法家的刑罰，此即董氏天人哲學的最終指標。孔子說：「道之以政，齊之以刑，民免而無恥。道之以德，齊之以禮，有恥且格。」（《論語．爲政》）祇有在「德」與「禮」的教化下，人類的人格才能完成，尊嚴才能建立。董仲舒這一個「崇德」觀點的背後，就藏有儒家的人道思想，他說：「故子夏言：《春秋》重人，諸譏皆在此。」（《繁露．俞序》第十七）凡是妨害人的生存尊嚴者，《春秋》皆譏之，因此，在《繁露》的〈俞序〉、〈竹林〉、〈玉英〉諸篇中，他再三指出《春秋》是貴仁貴讓，以實現「重人」的精神。又說：「天地之精所以生物者，莫貴於人。」（《繁露．人副天數》第五十六）由這一個基點出發，政治的基本任務便在保障人民的生存，謀求人民的安樂，而不是在滿足君王個人專制天下的野心。可是，自秦統一天下、集權中央以來，帝位日高，君權日張，已日益走向法家「爲統治而統治」的政

治，而相對的，臣民的地位日益卑微，臣子的諫諍與民意的反應已漸失其作用與力量，這當然是有心的儒者所擔憂畏懼，而不得不設法挽救的。因此，董仲舒提出「君權神授」的理論，以為「受命之君，天意之所予，故號天子」（《繁露．深察名號》第三十五）。將君權的來源溯自「天父」，表面上看起來，「君人者國之元」、「君人者國之本」（《繁露．立元神》第十九），這種「崇本」的觀念，使「人主立於生殺之位，與天共持變化之事」（《繁露．王道通三》第四十四），似乎是更強化了法家君權主義的至高性，事實上，是把君權降到天威之下，使君王成為一個有限的相對體，他必須「事天如父」、「事天以孝道」（《繁露．深察名號》第三十五），以天的意志為意志，以天的好惡為好惡，完全沒有自主的權利。而董仲舒又以儒家的理想來規範天的意志，企圖使王政走向儒家理想的境地。

君權既為天授，則天便具有予奪國祚和監督政事的兩種力量。崇高的君位乃是天父賜給有德的天子的，倘天子恣情暴虐，荼毒天下，則天父就可以把他的君位剝奪，故君位的得失、君權的轉移，一視君王有德無德而定。有德者天要奉他為王，此時必有非人力所能致而自至者，就是所謂的「受命之符」，一種預兆吉祥的符瑞，像《書經》上所說「白魚入於王舟，有火復于王屋流為烏」（《今文尚書．泰誓》），都是受命之符，也是天下同心歸之的象徵。反之，如果不依天意施行仁政，則老天便先以災害譴告之，不知自省，再以怪異警懼之，尚不知變，而傷敗乃至。所以說：「其德足以安樂民者天予之，其惡足以賊害民者天奪之。」（《繁露．堯舜不擅移湯武不專殺》第二十五）如此以災異表天意，較之先秦儒家那種「天聰明自我民聰明，天明畏自我民明畏」（《尚書．皐陶謨》）的以民意表天意之說，是倒退了一步。這主要是因爲民意對人君的影響力，在專制時代沒有災異說來得簡捷有力。

君權的轉移，一本於天意，而受命的方式有二：一是禪讓，一是征誅。前者是和平的轉移方式，由君王將帝位讓予有德之人，如堯讓舜，舜讓禹，堯舜的天下是受自天，故不敢私傳天下而擅移位。昭帝時，眭弘便以「先師董仲舒有言：雖有繼體守文之君，不害聖人之受命」（《漢書》卷七十五〈眭弘傳〉），做爲他倡禪讓說的理論根據。後者是訴諸武力的轉移方式，由天命有德的聖人討伐無道的君王，譬如殷伐夏、周伐殷、秦伐周、漢伐秦，都是以有德伐無德，此乃天理，故曰：「湯武不擅殺」，與孟子「聞誅一夫」的思想相符。而禪讓與征誅所造成的勞逸程度亦異，禪讓則「垂拱無爲而天下治」，故逸。征誅則「日昃而不暇食」（《漢書》本傳，〈對策〉第二），故勞。

君王既受命自天，便須改制以應天，以明易姓非繼人而王。改制的內容，通常衹包括某些特定的典章制度，諸如居處、稱號、正朔、律曆、服色、度數等，而不影響政治的實質。可是，如果在亂世，道必有偏而不起之處，此時，就須易道以救弊，故曰：「繼治世者其道同，繼亂世者其道變。」（《漢書》本傳，〈對策〉第三）事實上，「易道」才是董仲舒政治思想的重點，他以爲「漢繼大亂之後，若宜少損周之文，致用夏之忠者」（同上）。可惜，當時君王只重「改制」，徒然在形式上大事更動，完全忽視政治的實質。

君王既爲天的兒子，如何對天事孝道，便成爲實踐君道的主要途徑，而這途徑便是所謂的「法天」、「象天」了。這種「法天」、「象天」的思想在董仲舒的言論著作中俯拾可得，諸如「王者承天意以從事」、「欲見所爲，宜求其端於天」（《漢書》本傳，〈對策〉第三）、

「爲人君者其法取象於天」（《繁露．天地之行》第七十八）、「以天之端正王之政」（《繁露．二端》第十五）、「聖人副天之所行以爲政」（《繁露．四時之副》第五十五）等。

董仲舒以「王」的字形釋王的職責。王是三畫而連其中，就是「取天地與人之中以爲貫而參通之」（《繁露．王道通三》第四十四），故王的職責，就在於貫通天道、地道與人道三者，使天人達於合一之境。而天的特性可資效法者甚多，最重要的一項原則，便是要法天的助陽抑陰，陽爲德，陰爲刑，由此而有崇德抑刑的主張。德的內容，可從兩方面表現，一方面是統治者首先當從權利中純化自己，使自己成爲有德之人。因爲「君者，民之心；民者，君之體」（《繁露．爲人者天》第四十一）。君王之所好，人民必從之，所以爲人君者應正心以正朝廷，正朝廷以正百官，正百官以正萬民，正萬民以正四方，四方正，則天下莫敢不壹於正。這本是孔子「政者正也」的基本思想之發揮，對「內多欲而外行仁義」的武帝而言，確實是有必要力倡的。另一方面，對刑罰的觀念，而提出教化的觀念，因爲聖人之道，不獨以威勢成政，必有教化才能完成政治的目的，復由此提出實現教化的學校制度。使人民不僅是在刑罰之下，成爲統治者的被動工具，而是在教化觀念之下，都成爲人格的存在。發揮人性中原有的善質，以成善性，所以說：「王者上謹於承天意以順命，下務教化民以成性。」（《繁露．深察名號》第三十五）如此才能把上下互相窺伺的威壓與詐騙的社會變成人性交流的禮樂社會、人文社會。簡言之，就是要實行「更化」。他認爲漢之所以常欲善治而不可善治的原因，就在於當更化而不更化，所以更化的觀念是他政治思想的中心。

而誘導人民臻於至善的方法，除了普及教育的長久大計之外，尚須(1)立制度，節人欲。

人生而有欲，如今個人逞其所欲，天下必大亂，故須立尊卑之制，以等貴賤之差，使人不得越等踰制，自可節人欲。(2)依民好惡用賞罰，使民有所好惡，然後妥爲利用其好惡，予以適當的賞罰，以其好者賞之而勸善，以其惡者罰之而懲惡。

其次，天常以愛利天下爲意，以養長爲事，春夏秋冬皆其運用。王者亦常以愛利天下爲意，以安樂一世爲事，好惡喜怒而備用。王的好惡喜怒，猶如天的春夏秋冬。春夏秋冬順時而至，則歲美，否則歲惡。喜怒哀樂合宜而生，則世治，否則世亂。由此而有四時與四政的配合，春慶、夏賞、秋罰、冬刑。

復由天的高高在上而普施恩德於人類，不見其形而見其功，而提出天的四種特性——位尊、施仁、藏神、見光，做爲人君效法的對象。王者亦應任羣賢所以爲受成，不自勞於事所以爲尊。汎愛羣生，不以喜怒賞罰，所以爲仁。內深藏所以爲神，外博觀所以爲明。簡言之，就是「以無爲爲道，以不私爲寶」。這無爲的思想與老子「聖人處無爲之事，行不言之教」（第二章）的思想相合。君道無爲，並非不理國政，而是要用臣宰，即所謂「以臣言爲聲，以臣事爲形」（《繁露．保位權》第二十）。所任賢，則主尊國安，所任非其人，則主卑國危。然臣所出之言、所行之事，能否即爲君王的本意，有待考察。因此君王爲防備臣宰擅君之威，則不可專聽一人，專謀一臣，應該虛心下士，觀來察往，謀於眾賢，考求眾人，故有「考功名」之說。考察的方式不一，分述如下：

(1)諸侯，每月試其國，四試一考，故一歲三考。

(2)世伯，每季試其國，四試一考，故一歲一考。

(3)天子，每年試其國，三試一考，三考而絀陟，故三年一考，九年而絀陟。

有功者賞，有罪者罰，絕不苟且。

這種藏形貴神的政治，君王表面上是寂靜無爲，不露形影聲響，自然就無以定曲直清濁，故能保持君王無有過失，威望不墜，俾收「政無爲，而習俗大化」（《繁露．對膠西王越大夫不得爲仁》第三十二）之效。此與韓非子「臣有其勞，君有其成功」（〈主道〉）的思想一致。韓非子之學出自老子，漢初流行的黃老之術，事實上，就是這種內刑名、外黃老之學，故董仲舒顯然多少亦受道家思想的影響。

至於汎愛羣生是法天的「徧覆包涵而無所殊」（《漢書》本傳，〈對策〉第三）之行，除了愛民之外，還要愛鳥獸昆蟲，與儒家「親親而仁民，仁民而愛物」的有差等的愛不同，而近於墨子的兼愛。又由兼愛而惡戰伐，以爲《春秋》筆法「戰事之伐，後者主先」（《繁露．竹林》第三），就是有低貶先發動戰事者之意，又與墨子所謂的「非攻」相符。不過，董仲舒所非棄的，祇是純粹謀求擴充國家的勢力，或逞君主一己之私的攻戰，至於爲解救人民疾苦的放伐之戰，或非加暴於他國的「偏戰」以及伸張正義的「復讎」之戰，均不在其反對之列。此外，「積眾賢」的君王自堅之道，亦與墨子尚賢之義相符。由此可知董仲舒思想的涵括性很大，他是兼融了儒、墨、道、法、陰陽諸家學說於一爐，將之納入天人哲學的體系內，以完成他實現理想政治的目的。

董仲舒以天地之志爲君臣之義，他既力主君王應法天之行，於是論人臣，則主張應「法地之道」。地道的特性，便是「暴其形，出其情」，且能「示人高下、險易、堅軟、剛柔、肥臞、美惡」（《繁露·離合根》第十八）。因此，他主張人臣亦應比地之道而提供一種特性於人主，這種特性就是「悉見其情於主」的事君唯謹的態度，竭情悉力提供一切所長，以成就君王的功名。諸如：朝夕進退，奉職應對，所以爲貴；供設飲食，候視疢疾，所以致養；委身致命，事無專制，所以爲忠；竭愚寫情，不飾其過，所以爲信；伏節死難，不惜其命，所以救窮；推進光榮，褒揚其善，所以勸明；受命宣恩，輔成君子，所以助化；助成事就，歸德於上，所以致義。換言之，臣居於輔佐的地位，一方面協助治理政事，一方面又助成君王的威嚴恩德。功出於臣，而名歸於君。

至於民的地位，並不因君位的崇高而被視同草芥，反而承襲儒家「民本」的思想，以爲「天之生民，非爲王也；而天立王，以爲民也」（《繁露·堯舜不擅移湯武不擅殺》第二十五）。統治者得以存在的基本條件是「民的歸嚮」，能使萬民往而得天下之羣者，必無敵於天下。所以王者之政，旨在愛民，不在害民。「其德足以安樂民者天予之，其惡足以賊害民者天奪之」（《繁露·堯舜不擅移湯武不擅殺》第二十五），「民意」成爲上天予奪國祚的依據。由此可見，董仲舒表面上雖說天意，實即在言民意，只不過是假天威以行人事罷了，所以其形質雖爲神權，其精神乃在民權，這與前述《尚書》重民意之說的內在精神實是相通的。可是《繁露·玉杯》第二有「《春秋》之法，以人隨君，以君隨天」及「屈民而伸君，屈君而伸天，《春秋》之大義也」之說，易使人誤解董仲舒亦受法家的遺毒。其實，這兩句話，祇是爲了強調天的至尊性，目的是要把君權降於天威之下，絕不違反「民本」的原則。何況在王者能承天意以順命之際，以人隨君，事實上，也是爲儒家所容的，祇有在王者無道時，才發揮臣民的最高權利而放伐之。

以上所言均爲董仲舒的政治理論，而針對當時政治的實際需要，他提出三項實施的政策：

㈠罷黜百家，獨尊儒術。他以爲百家殊方，旨意不同，若使雜然並陳，則在上位者無以持一統，法制數變，在下位者不知所守，這都足以影響政治的安定，所以政府不必提倡，而並非要將各家學說，根絕於社會。這一影響重大的歷史事件，依《漢書．董仲舒傳》載係「自仲舒發之」，事實上，早在建元元年（西元前一四〇年），衛綰就請罷治申、商、韓非、蘇、張之言者，而元光元年（西元前一三四年）田蚡又奏黜黃老刑名百家言。因此，推明孔氏抑黜百家的建議，應發自衛綰、田蚡，董仲舒奏請「諸不在六藝之科、孔子之術者，皆絕其道，勿使並進」，不過是重申此意而已。

㈡從中央以至各級地方政府，均應普遍設立學校，立太學於國，設庠序於邑。以仁義禮樂教化人民，使遊學於《詩》《書》六藝之中。「以《詩》《書》序其志，《禮》《樂》純其美，《春秋》明其知。」（《繁露．玉杯》第二）而其中以太學爲最重要，因爲太學爲賢士之所關，教化之本源，所以他力倡興太學，置明師，以養天下之士。武帝聽從之，故元朔四年（西元前一二五年）六月下詔，令禮官勸學，講議洽聞，舉遺興禮，以爲天下先，又令太常議立博士弟子，崇鄉黨之化，以厲賢材。於是當時的丞相公孫弘與太常孔臧、博士平等人共同研議，參照《禮記．王制》的教育與選舉制度加以具體補充，終於形成第一所國立大學，同時也部分實施了董仲舒所主張的貢士制度。其實施辦法詳列於後：

(1)爲博士官置弟子五十人，復其身（免其傜役）。

(2)太常擇民年十八以上，儀狀端正者，補博士弟子。

(3)郡國縣道邑，有好文學，敬長上，肅政教，順鄉里，出入不悖所聞者，令相丞長上所屬二千石。二千石謹察可者，當與計吏俱往詣太常，得受業如弟子。

(4)一歲以後，皆得參加考試，能通一藝以上，補文學掌故缺。其高弟可以爲郎中者，由太常籍奏。即有秀才異等，輒以名聞。至於不事學，若下材，及不能通一藝者皆罷之。而推薦有不符實的官吏，亦一併處罰。

接著，武帝又令天下郡國皆立學校官。此事據《漢書．循吏傳》所載，應可遠溯至蜀吏文翁，董仲舒對策中雖有此議，但直到元朔五年（西元前一二四年），公孫弘爲丞相時，才付諸實行，但〈董仲舒傳〉卻說立學校之官，是自仲舒發之。可能因爲文翁衹是「修起學官於成都市中」，至於明令天下郡國皆立學官之事，則係受仲舒此議的影響，所以又把立學校之官的美名歸於他。

㈢廢止任子或以富貲爲郎，應計功以進及責令郡國貢士，實行用人唯賢。漢代吏治敗壞的原因，是所實施的選士任官制度，有違於「量材而授官，錄德而定位」的用人唯賢制度。因此董仲舒主張廢止任子（即由吏二千石子弟憑門第關係選爲郎吏）或以富貲爲郎，並建議由各列侯、郡守各擇其吏民之賢者，歲貢各二人，以給宿衛。一以考察各方面大臣是否識人，一以鼓勵他們求賢，以期盡致天下之賢者，並使「廉恥殊路，賢不肖異處」（《漢書》本傳，〈對策〉第三）。不過廢止任子及以富貲爲郎的主張，一方面由於封建制度的若干觀念，積重難返，一方面又由於武帝的大事征伐，耗費財物，始終未能付諸實行。倒是貢士的辦法，卻被變相採納於上述公孫弘奏請實施的太學制度中。故武帝元光元年十一月，令郡國舉孝廉各一人，確如〈董仲舒傳〉所説，係自仲舒發之。

2 社會經濟觀

董仲舒理想中的社會是一個調勻的社會，一個階級分明的社會。他深知「先富而後加教」的道理，因此對民生經濟問題相當重視。他引孔子「不患貧而患不均」之説，以爲貧富相差太懸殊，易生弊端。因爲富者必驕，驕而爲暴；貧者必憂，憂則爲盜，社會秩序必遭破壞，也必然引起許多社會問題。而漢代自從文景以後，經濟復蘇，新資產階級興起，人民貧富不均，早已導致流俗敗壞、禮義罔存的現象，益增董仲舒對社會經濟問題的重視。

他認爲解決這個問題的方法，除了消極地設度制以節人欲，諸如貴賤有等、衣服有制、朝廷有位、鄉黨有序，俾使「富者足以示貴而不至於驕，貧者足以養生而不至於憂」（《繁露．度制》第二十七）。還應積極地抑豪強、濟貧弱，使貧富調勻，上下相安。

關於抑豪強、濟貧弱方面，他提出了三項政策：

㈠禁止宦官之家與民爭利、爭業。他認爲天道是公平無私的，予之齒者就去其角，傅其翼者就兩其足，是所受大者不得取小。人亦應法天，凡是受祿者，就不食於力，不動於末。若受祿之家乘富貴之資力，以與人民爭利於下，人民豈有不貧困之理？人民窮急愁苦，自然不避刑罰，以致偷竊搶劫，無所不為，成為社會致亂的主因。所以，受祿之家，不得與民爭利，然後利可均布，民可家足。

㈡推行限田政策，將鹽鐵任由人民開採，盡量輕徭薄賦，及鼓勵關中人民種麥。秦用商鞅之法，廢棄古井田制，民田可以自由買賣，造成富者田連阡陌，貧者無立錐之地的懸殊現象，又由政府專川澤之利，管山林之饒，於是邑有人主之尊，里有公侯之富，而小民益加貧困。再者，屯戍力役三十倍於古，田租口賦和鹽鐵之利，又二十倍於古，貧民衹得衣牛馬之衣，食犬彘之食。加上不堪貪暴之吏妄加刑戮，終於淪為盜賊，作姦犯法。董仲舒深知井田制度已無法再恢復，衹好提出「限民名田」的建議，以塞併兼之路。限民名田的主張，不是徹底的均田，衹是立一個私有田產的限制，每個私人名下的田產不得超過法定的額數，其目的不過在求貧富均等。至於將鹽鐵任由人民開採，盡量輕徭薄賦，以寬民力，及鼓勵關中人民種麥，目的在使小民不致無以為生，使貧富不致懸殊太甚，以便從根本解決此一攸關社會與經濟的嚴重問題。這限田之策，當時頗得一般公卿贊成，可是卻改成了「賈人有市籍及家屬皆無得名田」（《漢書》卷二十四下〈食貨志下〉）之議。此一修正案，曾否付諸實行，史無明文。其後，哀帝因師丹奏請限田；有司奏重提「賈人皆不得名田為吏」（《漢書》卷十一〈哀帝紀〉）之議。總觀這兩次改變，使限田的對象大為縮小，縱令實行，效果亦微。對於鹽鐵由人民開採及輕徭薄賦的政策，武帝由於早年即準備對匈奴用兵，其後更發動綿延四十年的對外爭戰，歲耗甚鉅，非但未能採納，更於元狩四年（西元前一一九年）為籌措戰費，實行鹽鐵專賣。

㈢解放私奴，並禁止專殺奴婢。西漢前期，社會畜奴之風甚盛。當時奴隸大致有私奴及官奴之別，前者爲個人所有，後者則爲公家所有。私奴大都由貧民轉賣而成，主要負責料理家事或從事生產。主人不但享有奴隸工作所得，並操有生殺之權。所以董仲舒於奏請實施限田政策的同一議奏中，也主張「去奴婢，除專殺之威」（《漢書》卷二十四上〈食貨志上〉）。如此，既可解放私奴，濟助貧弱，又可消除宦官之家，因乘富貴之力，眾其奴婢，多其牛羊，廣其田宅，博其產業，畜其積委之弊，有助於解決土地兼併與富貴懸殊的問題。解放私奴之議，並未實行。禁止專殺奴婢之議，史籍雖未明載，然由以下幾件史實，諸如宣帝時繆元王因殺奴婢而爲刺史所舉奏（參看《漢書》卷五十三〈趙敬肅王傳〉）、京兆尹趙廣漢因殺奴婢事而責丞相魏相之妻（參看《漢書》卷七十六〈趙廣漢傳〉）、哀帝時，王莽因其中子殺奴而責令他自殺（參看《漢書》卷九十九上〈王莽傳上〉）等觀之，可見此議曾付諸實行。

董仲舒並非不知道人的材力不等，但他總想用人力去使之平等，總想用「度制」做到調勻的地步。這正是一般儒者的共同主張。可是，道家就不同，莫說漢初的無爲主義者，即使是與董仲舒同時的司馬遷，對這貧富不均的現象，也不以爲怪。他說：「天下熙熙，皆爲利來，天下攘攘，皆爲利往。」（《史記》卷一二九〈貨殖列傳〉）無人不想富有，可是由於「巧者有餘，拙者不足」，貧富的差異總是難免的。農、虞、工、商爲四種正當職業，缺一而不可，故不應有輕商的心理。而且任何東西「貴上極而反賤，賤下極而反貴」，無需刻意去調整。因此，他主張不干涉主義，也就是無爲主義。這番論調，當然與董仲舒不同。實際上，這種放任政策是資本主義初起時的政治哲學，其後果必然導致貧富不均的現象，也必然要引起社會改革家的注意，故干涉的政策、均貧富的理想、均田限田的計畫，都一一的起來。後來的儒家比較估勢力，而道家又絕少能像司馬遷那樣周知社會經濟狀況的，所以均貧富、抑兼併的均產主義，漸成爲中國的正統思想。師丹的限田之制失敗了後，王莽還要下決心實行均田之制。王莽失敗了，後世儒者儘管辱罵他，但在社會經濟方面，卻大都是王莽的信徒。試看班固的〈貨殖傳〉，材料全鈔《史記》，而論斷就完全不同了。他以爲商業發達的結果，會導致「飾變詐爲姦軌者自足乎一世，守道循理者不免於饑寒之患」（《漢書》卷九十一〈貨殖列傳〉）。這等於是教唆人民投機取巧，背義向利，實爲傷化敗俗大亂之道。並批評司馬遷爲「崇勢利，羞貧賤」。這正是傳統儒家的見解，與董仲舒的看法無異。

七、結論

儒家思想最富人文精神，而這種精神是由周初宗教、政治與道德等意識相互容攝的情形始肇其端的。當時，由於原始迷信思想所致，使人間政治社會情實不自限於人間世，而同時投影於天界。受命天子處於天人之間，作爲天意下宣和民意上達的媒介，並代天執行化育人民的任務。可是，這種君權神授的論調，由於道德意識的發展，並未流於聽天由命的消極思想，反而促成一種積極奮進的心理。天命的轉移，係以人自身的德性爲依歸，天或帝的意志與無限精神權力的特性，便隱而不顯了。所以，周初是人道主義的黎明。至孔子始揚棄原始宗教的天道觀，而朝純道德的天道觀發展，將主觀的祈求和客觀的福祉，像楚河漢界般劃出一道鴻溝，轉移人類對天道鬼神的虔敬，而爲對人事應有的敬德，更進而提出「踐仁」，從毫無把握的幻想，落實到有絕對把握的道德實踐上。對他而言，天祇是人類道德規範的最高準則，人性祇有藉「德性」上通於天，才能獲致最高的成就，所以他常以「天生德於予」自恃。至此，純粹的道德意識才從政教混融的神權勢力中脫穎而出，形成以德性應和爲主體的天人哲學。人文精神遂取代天道思想，而爲儒家的中心目標，其後的儒家大都承襲此思想而發展。

但儒學發展到秦漢之際，則與陰陽家發生結合的關係，因此由人道思想又折返天道思想，而鄒衍天人相與的思想，遂成西京之顯學。董仲舒適逢其會，涵濡闡揚，成爲諸儒的巨擘，而「天人相與」的思想，遂作爲他哲學體系的大間架。

董仲舒可以說是以神學家的姿態出現於歷史的。是他，把平實近人的儒學形上化起來、神祕化起來、宗教化起來的。孔孟對於宇宙本體的問題，才一觸到，便又止住了（儒家太重實用的基本性格所致）。在他，則從主觀觀念論出發，追蹤到宇宙問題的大源上，便自然達到有神論的結果，於是儒學便發展爲有似神學的學說了。可是，董仲舒天人哲學的重點在「人」，而不在「天」，尚保持了儒家積極有爲的人文精神，大異於一般陰陽家專談陰陽五行荒謬至極的道理，以致牽於禁忌，泥於小數，捨人事而任鬼神，忘卻「自求多福」的真諦。「天」不過是他爲自己的哲學所設立的一個至高的理論依據，以期取信於漢初信天道已篤的羣眾，用心誠爲良苦。換言之，在儒學與陰陽學混融的時代潮流裏，他繼承儒家人文精神的意識始終是覺醒的。正因爲這樣，他才能實地提出許多惠民便民的政治措施，而有劉向所謂的「王佐之材」的美譽。即如劉向的兒子歆和孫子龔，雖然認爲其父祖有過譽之嫌，但也不敢抹殺董仲舒「下帷發憤，潛心大業，令後學者有所統壹，爲羣儒首」的功勞（參看《漢書》本傳贊）。至於梁任公在〈陰陽五行說的來歷〉一文中（現收入《古史辨》第五册下），指責董仲舒爲繼燕齊海上方士之後，對陰陽五行學說的建設傳播應負罪責的三大人物之一（另二人爲鄒衍與劉向）。事實上，陰陽五行之說衹是他論說的方法，是假神道以設教的工具，儒學才是他真精神所在。對陰陽五行學說的建設與傳播，他固然有功，但絕非其本旨。所以陰陽五行學說遺害後世的罪責，應歸咎於後人取法的不當，而非董仲舒有心之過。

這種以天統君、假神道設教的思想，目的不過在使大一統的皇帝，在意志上、行爲上，不能不有所畏忌，以便接受儒家的政治思想。此蓋儒家精神在專制政體下，被迫成的微妙宗教性轉變，實不失爲敬德意識的表現。而它對漢代的政治確實發生了不少作用。漢帝因日蝕地震，下詔罪己，或責免三公的，在《漢書》帝紀及列傳中頗多。如宣帝本始四年（西元前七〇年）曾因地震北海、琅邪，而下詔丞相、御史與列侯中二千石博問經學之士，有以應變，輔君王之不逮，毋有所諱（參看《漢書》卷八〈宣帝紀〉），此即以地震下詔罪己之例。又成帝時，丞相翟方進因天災遞至而被賜死，實爲因天災責免三公的顯例（參看《漢書》卷八十四〈翟方進傳〉）。此後，西漢今文經師多言天人災異，《春秋公羊》有眭孟，《穀梁》有劉向，《書》有李尋，《易》有谷永，《詩》有翼奉。這固然是受董仲舒的影響，但亦爲時勢所使然。因爲漢初興國，奮筆矯舌之士，無不引秦爲說，以秦爲勝國，歷二世而亡，正足以作爲漢皇的殷鑑。自武帝後，朝廷既一反秦的卑近，遠規隆古，立言之士，不得不放棄譏秦嘲亡的老調，而轉據經術。五經中固然不乏警世之言，但《春秋》災異的警懼作用最強，於是在通經致用的風氣下，學者紛紛稱說災異，推論陰陽。如此，既可收警戒時君之效，又可以經學進身仕途，於是造成一時的風尚，幾至無可遏止的地步。

災異說之用於規諫時君，實行仁政，本無可厚非，不幸的是，由於它的深獲人心，以致被利用爲政爭的工具。譬如元帝初立，蕭望之、周堪、金敞與劉向同心輔政，共苦外戚許、史在位放縱，而且中書宦官弘恭、石顯弄權，於是劉向等人便使外親上變事，以爲「地動殆爲恭等」，此即使用災異爲攻擊的武器。其後，永光元年（西元前四十三年），夏寒，日青無光，石顯及許、史皆言周堪、張猛用事之咎。當時成帝內心雖重堪、猛，然患眾口之寖潤，亦衹得遷堪爲河東太守、猛爲槐里令（參看《漢書》卷三十六〈劉向傳〉）。此外，由於各人立場不同，對災異的解說亦異，如谷永想依附專權的王鳳，故始終以爲咎在後宮及帝身，對於黑龍現東萊，說是同姓舉兵之象，而非異姓之因（參看《漢書》卷八十五〈谷永傳〉）。但劉向則力反外戚，歸咎於王氏的用權（參看《漢書》卷三十六〈劉向傳〉）。此等例證，不勝枚舉。待人們因災異而起的戒懼之心漸趨疲乏以後，符命與讖緯之說又代之而起，而有王莽的符命政治和光武的讖緯政治。此三者其實都是由天人哲學演變而成的，這種後果，當然不是董仲舒始料可及，亦不是他的過錯，自不宜歸咎於他。

《漢書·董仲舒傳》謂「自武帝初立，魏其武安侯爲相而隆儒矣。及仲舒對策，推明孔氏，抑黜百家，立學校之官，舉孝廉茂材，皆自仲舒發之」。這是說明董仲舒在當時所發生的影響。事實上，這幾項措施的目的，都在成全他以儒家的德代替法家的刑的最大願望。可惜在武帝時政治的風氣並不曾轉換過來，一直到了有好儒美稱的元帝，委政儒生，儒家的氣氛才開始增長。可是，元帝是個風雅而善良的人，他沒有從根本的法制上把漢家的政治基底轉換過來，而祇是從大赦及賞賜等方面來緩和漢法的嚴酷及表達其仁心的廣被。惠而不知政，當然不會有多大效率的。加上他好「牽制文義，優柔寡斷」，以致使漢家在武帝時早已伏下的衰微之機更完全顯現出來。而後世把「孝宣之業衰焉」的罪名歸咎於元帝的用儒，以致引起許多責難儒家的藉口，這實在是未明就裏的結果。尤其儒家的思想重涵養，其影響往往是間接的、持久的，不應以一時的政治效率定其得失。就舉東西漢吏治的轉變爲例，《漢書．酷吏傳》十三人中，無一人通經術，〈循吏傳〉六人中，其最優者文翁、龔遂、邵信臣三人，皆通經術。時至東漢，而吏多儒生，推明經意，移易風化，吏治大美於從前，不能不歸功於儒家思想的浸漬漸染之功，而從此以後，儒家在政治上的若干觀念，如愛民、納諫、尊賢、尚德、立學、育才等等，已成爲二千年來論定政治得失的共同標準。因此，對於暴君汚吏，不能不發生若干制約作用，最低限度，那怕在黑暗時期，也提供了人們向前掙扎的一個指針、一個方向。這種精神的統領力量是不可計算的。當然這種理想是漢初賈誼、鼂錯以來的儒者所共有的，並不是董仲舒的獨創，祇是一方面由於他的材性之美，一方面由於適逢欲有所爲的武帝，這兩種主觀與客觀因素的交併，使他成爲推明孔氏的功臣，而同時他也就肩負了儒家定於一尊後，所遭受的誹議。於是後人將漢代以後中國學術思想不似先秦蓬勃的原因，歸咎於董仲舒的尊儒之議，這的確是盛名之累。

董仲舒號爲西漢羣儒之首，他雖精通五經，但主要立足點還是在春秋公羊學。仲舒的「明於《春秋》」，從《繁露》中專論《春秋》之文看來，不但對《公羊傳》中所述孔子作《春秋》的大義及主要褒貶原則，都有所發揮，而且他還有不同於一般傳經之儒的兩大特色，第一個特色是通過《公羊》來建立當時已經成熟的大一統專制理論的根據，第二個特色是他要把《公羊》作爲他天人哲學的構成因素。換言之，他爲時勢所逼，一方面承認專制政體的合理性，一方面又想給予此政體一個新的理想與內容，這兩種企圖都要經由《公羊春秋》來加以完成。因此，其公羊學對《春秋》的解釋，發生了一大轉折，影響到西漢其他經學在解釋上的轉折，乃至影響到先秦儒家思想在發展中的全面轉折，在思想史上的意義非常重大。而公羊學在漢代的興起，董仲舒居功不小。武帝時，他曾奉命與治《穀梁》的瑕丘江公辯論，仲舒能持論、善屬文，江公訥於口，不如仲舒。丞相公孫弘本爲公羊學，比輯其議，卒用董仲舒之議。武帝因而尊公羊家，並下詔太子受《公羊春秋》，公羊學於是大興。後來，何休著《公羊解詁》，有許多解說大義都是承襲董仲舒的，譬如最重要的三科九旨之說，即已見董仲舒之書。《繁露．楚莊王》有張三世之義，〈王道〉有異內外之義，〈三代改制質文〉有存三統之義。三國以後，公羊派逐漸衰微，但到清代又開始復興。像劉逢祿的《公羊釋例》、陳立的《公羊義疏》都頗爲發揮公羊之義。尤其康有爲的《春秋董氏學》更奉董仲舒爲圭臬，盛讚明於《春秋》者莫如董子，並謂由董仲舒論元氣陰陽之本、天人性命之欲、三統三綱之義、仁義中和之德、治化養生之法諸端中，可以窺見孔子制作《春秋》的本源次第。由此觀之，董仲舒於公羊學的闡揚，的確功不可沒。故今文學者莫不以爲兩漢若無董仲舒與何休，則公羊之學遂絕，而《春秋》一經的本意，終不得明於後世。

《史記．太史公自序》述所聞於董仲舒的春秋學，以爲「《春秋》者禮義之大宗也」，以禮說《春秋》，尤爲人所未發。《春秋》撥亂反正，道在別嫌明微，學者知《春秋》近於法家，不知《春秋》通於禮家，知《春秋》之法可以治已然的亂臣賊子，不知《春秋》之禮足以禁未然的亂臣賊子。自漢以後，有用《春秋》之法引經義以斷獄的，如呂步舒以《春秋》誼斷淮南獄即是一例，而不見有用《春秋》之禮別嫌疑、明是非、明經義以撥亂反正的。所以董氏之學，在當時見諸施行的，不過是其粗觕的部分，至於較精到之處，則未嘗見諸施行。而漢代酷吏正好藉此以濟其酷，以致引起後人對《公羊》的詬病，這又是董仲舒所遭受的一項無端之毀。

董仲舒這套以《春秋》爲材料，以陰陽學爲方法，以儒學爲宗旨的天人哲學，範圍甚廣，不論是宇宙的形成、天道的運行、人性的陶冶、倫理的關係、養生的方法、各分的制定、歷史的演進、政治教育的策略、社會經濟的措施等，都被納入這天人哲學的軌道內，堪稱爲一套相當完整的宇宙、政治、人生的哲學體系。這一套哲學本身的價值，是在於他能在儒家與陰陽家思想合流的激變中，把握儒家的真精神，這種彊勉努力的精神，的確不是西漢一般學者所能及的。在體認他的用心之後，我們當可知董仲舒的論陰陽五行，不過是大醇小疵，白璧微瑕，不宜以此而抹殺他宣揚儒學之功。再就思想史的立場言，自從鄒衍以「陰陽消息」和「五德轉移」論政治的得失和歷史的運行之後，《呂氏春秋．十二紀》承其遺緒，不但把陰陽五行配入四時十二月中，更配上他們認爲與四時相應的政令和思想，建立了以陰陽五行爲依據的宇宙、人生、政治的特殊結構，於是陰陽五行、天文律曆、數目色味、節候生物、風俗習慣與政治理想等，都被有規律地組合起來。這種特殊結構，在漢代發生很大的作用，董仲舒就深受其影響，將陰陽五行視爲天的具體內容，伸向學術、政治、人生的每一角落，完成了天人哲學的大系統，也形成漢代哲學的最大特性。這種思想由今文學者繼續發揚，至《白虎通義》而集其大成。故董仲舒的這套哲學，是天人哲學發展史中不可或缺的一環，也是中國哲學由子學時代進入經學時代的一個里程碑，其意義十分重大。

參考書目

㈠專書

《公羊傳注疏》二十八卷　漢何休解詁，唐徐彥疏，藝文印書館影印嘉慶二十年江南南昌府刊本。
《論語注疏》二十五卷　何晏集解，刑昺疏，同右。
《孟子注疏》十四卷　趙岐注，孫奭疏，同右。
《公羊家哲學》　陳柱撰，臺灣中華書局影印本，六十年六月臺一版，一三六頁。
《增註經學歷史》　皮錫瑞撰，周予同注，臺北，藝文印書館，五十九年九月初版，三三八頁。
《經學通論》　皮錫瑞撰，臺灣商務印書館《人人文庫》，五十八年九月臺一版，三五三頁。
《兩漢經學今古文平議》　錢穆撰，作者自刊本，六十年臺初版，四三四頁。
《史記》一三〇卷　漢司馬遷撰，臺北，藝文印書館影印清乾隆武英殿刊本。
《漢書補注》一〇〇卷　漢班固撰，清王先謙補注，同右，一七八二頁。
《後漢書集解》一三〇卷　宋范曄著，清．王先謙集解，同右，一三八九頁。

《秦漢史》　錢穆撰，臺北，三民書局，五十八年一月三版，二九一頁。
《荀子集解》二十卷　唐楊倞注，清王先謙集解，世界書局《新編諸子集成》第二册。
《韓非子集解》二十卷　清王先愼撰，同右，第五册。
《墨子閒詁》十五卷　清孫詒讓撰，同右，第六册。
《老子道德經注》二卷　晉王弼撰，同右，第三册。
《呂氏春秋注》二十六卷　漢高誘注，同右，第七册。
《淮南子》二十一卷　漢高誘注，同右，第七册。
《春秋繁露注》十七卷　清淩曙注，《皇清經解續編》八六五卷至八八一卷。
《春秋繁露義證》十七卷　清蘇輿著，臺北，河洛書局，六十三年臺影印一版。
《白虎通義疏證》十二卷　陳立注，臺灣商務印書館，五十七年臺一版。
《春秋董氏學》八卷　清康有爲撰，臺灣商務印書館，五十八年一月初版。
《全漢文》六十三卷　清嚴可均輯，臺北，世界書局影印本，五十年三月初版。
《中國哲學史》（上）（下）　馮友蘭撰，臺北，宜文出版社，一〇四一頁。
《中國哲學史補》　同右，同右，一七九頁。
《中古思想史長編》　胡適撰，南港胡適紀念館手稿本，六十年二月出版，七〇八頁。
《中國哲學原論原性篇》　唐君毅撰，香港，新亞研究所，五十七年二月出版，五二九頁。
《中國政治思想史》　蕭公權撰，臺北，華岡出版有限公司，六十年三月再版，八八〇頁。
《中國人性論史》　徐復觀撰，臺中，東海大學，五十二年四月出版，六二八頁。

《兩漢思想史》　同右，臺北，學生書局，六十五年六月初版，六四〇頁。
《鄒衍遺說考》　王夢鷗撰，臺灣商務印書館，五十五年臺初版，一四五頁。
《先秦兩漢之陰陽五行學說》　李漢三撰，臺北，維新書局，五十七年元月初版，四三八頁。
《中國學術思想變遷之大勢》　梁啟超撰，臺灣中華書局，二十五年四月初版，一〇四頁。
《傅孟真先生集》第三冊　傅斯年撰，臺灣大學，四十一年印行，二〇一頁。
《漢代天人合一思想研究》　林麗雪撰，臺大中文研究所碩士論文，六十二年六月印行，二八二頁。

㈡論文

〈陰陽五行說之來歷〉　梁啟超撰，《東方雜誌》二十卷十號，頁六二—七一，十二年五月出版，現收入《古史辨》第五冊下。
〈五德終始說下的政治與歷史〉　顧頡剛撰，《清華學報》六卷一期，頁七一—二六八，十九年六月出版，現收入《古史辨》第五冊下。
〈三統說的演變〉　顧頡剛撰，《文瀾學報》二期一卷，頁一—九，二十五年二月出版。
〈董子年表訂誤〉　施之勉撰，《東方雜誌》四十一卷二十四期，三十四年十二月出版，頁五〇—五二。
〈西漢政治與董仲舒〉㈠㈡㈢　徐復觀撰，《民主評論》六卷二十期，頁三—一一，二十一期頁二—八，二十二期頁七—一一，四十四年十月、十一月出版。
〈董仲舒的君權神授說〉　金耀基撰，《大學生活》四卷十二期，頁四二—五〇，四十八年四月出版。

〈董仲舒的政治思想〉　楊樹藩撰，《國立政治大學學報》二期，頁二二三—二四四，四十九年十二月出版。

〈春秋董氏說考逸〉　夏書枚撰，《新亞書院學術年刊》三期，頁一—二六，五十年九月出版。

〈陰陽五行觀念之演變及若干有關文獻的成立時代與解釋問題〉（上）（中）（下）　徐復觀撰，《民主評論》十二卷十九期，頁五—九，二十期頁五—九，二十一期頁五—一四，五十年十月、十一月出版。

〈董仲舒的仁義學說〉　賴炎元撰，《孔孟月刊》五卷二期，頁二〇—二二，五十五年十月出版。

〈陰陽五行學說究原〉　戴君仁撰，《大陸雜誌》三十七卷八期，頁一—八，五十七年十月出版。

〈漢武帝抑黜百家非發自董仲舒考〉　戴君仁撰，《孔孟學報》十六期，頁一七一—一七八，五十七年九月出版。

〈董仲舒學術思想淵源〉　賴炎元撰，《南洋大學學報》二期，頁一〇七—一一八，一九六八年出版。

〈天人相與〉　戴君仁撰，《孔孟學報》十七期，頁九—二四，五十八年四月出版。

〈董仲舒不說五行考〉　同右，《中央圖書館館刊》新二卷二期，頁九—一九，五十七年十月出版。

〈董仲舒對策的分析〉　同右，《大陸雜誌》四十二卷六期，頁一—七，六十年三月出版。

〈董仲舒的治道和政策〉　賀凌虛撰，《思與言》十卷四期，頁六二—七五，六十一年十一月出版。

〈兩漢經學思想的變遷——易、禮、春秋〉　戴君仁撰，《文史季刊》三卷二期，頁一—七，六十二年一月出版。

〈天人合一思想對兩漢政治的影響〉（上）、（下）　林麗雪撰，《書目季刊》九卷一期，頁七三—九〇，二期頁五一—六六，六十四年六月、九月出版。

〈董仲舒的人性論〉　林麗雪撰，《孔孟月刊》十四卷四期，頁一一—一三，六十四年十二月出版。

劉安

于大成 著

目次

劉安

一、傳略

劉安，是漢高祖劉邦的孫子。其父名長，爲高祖之第七子。

漢高祖七年（西元前二〇〇年），韓王信降匈奴，高祖自往擊之。韓王信是戰國時韓襄王之孫，韓爲秦所滅，他從漢高祖起兵，有戰功，高祖封之爲韓王，都馬邑（今山西朔縣）。馬邑鄰近匈奴。高祖六年，匈奴圍馬邑，韓王信屢次遣使向匈奴求和。高祖疑其有貳心，以書責之，他心中恐懼，遂降匈奴。他亡走匈奴後，其部下又立了戰國時趙王的後裔趙利爲王，與匈奴聯合拒漢。高祖大怒，親自率領大兵往擊之，因而經過趙國。

趙王張敖，是高祖的女婿，見聖上駕到，自然是極力的奉承，招待得甚爲周到。但高祖是個沒有教養的人，對趙王非常無禮，常常箕踞而詈罵。趙王的相名叫貫高，心中很氣憤，想乘間殺死高祖，被趙王勸阻了一場。貫高乃與自己的心腹十餘人相商，準備不告訴趙王，而暗地把高祖殺掉。八年冬，高祖擊趙利與匈奴兵還，復經趙國，貫高在柏人縣（今河北唐山縣西）埋伏下武士，打算舉事。高祖至柏人，日暮，欲宿於此，忽然心動，問：「這裏是什麼地方？」有人告訴他叫柏人。高祖說：「柏人者，迫於人」，不肯宿而去。以故貫高埋伏的人竟沒有機會下手。

當高祖二次過趙時，趙王為了招待他，曾讓自己的一個美人陪伴他，誰知竟因此懷孕了。到高祖九年十二月，貫高謀行刺高祖的事外泄，被仇家知道了，加以告發。高祖下令逮捕趙王和貫高等，把趙王全家都關了起來，那位當年曾侍奉高祖的美人也牽連了進去。她告訴獄吏說：「我已為皇帝生下一個兒子。」獄吏連忙去向高祖報告。但這時高祖正在氣頭上，不加理睬。美人的弟弟趙兼，因為知道辟陽侯審食其與高祖家關係最為密切，就拜託審食其向高祖的皇后呂雉去關說。不想呂皇后的醋勁很大，聽說高祖在外竟有臨時夫人，且生有一子，氣得不肯管，而審食其也就沒有再多說什麼。美人覺得高祖太沒有情義，一氣之下，自殺了。獄吏只好抱了這個龍種來見皇帝。高祖看到自己的骨肉，很後悔對不起這位美人，便把這個孩子交給呂皇后，要呂皇后撫養他。這個孩子，便是劉長。

高祖十一年，淮南王英布反，高祖親往擊滅之，即立劉長為淮南王。

高祖共有八個兒子，他死後，由太子盈繼位，是為惠帝。惠帝無子，死後，大臣共立高祖四子恒為帝，是為文帝。

文帝即位時，高祖的八子已死了六個，剩下的只有文帝和淮南王劉長。劉長自以為跟當今天子的關係最親，恃寵而驕，數不奉法。聽別人說，當年審食其為他母親的事去向呂皇后關說時，態度很不積極，以致他的母親自殺身死，心中大為怨恨，極欲找一機會來對付審食其，爲母報仇。

文帝三年（西元前一七七年），劉長到長安朝見天子，因得便往訪審食其，相見之下，取出事先藏在袖中的鐵椎，一椎就打死了審食其。文帝顧念他是爲母報仇，又是自己現存的唯一弟弟，所以赦免了他，沒有治他的罪。

劉長是個大力士，力能扛鼎，勇武非凡；皇帝又特別寵愛他。因之，當時上自文帝的母親薄太后，下至滿朝文武百官，都對他畏懼有加。這一來，更助張了他的氣燄，益加不安分起來。回國後，竟是出警入蹕，稱制，自作法令，不用漢法，一切的排場，儼然與天子無二。甚至居然計畫要造反了。文帝不能忍，廢了他的淮南王位。把他用檻車囚起來，發往蜀郡嚴道縣（今四川滎經縣）安置。他被囚在檻車裏，一路上越想越氣，竟在半途中絕食而死了。這年是文帝的第六年。

過了兩年，文帝很懷念劉長。劉長遺有四個兒子，此時皆七八歲，乃皆封爲侯：安爲阜陵侯，勃爲安陽侯，賜爲陽周侯，良爲東城侯。

後來，有人同情劉長，作了一首歌來唱：「一尺布，尚可縫；一斗粟，尚可舂；兄弟二人，不相容。」意思是說：一尺布雖小，還可以縫成衣服一塊兒穿；一斗米雖少，還可以舂來大家吃；天下之大，竟容不得一個弟弟！這首歌曲一時很流行，最後傳到了文帝的耳朵裏。文帝很難過，就在十六年（西元前一六四年）四月時，把當年劉長的封地淮南國，三分其地，封給了他的三個兒子，長子安繼爲淮南王，勃爲衡山王，賜爲廬江王。東城侯良已死，無後。

劉安的爲人，好讀書鼓琴，不喜聲色犬馬。而文帝的孫子武帝，也是個愛好文學的帝王。就輩分來說，劉安是武帝的叔父，所以武帝很尊重他，也很佩服他的學問，每次報書與他，爲了怕文辭不及他的華藻，總要把草稿請司馬相如等大文學家加以潤色。武帝建元二年（西元前一三九年），也就是劉安做淮南王的第二十六年，劉安曾到長安，把自己的著作《淮南內篇》呈獻給武帝，帝甚喜愛，曾在一天的早上，要他爲屈原的〈離騷〉作傳。他早上奉到詔命，吃早飯的時候就作好了，進給武帝，可見他文才之敏捷。他的〈離騷傳〉是〈離騷〉最早的一種傳注，可惜沒能傳下來。武帝由於敬佩他，常找他談論學問及國家大事，一談往往就談到晚上。

雖然武帝對他很好，但他總認爲漢朝逼死了他的父親，對漢家從心底有一種仇恨心理。恰好這一次他入朝，武帝的舅舅武安侯田蚡，因爲得罪了武帝的祖母竇太后，被罷免了太尉之職，閒居在家，因而煽動他說：「皇帝沒立太子；你是高皇帝之孫，仁義之名，聞於天下。有朝一日，皇帝駕崩，除了你，誰有資格能做皇帝呢！」劉安聞之，大爲高興。加以他的手下，又多是些輕薄子弟，也常常拿其父被逼而死的事來挑撥他，他因此也就產生了造反的念頭。

他有二子：長子不害，是妾所生，不得寵。次子遷，立爲太子。他這位寶貝太子，喜歡舞槍弄棒，學劍術，自以爲天下無敵。聽說郎中雷被是用劍名家，把雷被找來，要與他比劍。雷被起先不肯，一再推辭，他更誤以爲雷被的劍術不如他，一定要逼著人家跟他比武。雷被不得已，只好奉陪。不意他的工夫太不濟了，該躲的躲不開，竟爲雷被所誤傷。太子大怒，乃往其父面前說雷被的壞話，劉安也就糊里糊塗的要處分雷被。漢自武帝元光二年（西元前一三三年），開始伐匈奴，與匈奴絕和親。此後爲伐匈奴，召募兵馬，規定：有願從軍者，可以自動到長安應募；若有人壅遏應募者，有罪。當雷被誤傷淮南太子劉遷時，心中恐懼，曾即表示願意奮擊匈奴。如今要受處分，就在元朔五年（西元前一二四年），逃往長安，向皇帝上書，告淮南王及太子阻隔自己從軍，武帝乃削減劉安的封地二縣，以爲儆戒。

劉安被削二縣，甚以爲恥，怨忿愈深，日夜與心腹按照地圖，研究造反進軍的路線。

劉安的長子不害，既不得寵，很受他弟弟太子遷及王后的欺負。不害之子名建，極思設法害死太子，而以己父代之，爲太子遷所知；因此，好幾次遭受太子遷的毒打。劉建不能忍，就使自己的好朋友莊芷上書天子，告淮南王謀反。另一方面，以前被劉長一椎打死的那個審食其，有個孫子叫審卿，想爲祖父報仇，也打聽到劉安有造反的意圖，向宰相公孫弘面前告劉安的狀。又有個伍被，原是劉安的屬下，劉安數與之議造反事，此時也來向朝廷告發。武帝遂即派吏捕太子遷及王后，包圍王宮。劉安爲準備造反，將來當皇帝，事先刻好的皇帝印璽，和丞相、御史大夫以及百官的印章等，一下子都被搜了出來，反狀俱在，無可抵賴。武帝於是派了宗正劉棄疾治劉安的罪，劉安自殺，王后、太子及同謀造反的人皆收捕誅滅無遺。

劉安自文帝十六年封爲淮南王，至武帝元狩元年（西元前一二二年）因造反事覺自殺，前後凡爲王者四十三年。

二、著作

劉安的著作甚多，經我的考訂，共有十餘種。

《淮南》內篇，共二十一篇，最末一篇〈要略〉篇，是全書的自序。昔人以爲，此書的性質，與《呂氏春秋》相似，都是出於門客之手；實則不然。呂不韋原係陽翟大賈，以權術結交秦莊襄王於窮困之時，終得躋身顯貴，爲秦相國。其人本不學，故命門客人人著所聞，以成《呂氏春秋》，懸之咸陽市門，以招致名譽。劉安爲人好讀書，雖亦招致賓客方術之士數千人，但此是戰國以來貴族養士之風的餘響，目的在流名譽。觀其門下士，若伍被、雷被、毛被、晉昌等，沒有一個是在學問上有表現的，可以知道，像《淮南》內篇這樣一部體大思精的著作，斷非諸人之力可以完成。大約此書是先由劉安擬爲篇目，然後由門客分頭搜集材料，作成初稿，最後再由劉安親加潤色完成。此書原名，叫做《鴻烈》。鴻，大也。烈，功也。因爲他還著有《淮南》外篇和中篇，對外篇、中篇而言，所以此書稱爲內篇。內篇的內容，雖無所不包，但大體言之，是以道家思想爲中心的。後來因爲外篇和中篇都失傳了，因之便直稱內篇爲《淮南子》。此書內容博大精深，無所不包，漢朝又是辭賦最爲盛行的時代，文章講究修辭，所以此書極爲難讀，漢朝人已經讀它不懂了，因而在東漢時，便有許慎、馬融、延篤、高誘四人，分別爲此書作注解。漢人替古書作注解，對象都是先秦之書，以漢人而注解漢人之書，以此書爲第一部。現在，馬融和延篤二家之注，久經亡佚，許愼和高誘之注，也已殘缺不全，今本《淮南子》二十一篇，是宋朝人合許、高二家的本子而成的，其中〈原道〉、〈俶眞〉、〈天文〉、〈地形〉、〈時則〉、〈覽冥〉、〈精神〉、〈本經〉、〈主術〉、〈氾論〉、〈說山〉、〈說林〉、〈脩務〉十三篇是高誘注本，〈繆稱〉、〈齊俗〉、〈道應〉、〈詮言〉、〈兵略〉、〈人間〉、〈泰族〉、〈要略〉八篇是許愼注本。

《淮南》外篇，原有三十三篇，東漢末年，已經亡佚了十四篇，止存十九篇，現在連一篇也不存了。據唐朝的顏師古說，外篇的內容是「雜說」。劉安著有《莊子略要》、《莊子后解》，都是解說《莊子》的，大約是外篇三十三篇中的兩篇。另外前面提到的〈離騷傳〉，也可能是此中的一篇。

《淮南》中篇，也叫《鴻寶苑祕書》，苑祕，也寫作萬畢，共八篇。內容是長生不老之術，成仙之方，點鐵成金，以及一切小小幻術之類。漢朝的宗室劉德，從劉安家獲得此書，劉德的兒子劉向，幼而讀誦，大以爲奇，獻於宣帝，並進言：依此書中的方法，可以煉成黃金。宣帝命他負責來煉金，誰知錢花了很多，黃金並未煉成，宣帝大怒，要殺他的頭。幸虧他哥哥陽城侯劉安民，上書願把自己封地的一半還給國家，來贖他的罪，才算救了他一命。此書南宋時失傳，清朝人有輯本。我曾根據葉德輝的輯本，又補充了若干材料，所輯視淸諸家輯本爲詳備。大約成仙、長生不老和黃金白銀的鍛鍊，都不是容易的事，很多人都有此嚮往，然而依方試驗的結果，多半不靈，人人試驗都不成功，時間久了，興趣也就索然了，所以不再有人理會它，日久便漸漸失傳了。但一般小小的幻術，也就是今人所謂的魔術，則不難試驗，學會了，隨時可以表演，因而輯本中所收集的，皆是此類。其中有些方法，現在的魔術家還仍舊在表演著，只是大家並不曉得是此書中的玩意兒罷了。

《淮南九師道訓》，係解說《易經》之書，劉安聘《易經》專家九人，著爲此書，故名。已佚，清人有輯本。

詩賦八十二篇，南北朝的人替他編成《淮南王集》。此書今亦不傳，我有輯本。

《相鶴經》，據說此書原是浮丘伯作的，浮丘伯授仙人王子晉，王子晉授崔文子，崔文子把它藏在嵩山石室中，淮南王的賓客八公，採藥嵩山得之。這當然是神話，大概此書的作者，不詳何人，後人故神其說，所以託名浮丘伯或劉安而已。王安石《臨川集》中有此文。

《淮南王養蠶經》，此書大約也是後人依託的，就像《養魚經》託名范蠡一樣。書亦不傳，我曾爲作輯本。

此外，還有《淮南雜子星》、《太陽真粹論》、《見機八宅經》、《還丹歌訣》、《兵書》、《琴頌》、《三十六水法》、《枕中記》等，皆已失傳。

三、思想

1 雜家

劉安所著的《淮南子》，自來被認為是雜家。雜家，是戰國末期新形成的一個學派。

戰國時代，是一個七雄割據的時代，一方面，六國要設法對抗秦國，一方面，六國之間彼此也鈎心鬥角，互相爭戰。這時，周天子已經名存實亡，絲毫發生不了作用，人心陷溺，天下大亂。這時代的學者，也就是所謂先秦諸子，他們的學說，雖說是異論紛紜，各有千秋，但歸納起來，大體上可以分為兩類。

第一類是以整個時代，整個天下為著眼點的。當時因為國與國相攻，殺人盈野，人將相食，所以就有墨子的提倡兼愛、非攻。因為人心太壞了，上而諸侯公卿，下而庶民百姓，雞鳴而起，孳孳為利，沈溺於利之中而不能自拔，從而形成臣弒其君、子弒其父的種種反常現象，風俗澆薄，法紀蕩然，所以就有孟子的性善說，來喚醒人們的良知，就有荀子的性惡說，希望用禮來軌範人們的行為，就有韓非的認定唯有法才可以齊天下之不齊。

第二類是針對某一諸侯之國的特殊環境，而爲此國設計的治國藍圖。由於戰國時代，貴族政治已經破產，各國爲了延攬人才，於是布衣卿相乘間崛起，才智之士，挾其說以遊諸侯間，取青紫直等如拾草芥之易。但如何才能打動人主之心，這就必須針對某國當前的處境，爲之計畫出一套解決問題的方案，並進而使其能夠爭雄於國際之間。因爲各國所處的環境不同，解決問題的手段自然不同，種種學說也就自然因之產生了。

比如秦國，是文化較爲落後的一國，其俗貪狼強力，寡義而趨利，可威以刑，而不可化以善，可勸以賞，而不可厲以名。所以商鞅爲秦孝公變法，要用嚴刑峻罰，來使民就範。把民戶編爲什伍保甲，一家有罪，九家連坐；鼓勵軍功，嚴禁私鬥；提倡耕織，打擊商人；又爲使百姓免於怠惰，規定兄弟必須分家，否則稅賦加倍；又爲增加耕地，故壞井田，開阡陌。因之秦國才能很快的恢復到穆公時的富強，而終能以虎狼之勢而併吞六國。

再如韓國，本是從晉國分出來的一國，晉國原有一套法令，韓國既建，並未明令廢止，但韓本身也自有其法令。這一來，就給予大家一個鑽漏洞的機會了，舊法於自己有利，就遵循舊法；新法於自己有利，就援引新法，弄得朝廷沒有辦法。因之，申不害爲韓相，就大講其刑名之學，循名責實，使百官不敢爲奸。對於國君，則申子教給他一種用術來控馭臣子的辦法。韓昭侯曾派遣使者，使者既返，昭侯問他何所見。使者說：「南門外有一頭黃犢吃路邊禾苗」。昭侯戒其不可洩漏，乃下令國中：「當苗長時，牛馬入人田中，法律有禁。今牛馬多入田中，地方官應隨時來報告；不來報告者，將處以重罰」。地方官於是把已發現的都來報告。昭侯說：「還有」。然後才發現了南門外的黃犢。官吏們覺得國君真是明察秋毫，因之人人悚懼，不敢爲非了。這種辦法，雖不得爲君之體，但在一個大家不守法的國度裏，還是具有相當作用的。所以《史記》說申不害爲韓相，能做到「國治兵強，無侵韓者」也。

楚國之俗，封君太多，官吏冗員太多，而待遇又過於優厚。因此，吳起爲楚令尹，規定封君之子孫，三世而收其爵祿，裁汰冗員，減損祿秩，把節省下來的錢，來養戰士。所以楚國才能國富兵強，進而爭利於天下。

至於縱橫家，那更不用說了。當戰國時代，上無天子，下無方伯，諸侯以力爲政，勝者爲上。爲了自己的利益，諸侯彼此之間，相結同盟，遠交近攻。在這種情形下，因應需要，縱橫家乃大行其道。縱橫家憑了三寸不爛之舌，可以就其國家的處境，分析其利害，而爲之謀畫，所以景春說他們能夠「一怒而諸侯懼，安居而天下息」，而稱讚他們爲「大丈夫」；而孟子則以其「以順爲正」，而卑之爲「妾婦之道」。妾婦之道，正是他們之所以能夠打動人主之心的最佳說明。

戰國諸子，是我國學術史上最爲輝煌的一段時期，百家爭鳴，百花齊放，多采多姿，至於莫可名狀。其原因，正是由於當時複雜的國際形勢而產生的。而雜家，則是此一輝煌時期的總結束。

現在最早的一部雜家之書，是《呂氏春秋》。根據錢穆先生的考證，此書的作成，是在秦始皇七年。其時，天下雖尚未統一，但秦的國勢日張，六國只是在苟延殘喘，大一統的局面，早經形成，大一統的出現，只是時間的早晚問題而已。在一種前所未有的大一統局面之下，國家的結構，既前此所未有，時代的演變，又在在與戰國不同，這樣，政治情況既改變了，學術離不開政治，當然也得跟著改變，政治既由分裂而趨於統一，學術上自然也有融合各家學說而成爲一種新學說的需要，於是，雜家之學的出現，就是很自然的了。呂不韋之集合當時學者來共同著作《呂氏春秋》，也就成爲形勢上不得不然的事了。

秦朝的暴政，行之未久，便因陳勝、吳廣的揭竿而起，而敲響了喪鐘。經過了天下諸侯的並起亡秦，又經過了劉邦、項羽的爭戰，最後，由劉邦統一天下，建立了漢朝。劉邦自己，出身泗上亭長（拿今天的話來講，亭長的差使，相當於區公所區長，兼派出所巡官），他的一班開國功臣，除了張良是貴胄子弟外，像蕭何、曹參，是小公務員出身，周勃是爲人家辦喪事當吹鼓手的，樊噲是屠狗的，陳平是窮光蛋，因爲娶了個五嫁而丈夫輒死的闊寡婦，賺了一筆陪嫁費才發跡起來的。這批人，那裏懂得什麼君臣之禮，只曉得自己跟皇帝老倌是老朋友，尤其那些武將，大家在殿上飲酒，喝醉了，大聲亂嚷，甚至拔出佩劍，向著柱子上亂砍，全沒個君臣的體統。於是那位先事秦二世，又降楚懷王，再從楚霸王，最後投降漢高祖，專門投機取巧，阿諛奉承的叔孫通，看準了漢高祖的心理，而爲之訂定朝儀，讓高祖受羣臣朝拜，過足了做皇帝的癮，所以高祖龍顏大悅，不由得溜出了一句：「吾迺今日知爲皇帝之貴也！」也就因爲漢之立國，是在秦始皇焚書之後，當漢高祖入咸陽時，蕭何雖大收秦丞相、御史府中的律令圖書，大約所得也很有限，因之，與父老約，法止三章，而叔孫通之定朝儀，還得採用秦儀，即使漢朝後來的一應官制，大體上也都是沿襲秦朝的制度。

漢高祖做皇帝，前後八年，八年之間，一切開國的武將，先後以罪名而誅除殆盡了，一切造反的，先後平定了，而自平王東遷以來，至此，經過了將近六百年的長期戰亂，民生凋敝，百業蕭條，老百姓實在疲憊不堪，實在需要休息了。所以自惠帝登基以後，蕭何既薨，曹參繼爲相國，就以黃老之道來治天下了。曹參在爲漢相國之前，先做過高祖長子齊悼惠王相國，在齊國，他曾向一位道家學者蓋公請教爲政之道，蓋公教給他：「治道貴清靜，而民自定」。他用蓋公之教治齊，九年，而齊國大治，所以他又移治齊之道來治理天下。

文帝在諸呂之亂被削平後，以庶子外王（文帝初封代王），入主中朝，此時內而先帝之功臣，外而同姓之諸王，勢力極大，所以文帝表面上一派黃老無爲的姿態，來應付這些驕悍不馴的人物，骨子裏卻用一套申商刑名之術，來控馭天下。文帝之子景帝，初一即位，即平定吳、楚七國之亂，而漢之開國，至此四五十年，那些開國功臣，亦經先後謝世，中朝的威權既已建立起來，則執法家刑名之術，來統治天下，自然最爲合用。而景帝在爲太子時，他的智囊，便是一位學申商刑名之術的鼂錯，他深受鼂錯影響，法家之學，頗能運用自如。他在十六年的當政期間裏，雖則因竇太后（文帝后）之喜愛道家言，表面上仍舊遵循著文帝以來的黃老之道，實際上，他的爲政，法家的氣味，比了文帝更加來得重些。

經過了文景之治的四十年歲月，與民休養生息，政治大上軌道，於是國富民強，少府之錢，貫朽而不可校，太倉之粟，陳陳相因，紅腐而不可食，一片太平盛世的景象。政治既上軌道，法家之術自然無所用武，國家已經富強，不需要再休養生息，道家的無爲也就派不上用場。而武帝爲太子時，他的少傅王臧，是傳《魯詩》的申培公的學生，所以武帝受王臧影響，特好六藝古學，因此一即位，就罷斥申商韓非法家的學者，不使與於賢良的選舉。接著又採納董仲舒之言，罷黜百家，獨尊儒術，設立五經博士，極力提倡儒學。蓋儒生高談唐虞三代，倡禮樂教化，在亂世，其說顯得迂闊無用，所以即以孔孟之聖，而轍環天下，卒老於行，而諸子百家，反能馳說以取合諸侯。現在天下艾安，正需要以禮樂來教化百姓，儒生的經術，就自然受到應有的重視而爲人主所採用了。

劉安的《淮南子》，是作成在景帝之世，其時天下已大定，中央集權的大帝國已經名副其實的形成，這比了《呂氏春秋》作成的時代，更加明顯。政治統一，學術就要統一，秦始皇將統一六國，而有《呂氏春秋》，漢景帝的建立了中朝的權威，則採擷百家之長而融合成一大雜家之書的《淮南子》的出現，也就是順理成章的事了。

雜家，是採擷百家之長融合而成的，從前的哲學史家，往往說雜家沒有中心思想，其實，沒有中心思想，只是東抄西湊而成，那與一本雜誌或一頁報紙副刊一樣，如何能成家！雜家既然是諸子百家之一，自然必須有其中心思想。然則什麼是雜家的中心思想呢？我們試就《呂氏春秋》和《淮南子》一加研究，可以肯定的說，雜家是以道家思想爲其中心的。

《呂氏春秋》的中心思想，胡適之先生說，是「在〈本生〉、〈重己〉、〈貴生〉、〈情欲〉幾篇裏發揮的一種很健全的個人主義，可以叫做貴生重己主義」，貴生重己，正是道家的主要思想。至於《淮南子》，其開宗明義的首兩篇，便叫做〈原道〉篇和〈俶真〉篇。原道的道，指的是老子之道，這一篇，通篇都是發揮老子之道的。俶真的真字，是莊子常用的字眼，意思是真人，真人便是得道之人，莊子稱老子爲「博大真人」。這一篇的真字，便是指的莊子之道而言，這一篇是發揮莊子之道的。以下十九篇，除〈脩務〉一篇略近儒家的積極精神外，可以說，大體上都是以道家思想來貫穿全書的。尤其〈道應〉一篇，簡直就是《老子》的注解。全書道家的思想是很顯然的。

這裏也許有人要問：何以《呂氏春秋》和《淮南子》，這兩部較早期的雜家著作，都是以道家思想爲中心呢？要答覆此一問題，便不得不討論一下雜家這個名稱是如何建立起來的問題了。

原來在先秦的書裏，凡是談到哲學家的時候，總是個別的提他們的名字，而並不提及他們是屬於那一個學派。像《莊子》的〈天下〉篇、《荀子》的〈非十二子〉篇、《呂氏春秋》的〈不二〉篇、《尸子》的〈廣澤〉篇等，都是如此。只有戰國最晚期的韓非子，在其〈顯學〉篇中，曾提及儒、墨二家的名稱。因爲在先秦時代，那些哲學家，只是運用自己的智慧，爲當前的天下國家尋覓解決問題的途徑，他們自己，並不考慮自己是那一個學派。在別人的眼睛裏，他們都是些大學者，根據他們的言論和著作，頂多也只能察覺到，某人與某人的思想相近，或某人的思想可能受某人的影響，如此而已。韓非子的〈顯學〉篇，作成在那一年，雖不可確考，但他死在秦始皇十四年（西元前二三一年），再過十二年，便是秦始皇統一天下之年了。由於孔子的門弟子有三千之多，三千門人再分別在各地教授，所以孔門後學遍天下，而他們又都是穿著褒衣博帶的儒服，目標特爲顯著。所以人人皆得指目之曰：「此儒家也！」墨家是一種帶有宗教色彩的集團，以鉅子統領門下弟子，專以濟弱扶傾，打抱不平，在社會上的勢力極大，所以大家一提起這幫人來，就會說道：「此墨家也。」因之，韓非子也就從俗稱二家爲儒與墨。至其他學者，則略無目標可指，因此，在他們的姓名之外，也就無其他名稱可說，在大家的口中或筆下，所出現的，當然亦唯有老子、莊子、荀子等等的名字了。

到了漢朝，司馬遷之父司馬談，做太史令之官，等於現在的國史館館長。他是個史官，也就是歷史學家，歷史學家整理古代傳下來的史料，當然要有系統的加以分析歸類。司馬談在整理戰國諸子的資料時，經過研究，而發現某些學者的思想頗爲近似，於是把這些相近似的人歸爲一類，爲了敘述時的方便，就依照他們的思想，順便爲他們取上一個合適而足以代表其思想類型的名稱。當然，如他們已有現成的名稱，而爲一般人所公認的，則亦相沿不改。所以，在司馬談所作的〈論六家要旨〉一文（見《史記．太史公自序》）中，就出現了陰陽、儒、墨、名、法、道德六家學派的名稱了。

降至西漢末年的劉向、劉歆父子，二人都是學術史專家，先後在漢廷石渠閣中整理圖書，就司馬談已有的基礎，再作進一步的研究，而分析得更加精密，於是在司馬談的六家之外，又增出縱橫家、雜家、農家和小說家。這就完成了所謂九流十家的類型，而永爲後世人所遵用了。劉氏父子新增出來的四家，其中縱橫、農、小說三家，與本題無關，姑且撇開不談。現在，我們來談一談他的雜家。

上古時代，民智未開，看到大自然界的一切變化，日升月恒，風雨雷電，寒來暑往，水流花謝，他們的知識既不足以解釋此諸般現象之所以然，自然一歸之於鬼神，認爲種種現象，冥冥中皆有鬼神爲之主宰。鬼神既有此偉大法力，在他們想來，當然是超自然的，與「人」不同的，應當是不生不滅，永恒長住的。於是，在他們的腦海裏，就逐漸形成一種對鬼神的憧憬，想像鬼神的形象，以及鬼神的生活和所居住的環境，漸漸的，所謂不死民、不死山、不死樹、不死之野，甚至不死之藥等等的觀念，都相繼形成了。這種觀念，可以稱之爲神仙家的思想。此種思想，在教育不普及的時代，大約一般人都會相信的。

但要想成仙，到底不是很容易的事。人活在現實世界裏，一時既成不了神仙，就得暫時解決眼前的問題。所謂哲學家，就是爲現實世界尋求解決方法的學者。哲學家們由於對人生的現實世界，有其彼此不同的認知，所以，他們都有其獨特的解決方法。就拿老子來説罷，他對歷史經過一番細密的觀察，發現柔弱虛無要比了剛強積極好得多。據説老子的老師名叫常樅，常樅臨死，伸出舌頭來問侍候在床前的老子説：「我的舌頭還在嗎？」老子説：「好好的。」又問，「我的牙呢？」老子向常樅的口中一看，牙老早就都快掉光了。於是他從舌柔而齒剛，悟出柔者常存，而剛者先亡的道理。所以人應該盡量做到柔弱，太過於剛強，積極進取，是會受到打擊而早死的。再進一步，你雖則柔弱了，但若受外物的引誘，終日沈溺於聲色利欲之中，也會勞神苦思，傷身害性，還是得短命而死，所以最好有耳目之聰明而不用，則一切外界的聲色利欲的引誘，皆可以視而不見，聽而不聞，而永保其本性之真，如此，乃可以「長生久視」，而永無大患。

在戰國那樣一個大動亂而民不聊生的時代裏，老子的一套哲學，是比較容易被人接受的。君不見，大聖如孔子者，尚棲棲遑遑，身干七十二主，而再逐於魯，削跡於衛，伐樹於宋，窮於商周，圍於陳蔡，狼狽得纍纍如喪家之狗麼？積極進取，雖有拯斯民於水火，而登之衽席之上的抱負，其奈環境不容許何！因而，老子的一套清靜無爲的哲學，當時很得到一些才智之士的同情。儘管老子本人，並不似孔子那樣的躬自傳道授業，廣收門徒；他之所以著書，不管是否係被關尹子拉住他的青牛而逼出來的，目的不過是發抒一下個人的理想而已。

老子的長生久視，是一種由哲理推演而成的結果，與神仙家長生不死的觀念，自然絕對是兩回事。但就長生這一意義而言，彼此倒也不無相通之處。因之，老子的思想，與神仙家的說法，不久之後，就漸漸的合流了。試看，後來的天師道，不就是奉老子爲祖師麼！唐朝因爲皇帝姓李，與老子李耳同姓，竟認老子爲自家遠祖，還愛屋及烏，奉道教爲國教哩。

在老子的思想與神仙家思想合流後，有些身通二家之學的人，出來到處活動，這種人，當時大家稱之爲方士。這些方士，處在戰國晚期的時代，其時儒墨二家的勢力極大，儒家打著堯舜的旗號，墨家高舉夏禹的招牌，都是古代聖王，方士們爲要抗衡儒墨二家，若但以老子爲祖師爺，在氣勢上是相形見絀的，於是不得不推出另一個更偉大更高古的帝王來，好壓倒儒墨二家，所以，他們就打出了黃帝的字號，以與儒墨二家來爭一日之短長了。

清靜無爲未必是人人都能做得到的，但人沒有不願成仙的，尤其是人主，其身已極人世間的富貴榮華，以全國爲私產，以萬民爲臣妾，所缺者，長生耳。《晏子春秋》記載著，齊景公遊於牛山，北臨其國都而流涕，說：「這樣的大好河山，寡人怎能捨得離此而死呢？」凡爲人主者，此心同也，此理同也，所以秦始皇到了晚年，找了些方士來爲他求仙人不死之藥，並自稱真人，不再稱朕，使博士爲仙真人詩，種種的乖謬措施，都是享盡權勢利欲之餘的必然結果。這些方士們，也就投帝王之所好，出而鼓其如簧之舌，把什麼神仙不死之藥說得活靈活現，秦始皇一高興，不但封他們個一官半職，還大把大把的金錢給他們，要他們去求不死之藥。再如漢武帝，因爲聽了方士李少君的鼓動，也遣方士入海求仙，而燕齊方士就接連不斷的來打武帝的主意了。

這一批有機會投到帝王門下來走動，弄個差使幹，並騙些錢花用的，是較幸運的。自然不是每個方士都能找到這樣的好機會。那些找不到門路，沒機會跟帝王搭上關係的，窮極無聊，就只好待在家裏傳道授業來教授門弟子，閒來無事，也著書立說，代古人立言，把自己寫出來的東西，題上黃帝的名字，於是久而久之，黃帝的「著作」，就一部一部的層出而不窮了。在班固的《漢書．藝文志》中，所著錄的漢朝皇家圖書館中的藏書，屬於黃帝一人名下的著作，就有四百二十四卷之多，其中有屬於道家的，也有屬於陰陽家、小說家的，還有屬於兵家的，更有屬於天文、曆譜、五行、雜占，或醫經、經方、房中、神仙方面的，可謂無奇不有，洋洋乎真大觀也。依吾人的想法，黃帝雖是中華文化之祖，但其時他的史官蒼頡，剛剛發明了文字，他未必便能立即加以運用，而著書立說至於此極也。再說，當他在位的時候，一方面要跟蚩尤交戰，一方面還要發明衣裳、舟車、弓矢、宮室、棺槨以及爲戰爭而發明的指南車等等，可能每天忙得很，恐怕要寫如許眾多的書，時間上也不大許可。所以班固對這些書，已經懷疑是後人依託的。稱情而論，班固的懷疑很對，那四百多卷的書（此外也許還有，但因班固沒看見，所以沒收在《漢書．藝文志》裏），大約就是這些方士們的傑作。

其實，這種情形，也是學術發展的一般現象。戰國諸子，爲了互相爭勝，最初是以自己之學，尋瑕抵隙，來攻擊他家之學；他家的門人後學，爲了免於予人以口實，很自然的，會援引另外別家之學，來補充自家的缺點。於是如此慢慢發展下去，各家各派的學說，必然的會彼此互相吸收，互相調和。試看儒家的孟子與荀子，他們兩位的學說，便不與孔子完全相同。孔子只說：「性相近也，習相遠也」，而孟子卻講性善，荀子乃講性惡；孔子但講仁，而孟子卻講義，到了荀子，竟是一變而專講禮了。所謂黃帝之學，雜取各家各派的學說，而統名曰黃帝，也就是這個道理。

老子之學，既與神仙家之學，也就是黃帝之學，合流爲一，因之，此派學術，人乃稱之爲黃老之學。而司馬談以老子的書，前半言道，後半言德，因名此派爲道德家。

至劉向、劉歆父子，認爲老子的道與德，只是一體之兩面，道爲體而德爲用，舉道可以包德，因之去德而存道，稱老子這一派爲道家。但二劉又認爲老子之書，所講的道，是清靜無爲之道，這才是道家的正統；至於道德家學說中所包括的一切清靜無爲之道之外的學說，與道家正統之學有異，不宜同屬之道家，因而，就把這部分全部從道家中劃分出來，而另外爲他取一個名字，以其內容龐雜，無所不有，所以叫它做雜家。

儘管如此，但雜家之學，既久與道家合流，又原本屬於道家，當然道家的色彩相當濃厚，所以，就算它離道家而獨立了，然而其中的道家色彩是抹不去的，所以在劉向、劉歆以前的《呂氏春秋》和《淮南子》，這兩部被他們歸到雜家裏邊的著作，都是以道家思想爲中心的，可能在司馬談的心目中，二書皆是應該歸入道德家的。

《呂氏春秋》和《淮南子》，雖然都屬於劉向、劉歆的雜家，但仔細考究起來，此二書在精神上，卻並不相同。《呂氏春秋》是在秦始皇即將統一天下時，爲了配合政治，而有意的綜合諸子百家之學而成爲一種新的思想體系。所以，在精神上，它是開新的，也就是啟後的。而《淮南子》，它是作成在文景黃老之治的晚期，其時漢之建國，已六十年，天下大定，海內一統，政治上極爲成功，只要守成就好，暫時無庸開創新局面，所以在學術上，也只要反映當前的情形即可，亦無需乎有什麼新思想的產生。因此，《淮南子》中所反映的，只是漢初這一段的歷史背景，並不是新的構想。所以，在精神上，它是繼往的，是承前的。此亦讀《淮南》書者所不可不知者也。

後之人研究吾國學術史，總是對先秦諸子，稱道不置，認爲是學術史上的黃金時代，爲古今中外所未有。而把後來的學術，不及先秦諸子之多采多姿，歸咎於漢武帝之罷黜百家，獨尊儒術。其實，這種看法是不通的。我在上面說過，學術離不開政治，先秦諸子之所以異論蜂起，各極其致，是由於他們所處的，是一個戰國七雄分爭的時代，必須有那個分裂的局面，才能產生那樣眾多的學說。秦漢以後，我國既已由分裂而統一，學術當然也要由分而就合。王安石在宋朝變法之前，他向神宗要求先講學，使大家先接受他的學說，然後再徐圖變法。他又主張興學校，目的也是想借教育的力量來統一思想。大凡一個大一統的局面下，爲了方便政治的推行，必須統一學術，絕不可能任由異端來干擾政令的推行。秦始皇之焚書坑儒，自然是暴君的暴行，不可爲訓，但他之所以接納李斯焚書的建議，其根源卻是發生於博士儒生的執詩書以是古而非今，有礙於推行其政令。是則漢武帝之罷黜百家，獨尊儒術，正是大一統的帝國所不得不採取的必然措施。此其與《呂氏春秋》之作成於秦始皇即將統一天下之前，《淮南子》出現於文景之治天下大定之後，在意義上，是相似的。吾人既知一統之爲美，分裂徒滋民生之痛苦，則漢武帝之以經術治天下，吾人當禮讚之不暇，何能謂其有害於學術的進步呢！

2 道——宇宙觀

太古之民，渾渾樸樸，信鬼而好祀，認爲天地之間，一應萬物，皆有鬼神爲其主宰，宗教迷信的色彩極是濃厚。到了老子，他提出了一個「道」，認道爲萬物之根源，一切萬物皆出於道，所以道「可以爲天下母」。

這個道，明明是老子假想出來的，並非實有其物，因此，也就無法證明其存在。既是出於假想，自然也就無物可指，無形可象。所以老子說它是「無狀之狀，無物之象」。道既是萬物的根源，天地也是一物，自然天地亦由道而生，則道之出現，當更在天地萬物之先，而不知其何所來歷，所以老子說：「有物混成，先天地生」，「吾不知誰之子，象帝之先」，「是謂天地根」。道雖不可得見，但老子認爲萬物皆生於道，萬物是可見的，而且生生不已，層出而不窮，所以老子說道是「緜緜若存」的。道雖化生萬物，其實並非出於有意，乃是順其自然的使之化生，在道來說，並不任使智術，因此無須苦心勞力，所以老子說是「用之不勤」（勤是勞的意思）。道是自古而有的，至今而尚存，而且會永遠存在，不僅此也，天地之大，道乃無所往而不在，所以老子說它「獨立不改，同行而不殆」（殆者，止也）。

《淮南子》接受了老子道的觀念，而且爲要世人皆知道之爲物，所以在〈原道〉篇裏，曾對道詳加描述，它說：「道，覆蓋上天，盛載大地，周圍遍及四方八極，其高不可至，其深不可測，包裹天地，生成萬物。就像泉源之自然奔湧而出，由涓涓細流，而流遍天下，壯大而急激，能把河岸河床的泥沙，沖刷而變為澄澈。所以，道豎直就能充塞天地，橫放就能充滿四海，運用起來無窮無盡，沒早沒晚。舒展開則籠罩六合，捲攏起來卻又不滿一握。它能小能大，能暗能明，雖柔而剛，雖弱而強。它維繫天地，包含陰陽，安定宇宙，而使日月星辰明亮有光。它是又柔弱，又精微的。山之高，淵之深，獸之走，鳥之飛，麒麟之來遊，鳳凰之來翔，日月之光明，星辰之運行，都是由於它的作用」。

從以上一段話，可以知道，在《淮南子》的意思，道應該具有三種特性：⑴道是無所往而不在的，⑵道是萬物所以生成之根源，⑶道是柔弱的。

雖然《淮南子》用了很大的力氣，來對道加以描述；但道究竟是不可見不可聞的，你再描述，別人看起來還是似懂非懂。不得已，只好應用比喻的方法來助人了解了。道具有三種特性，世間之物，也同樣具有那三種特性，最與道相近似的，大概莫過於水了。試看：道無所往而不在，天下之大，水流無遠而弗居；道是萬物的根源，而萬物不得水則不能生；道最柔弱，水亦最為柔弱。所以《淮南子》就用水來比喻道了。他說：「天下之物，莫柔弱於水。但水之大無物可比，水之深無法測量，水流之長至於無窮無盡，水流之遠達於無邊無岸。一條大水在奔流的過程中，雖也有支流分它的水勢，也有別的河流注入而與之合流，最後總歸流入大海裏。水，在天則成雨露，在地則為沼澤，皆足以潤澤萬物，萬物沒有它不能生長，日常生活上總少不了它。它大大的生養萬物，而無所偏私，其恩澤且及於蚑行蠕動之蟲，但並不求萬物的報答。它的力量可以贍足天下萬物而無所窮盡，它的恩德加於百姓而已無所費。其大固無處不到，但又微小得用手抓也抓不住。打擊它、刺它，也不會受創傷，砍它，也砍不斷，燒它，也燒不著。它柔弱放逸，交錯纏結，無法加以消滅。其鋒利可以貫穿金石，其強大可以通於天下。任天下萬物取用，隨時供應無缺。正因它是無成心，無私心的，所以它磨礱振盪之力，與天地一般大。又因爲它是無所不在的，所以交結盤錯，共萬物而相終始」。

《淮南子》這一段話的原文，就文而論文，寫得實在很好，不啻是一篇「水賦」。劉安生於辭賦最盛的漢代，他本人又是了不起的大文學家，自然可以有那樣精彩動人的大手筆。但是，道既無聲無形，而且是出於老子的假想，又如何能加以描述呢？老子就說過：「道可道，非常道」，莊子也說過：「道不可聞，聞而非也；道不可見，見而非也；道不可言，言而非也」，道假如可以用言語來說明，那就不是道了。它不但不能說明，而且不能聞見，甚至不可思議測度。因爲它是萬物的根源，也就是所謂本體，本體是不能言說，甚且不許言說的。《莊子．知北遊》有一段寓言，便很得此旨：

東郭子問莊子：「所謂道，它在何處？」

莊子回答說：「無所不在！」

東郭子說：「雖無所不在，但須得肯定的指出來才行。」

莊子說：「好罷！那我告訴你：道在螻蟻！」

問：「道竟是如此的卑下嗎？」

答：「在稊稗。」

問：「怎麼更卑下了呢？」

答：「在瓦甓。」

問：「這不卑下得不像樣了嗎？」

答：「在屎溺。」

莊子的話，粗看起來，似乎有點玄，很有禪意，這整個的一問一答，也跟禪家的公案很相像。但莊子的意思，不過是說，道是無所不在的，連最小的螻蟻，乃至不能動的稊稗，無生命的瓦甓，直到穢濁的屎尿，道也無一而不在。聰明之人，聞之可以頓悟。至《淮南子》的刻意描述，本意欲使人了解，但道本非物，不可言詮；一落言詮，道即成爲死的，愈加解說，反而去道愈遠了。

其實，劉安何嘗不懂得這個道理，他曾在〈道應〉篇和〈本經〉篇中，分別用故事來解釋過老子「道可道，非常道」的話，〈道應〉篇所舉的故事是這樣的：

齊桓公在堂上讀書，有個專門製作車輪的工人叫輪扁，在堂下斲輪，聽到桓公在讀書，放下工具問桓公說：「君讀的是什麼書？」桓公說：「是聖人之書。」又問：「聖人在那裏？」桓公答道：「早就死了。」輪扁說：「那麼，君所讀的書，不過止是聖人的糟粕而已！」桓公聞之，勃然大怒道：「寡人讀書，豈容工人任意譏評！你能說出個道理來，還則罷了；否則便是死罪！」輪扁不慌不忙的說：「當然有道理。我可以拿我的斲輪來做說明：斲輪時，動作太快了，則太滑而砍不進去；太慢了，則又砍不牢。不快不慢，得心應手，而能恰到好處，這等境界，全靠個人體會，我無法教我的兒子，我的兒子也無法從我這裏學到。所以老臣今年七十歲了，還在幹這斲輪的差使。聖人既帶了那無法言傳的精義而死了，所留下的，當然只有糟粕了。」

〈本經〉篇則云：昔容成氏之時，馬路排列得很整齊，人們一家挨一家的居住，天下太平，大家就把嬰兒寄放在鳥巢裏，把多餘的糧食堆在田邊。人無機詐之心，獸無害人之意，人可以牽著虎豹的尾巴走，也可以踩過虺蛇的身上，一切皆視之爲當然的現象。迨到唐堯之時，十日並出，禾稼草木全被曬得焦枯了，百姓無從得食；同時，猰貐、鑿齒、九嬰、大風、封豨、脩蛇等等的妖魔怪物，也出而爲害生民。於是堯派羿誅鑿齒於疇華之野，殺九嬰於凶水之上，射大風於青丘之澤，上射十日，下殺猰貐，斬脩蛇於洞庭，擒封豨於桑林。萬民皆喜，遂擁戴堯爲天子。舜的時候，共工氏振盪洪水，來淹空桑之地。此時龍門尚未開鑿，呂梁尚未開通，江淮合流，天下一片汪洋，老百姓只好紛紛上丘陵，登樹木來躲避。舜乃使禹疏通三江五湖，開闢伊闕以通伊水，疏導廛澗二水，又挖鑿溝洫，使水皆流注於東海。於是九州不復有水患，萬民得以安其性命。所以大家都稱堯舜爲聖人。到了後代，桀爲璇室瑤臺，象廊玉床。紂爲肉圃酒池，聚斂天下之財，疲苦萬民之力，有諫者則剖其心，破開孕婦的肚子看她懷的胎兒是男是女，使天下撓攘不安，百姓痛苦異常。於是湯乃以兵車三百乘，伐桀於南巢，而放逐之於夏台；武王以甲卒三千，破紂於牧野，而殺之於宣室。天下安寧，百姓和集，是以稱湯武之賢。由此觀之，凡有聖賢之名者，必遭亂世之患乃能得之。假如有得道的至人，生在亂世，含德懷道，抱無窮之智，不言而死，這樣的人，其實從古以來並不在少數，然而沒有人稱讚他，甚至沒有人知道他是至人。可見「道可道，非常道」，凡是著於竹帛，鏤於金石，可傳於人者，都是糟粕。

由是可知，劉安並非不知「道」是不可言詮的，其所以費了很大的氣力來說明道、比喻道，目的不外是認爲，既是著書立說，自然須得對真理加以闡釋，苟如禪家之不立文字，待人之自悟，則恐能悟者終少。所以，他在〈要略〉篇中就說過：「學者無聖人之才，若不爲之詳說，則終身在黑暗中摸索，怕是一輩子也見不著光明」。那麼，他之所以不厭其煩的對道詳爲解說，倒是端的煞費苦心了。

道家既認道爲萬物之根源，一切萬物皆出於道，於是，從而形成其宇宙觀。道是不可見的，由道化生出來的萬物則可見，所以宇宙的生成，是由無而有的，而其化生的次第，及其所以然之故，在《淮南子》的〈天文〉篇裏，有一大段很精彩的說明：

> 天地未形成時，是無形的，故曰太始。太始生出虛廓，虛廓生出宇宙，宇宙生出元氣，元氣分而為二，清陽者上升而為天，重濁者凝滯而為地。天地之精合為陰陽，陰陽之精合為四時，四時之精散而為萬物。陽氣熱，熱氣積久而生火，火氣之精為日；陰氣寒，寒氣積久而為水，水氣之精為月；日月又生出星辰。天之偏氣怒而成風，地之含氣和而成雨，陰陽交感則成為雷，陰陽相激則成為霧，陽氣勝則散而為雨露，陰氣勝則凝而為霜雪。

如此，由太始之無形，層層生出宇宙萬有，解說得可謂相當圓融。而在〈俶真〉篇中，更有一段話，敘述天地生成的次第，他把天地之生成，分爲七個次第，那就是：⑴有「始」者，⑵有未始有「有始」者，⑶有未始有夫「未始有有始」者，⑷有「有」者，⑸有「無」者，⑹有未始有「有無」者，⑺有未始有夫「未始有有無」者。不過這七個次第，卻並不是順排的，而是交錯排列的，依照他對這七個次第內容的說明，其生成的次第，似乎應該是如下的排列。

第一，最古最先，那是七，有未始有夫「未始有有無」者，也就是連「還沒有無」都還沒有的時代，在此時代，其情形是如此的：天地未剖，陰陽未判，四時未分，萬物未生，一片止水般的平靜，沒有聲音，沒有形兆。

第二，是三、有未始有夫「未始有有始」者，亦即連「還沒有始」都還無有的時代，此時代的現象是：天氣不下降，地氣不上升，天地二氣不相交感，故一片虛無寂寞，唯大氣已成而已。

第三，是六、有未始有「有無」者，就是連「無」都還沒有的時代，這時代是：大氣包裹天地，陶冶萬物而萬物未生。大氣之大，沒有比它更大的。但氣是有變化的，它可大可小，其小則即使把毫毛加以分解，把鈎芒加以解剖，也不能比它更小。它雖不可見，但一切萬物皆由它而生。

第四，是五、有「無」者，謂天地之間已經有了「無」了。「無」的時代，自然是一望虛無，看也看不見，聽也聽不到，摸也摸不著，廣大無邊，無法度量的。易言之，也就是宇宙之間，只有一望無際的空間而已。

第五，是二、有未始有「有始」者，也就是萬物尚未始生的時代。在這個時代，天氣開始下降，地氣開始上升，陰陽二氣互相交合於宇宙之間，但萬物的形兆尚未產生。

第六，是一、有「始」者，也就是萬物即將開始產生的時代。這時代的現象是：氣蘊積鼓盪而尚未生出物之萌兆，植物尚未生出形狀，一切物類，一待時機成熟即將出現。

最後第七，是四、有「有」者，換句話說，就是已有萬物的時代了。試看此一時代：萬物茂盛而長大，植物則根莖枝葉，青蔥苓蘢，百花齊放，采色繽紛，動物則翾飛蝡動，蚑行喙息之蟲，一時並出。此等萬物，皆有實體，可以用手摸得到，抓得住，且皆有數量可數的。

如此，天地之間，一切萬物皆已形成，便成爲吾人所處的這個世界了。他這種的宇宙論，認爲天地萬有，皆自無來。換句話說，便是諸般現象，皆是自然生成的，這其間沒有任何外力的加入。這一來，鬼神便無所措其間了，由於鬼神並非萬物的主宰，則鬼神的權威自然因之而動搖。所以，他這種的宇宙論，對於迷信色彩的破除，是大有貢獻的。道是由老子提出的一種觀念，《淮南子》乃是根據老子之說而加以發揮。今傳的老子《道德經》一書，其作者固然尚待論定，假定孔子曾經向之問禮的老子，已經有了這種自然生成的宇宙論，則孔子以最重祭祀的商人之後，而有「祭如在，祭神如神在」的言論，便不足驚異了。孔子說「如在」，「如神在」，著一「如」字，便充分的表現出孔子不信祖宗鬼神真的「在」了。

《淮南子》爲要說明有生於無的道理，由太始虛廓而產生萬物，這一套理論到底比較抽象，他還有比較具體的例證，則一般人較易於接受。在〈原道〉篇裏，他由無形而生有形，推出無聲而生五音，無味而生五味，無色而生五色。再由宮商角徵羽的五音交錯，則其變化不可勝聽，由甘酸鹹辛苦的五味互用，則味道之多不可勝嘗，由青赤白黑黃的五色配合，則色彩之美不可勝觀。可知萬物只要有本，則一切的變化，盡在自然中。因此，本是最重要的，是最可貴的。至於諸般現象，既由本而生，其重要性當然要差得多。所以，在〈道應〉篇裏，他用一則寓言，說明這個道理。

光耀問無有說：「你到底有呢，還是無呢？」無有不應。

光耀既不得問，於是盯著無有而熟視之，卻只見窈窈冥冥，恍恍惚惚的，視之不見其形，聽之不聞其聲，搏之而不可得，望之而不可極。

光耀連聲讚嘆說：貴矣哉！怎的竟能到了這種境界呢？我只能做到「無」，卻沒法達到「無無」（連「無」都沒有）。這個「無無」的境界，是如何才能達到的呢？

此一寓言中的兩個人物，光耀，也就是光，光雖不可捉摸，但究竟是可見的，所以境界上差了一級。無有，則虛無寂寞，不可聞見，才是至高至上的境界。所以光耀面對著境界超出自己的無有，不由得便歡喜讚歎，油然而生高山仰止，景行行止之思了。

把這種意思，明明白白的說出來的，則是〈原道〉篇。〈原道〉篇在用水以喻道的那一段話後面，緊接著，便有一個結論，他說：「無形，是物之太祖，無音，是聲之太宗。其兒子是光，孫子是水，皆生於無形。因爲光雖可見而不可把握，可見，便比不可見的『無形』要差些；水則可以拊揗而把握，自然比了不可把握的光更要差些。但水是無法用人力加以毀壞的，所以有形的東西，以水爲最尊貴。無則不生不滅，不增不減；由無而有，到了有實體，則有生住壞滅，所以自無而有，是自生而死，因之，自無而光，自光而水，自水而萬物，是愈來愈差了。」

另外，在〈俶真〉篇中，也有同樣的意思。他說：「用水中的黑土來染黑色，則染出的顏色比黑土要黑，用染青草來染青色，則染出的顏色比染青草要青。但染出之後，黑色已不是黑土，青色已不是染青草，所染出的黑色、青色便不能變化，不能再用來染別的東西了。黑土與染青草是正本，本才能變化；染成的黑色與青色，功用便差多了。再如秋毫之末，其微可以入於無間，蘆中之白苻，其薄可以入於無垠，但不問其微其薄至何等程度，究竟它還是有形的，既是有形的，則遇到比它本身更微更薄的所在，它便塞不進去。至於道，則根本無形，連秋毫之末之微，蘆中之苻之薄都沒有，所以更能旁通四達，入於無間無垠，而無物可以禦阻它。又如大風可以拔木，但卻吹不掉人身上的毛髮；雲臺之高，人自上墮下，則折脊碎腦，而蚊虻卻上下飛得自在。人與蚊虻同出於道，蚊虻微小，比人近於道，故可以脫其命，而人便不行。毛髮比大木來得小，因此大風吹它不掉。可知離道愈遠，便每下愈況了。」

究竟萬物是否不及水，水是否不及光，光是否不及無形；或者人是否不及蚊虻，那是另外一個問題。站在道家的立場，既發明了一個道而爲萬物之根源，則自無形而可見，自可見而可握不可毀，然後可以毀壞；或自無形而有形而小，由小而大，大則易毀；層遞說下，源委備具，無論如何，不能不認爲是相當圓滿的一套理論。

3 人生觀

〈精神〉篇有一大段話，說人之生成，頗有意味。他說：「古未有天地之時，只有像，還沒有形。有陰陽二神，生於其間，經營天地，於是分爲陰陽，離爲八極，陰陽二氣，剛柔相濟相成，遂形成萬物，粗氣爲蟲，而精氣爲人。人身之一切，皆取象於天，所以人之頭圓象天，人之足方象地，天有四時五行九解（八方中央）三百六十日，人亦有四肢五臟九竅三百六十骨節。天有風雨寒暑，人亦有取與喜怒。人之膽象雲，肺象氣，肝象風，腎象雨，脾象雷，耳目象日月，血氣象風雨。」

人身既取象於天，而萬物出於道，天亦道之所生，故人不可違道，對於道，只有順從。違道則諸事不成，順道則逸而有功。順道之至，至於與道爲一，便是得道。得道之人，執道以應萬物，其事至爲自然，至爲簡易。《淮南子》中，此意隨處可見，今就其〈原道〉篇中的例子，取二則以爲說明。

伏羲和神農，是太古時代得道的兩位帝王，他們的精神，與道合一，以治天下，所以能夠像天地運轉不止，像河水流動不息，與萬物共相終始。又像風興則雲湧，雷鳴則雨降一般，萬物無不與之相應。像鬼神出沒的無蹤無影，像龍興鸞降的祥瑞駢至。氣運如大鈞之運轉，車輪的旋動，一圈又一圈的周而復始，永無休止。雖治國治民，而永遠保持自然，不失自我。他們無所為而為，故所為皆合於道，無所為而言，故所言皆合於德。安靜恬和，無所矜飾，故能得其本性之和；雖事有萬端，叢脞紛雜，而處理起來，卻樣樣都能得其本性之宜。精神微妙，但其作用，竟比宇宙的總和還要大。其道德能覆蓋天地，和合陰陽，調節四時，協調五行，生育撫養萬物羣生。其恩澤滋潤了草木，浸漬了金石，使禽獸長得又大又肥，毫毛又光又亮，鳥的翅膀健壯，獸的犄角長大，獸不會胎死腹中，鳥下了蛋一定能生下小鳥。人人安享天年，父親不必擔心子女早殤，哥哥不致哭弟弟的夭死，童子不會成為孤兒，婦人不會成為寡婦。作為凶兆的虹霓絕不致出現，五星逆行的現象也永不會發生。

爲政如此，小而至於御車亦然。「馮夷、大丙，得道以御車，乘雲雷之車，以雲蜺爲六馬，馳騁於微霧忽怳之中，遍歷了極高極遠之地，經霜雪之上而不留痕跡，行日光之下而沒有影子，駕了扶搖、羊角之風而上升，行過大山大川，遠騰於崑崙山之頂，而直入於天門之中。這是因爲他們得道的緣故。後世之不得道者，即使有輕車良馬，強勁的馬鞭，鋒利的鞭末刺鍼，還是無法與馮夷、大丙並驅爭先的。」

人要得道，然則道又是如何的呢？在前面宇宙觀一節裏，我們曾引了〈原道〉篇以水喻道的一段大文章，吾人試把那一段文章分析一下，便可以得到了解了。

水是無所爲而爲的，它只是順其自然的向下流，所以道是無爲的；水沒有心智，它順其自然的流，並不爲什麼，所以道是清靜的；水是柔弱的，所以道也是柔弱的；水可摸而不可毀，是無形之孫，光可見而不可握，是無形之子，至於無形，則爲萬物之祖，所以道又是無形的，也就是虛無的。

道既具有無爲、清靜、柔弱、虛無種種德性，則人而欲得道，自然也得做到無爲、清靜、柔弱、虛無。〈原道〉篇說：「清靜者，德之至也；柔弱者，道之要也；虛無恬愉者，萬物之用也」，又引老子的話說，「吾是以知無爲之有益」。這樣，便是得道，便是與道爲一了。

人應該清靜，因為人性本是靜的。受外物所感然後動，那是性之動；外物至於我身，則吾之神去應和他，應付他，那是知覺之動；我的知覺與外物相交接，便會產生好憎之情；好憎之情形成，而知覺為外物所誘，若不能返回到原來清靜的本性，那麼，天理便會漸致滅而無存了。（〈原道〉）

所以，人應該清靜。不但人應該清靜，就連天地也得清靜。

日月若失其行，則至於日蝕月蝕而無光，風雨若失其時，會造成災殃，金木水火土五星若不依軌道運行，也會造成禍災。試看天地之道，何等廣大，還得節其光亮，愛其神明，然則人的耳目精神，何能久用而不知止呢？（〈精神〉）

〈道應〉篇曾舉一例，來說明不可不清靜的道理。楚平王既誅伍奢全家，太子建奔逃於鄭，爲鄭人所殺。太子建的兒子白公勝，怨恨令尹子西、司馬子期不肯替自己報殺父之仇，欲爲亂以誅子西、子期。罷朝而立，倒拿著馬鞭，馬鞭末梢的刺馬針，刺著了自己的腮，血流至地，而他自己竟渾然不覺。可知精神越於外，智慮蕩於內，就會連自己的形體都保不住會受傷的。

所以，不能清靜，就會有憂愁。「心有憂者，睡在柔弱的床上，也睡不安穩，吃好吃的飯食，也吃不出味道，聽好聽的音樂，也得不到快樂。這種人，即使富有天下，貴爲天子，還免不了是個可憐的人。只有心常無欲，形常無事，心遊於恬，形舍於佚，樂天知命的人，才是最快樂的。」（〈詮言〉）

水靜則平，平則清，清才能現物之形。人要照見自己的形像，誰也不會向流潦上去照，都是向澄水上去照，正是由於澄水是止而不動的。清靜之爲用如此，故人生當清靜。

次說柔弱。在前面第一節，討論雜家之所以形成時，我曾述說到老子因見常樅的舌存齒亡，而悟出柔弱勝剛強的道理。《淮南子．原道》那一段以水喻道的話，水以柔弱，而能利貫金石，強濟天下。凡此皆足以說明柔弱的好處。下面，吾人可以試從〈道應〉篇裏，取二則故事，來比較一下剛與柔的結果。

魏武侯問李克說：「吳國極強，其所以亡者何故呢？」李克對曰：「由於屢戰屢勝。」武侯說：「屢戰屢勝，乃國之福，何以反致亡國呢？」對曰：「屢戰則民疲，屢勝則主驕。以驕主來役使疲民，國家不亡的很少。因爲驕則任意而爲，任意而爲便會盡量役使民力；疲則怨其主，怨其主則盡思極慮的來設法違抗。上思盡民之力，下思違抗其主，吳之亡還嫌晚哩，夫差那能不自剄於干遂呢！」

越王句踐困於會稽，忿心張膽，氣如湧泉，選練甲卒，皆能使之赴湯蹈火。然而自請身爲臣，妻爲妾，親執戈爲吳王先馬，最後終擒吳王於干遂而復越國。

從這二則小故事可以知道，吳王夫差以剛而自取滅亡，越王句踐卻以柔而不動聲色的報了大仇。剛與柔的對比，好比少林拳與太極拳，假若二人比武，一方用少林拳的，一上手就以金剛大力之勇直撲對方，對方卻用太極拳來應付，軟綿綿的，教你的力氣全沒處使，然後找個空隙，借力使力的那麼輕輕一個四兩撥千斤，就能讓你一個跟頭摔出一丈遠去。所以剛的能耐，僅能勝過力氣不如自己的，碰到雙方力氣相等，便無所施其剛了。反之，柔弱之力，卻能勝過力量超出自己的，這等柔的力量，是無法度量的。老子說：「知其雄，守其雌，爲天下谿」，意思便是說，你雖實有剛強的力量，卻要表現得柔弱，才能爲天下所歸往。春秋末年晉國的趙襄子，便最懂得箇中道理，〈道應〉篇中有關於他的兩則故事，很可以說明他對柔字工夫的體會。

趙襄子名無卹，其母，狄婢也，但其父趙簡子知其賢，晚年竟廢太子伯魯，而以之爲太子。董閼于問曰：「無卹賤，今以爲太子，何也？」簡子曰：「他的爲人，能爲社稷忍恥含垢，是最合適的人選。」此時晉之六卿，知氏最強。一日，知伯與襄子飲酒，而打襄子的頭。趙氏之大夫請殺知伯，襄子曰：「先君之立我，說我能爲社稷忍恥含垢，難道是說我能殺人嗎？」十個月後，知伯圍襄子於晉陽（山西太原縣），襄子聯絡韓、魏二家，以黃河之水灌知氏，大敗之，斬知氏之首以爲飲器。

趙襄子使新稚狗攻狄，取得左人、中人二城。新稚狗使人來報，恰逢襄子將要吃飯，聞之而面有憂色。左右曰：「一朝而下兩城，此人之所喜也；今君何故乃有憂色？」襄子曰：「江河之溢，不過三日；飄風暴雨過不了一天；日中則仄。我趙氏既未厚積其德，一朝而下兩城，莫非將亡的徵兆麼！」後來孔子讀史至此，評論道：「趙氏將昌矣！」因爲憂所以爲昌，而喜所以爲亡，取勝並不難，能永保勝利的果實才是難事。趙襄子便是真能懂得永保勝利之道的人。

孔子見趙襄子之暴得兩城而憂，便讚趙氏之將昌，可知孔子雖一生席不暇暖，積極的奔走救世，其實他也是深諳持盈守雌之道的人。孔子嘗觀魯桓公之廟，見宥巵之器，顧謂弟子曰：「取水來！」以水灌之，水半滿則器正定不動，及器中灌滿了水，器便翻轉而水全灑出來。孔子蹙然改容曰：「善哉！此持盈之道也！」子貢隨侍在旁，請問何謂持盈之道，孔子告之曰：「挹而損之。」子貢又問何謂挹而損之。曰：「物盛則衰，樂極則悲，日中而移，月盈則虧。是故有聰明睿智，要表現出愚的樣子，多聞博辯，要表現出無所知的樣子，武力勇毅，要表現出畏懼小心的樣子，富貴廣大，要表現出狹小的樣子，德施天下，要表現出謙讓的樣子。此五者，是先王守天下而不失之道；反此五者，未有不危險的。」此事亦見於〈道應〉篇，很可以給吾人以啟示，志得意滿，未有不失敗的，要保住已得的成就與地位，唯有盡量表現得謙遜無能。歷史上那些功高震主的名將像韓信、英布、彭越等，正由於不明此理，故遭殺身之禍；張良體會得箇中三昧，功成名遂而身退，隆準便沒奈他何了。孫叔敖深知此理，三爲楚令尹（宰相），地位顯赫，狐丘丈人謂之曰：「人有三怨，子知之乎？」孫叔敖請問三怨，丈人曰：「爵高者，人家會妬嫉他；官大者，國君會討厭他；祿厚者，則怨之所在也。」孫叔敖說：「我爵越高而越謙遜，官越大而越小心，祿益厚而施於人者益多，以此來免除三怨，如何？」所以他才能三爲令尹無喜色，三已之而無慍色也。

再說虛無。

何謂虛無？簡單的說，首先要做到無成心，無成見。〈齊俗〉篇說：「所謂是非，其實是很難肯定的，大家都是是其所是，而非其所非。我有我的是，你有你的是，我有我的非，你有你的非，大家都認爲自己才是對的，而以他人爲不對。所以，事物只有是否合乎己意，卻無所謂對不對。因此，所謂追求真理，其實並不是在追求真理，所追求的，只是合乎己意者，所謂革除錯誤，所革除的，也不一定便是真錯誤，而是把不合己意的革除掉罷了。然而，不合我意者，未必便不合人意，合乎我意，也未必便合乎人意。要知真正的對，便絕不可能有一絲兒不對，真正的不對，也絕不可能有半點兒對，這才是真是真非。要是我認爲對而別人認爲不對，或者我認爲不對而別人倒認爲對的，那就有是有非了。」比如老子說過：「治大國，若烹小鮮」，小鮮，是小魚。老子只說，治大國，和烹煮一條小魚的道理一樣。但到底烹煮小魚的辦法當如何呢，便因人個性的不同，因而便有不同的解釋了。個性寬大者則曰：「烹小魚，不可常常翻動」。個性刻削者則曰：「多加作料，使之又鹹又酸」。然則倒是那一說才是對的呢？

劉安爲了說明此是非無定之理，還曾列舉幾個例證，都很有意思。

晉平公一次說錯了話，樂官師曠舉起手中之琴，便向平公打去。因爲師曠是個瞎子，沒有打個正著，一下子越過平公而打到了平公座位後面的牆，把牆打壞了。左右欲把牆修好。平公說：「不要修！讓我記住這一次的說錯話，好隨時警惕自己！」孔子聽到此事，評論道：「平公這樣做，是鼓勵臣下進諫的。」韓非卻說道：「臣子敢打國君，是失禮。失禮而不誅，是縱容。難怪晉平公之不能成霸了。」

有人薦一賓客來見宓子賤，賓出，宓子賤對此人說：「你所薦之賓有三樣不對：望著我笑，是不敬；講話而不言師承，是背師；交淺而言深，是胡來！」此人說：「不然！望君而笑，是無私心；講話而不言師承，是書讀通了，不必稱引老師的話；至於交淺言深，那是忠於君啊！」

試看同一事而雙方解釋各有不同，世上那有真是非呢？所以一有成心，即不能見事物之真，唯有胸中一片空明，方能得其真相也。靈台空明，即是虛無。

真理，是永遠不變的，就像天上的日月，不管你是住在江南，抑是河北，它總在你的頭頂上，你騎著千里馬跑了一千里，抬頭看，它還是在老地方，這才叫真理。至於世上的一應事物，便很難說了。譬如有間屋子，住在它東鄰的人，說它在西，住在它西鄰的人，卻又說在它東，它到底是在東呢，抑在西呢？一切是非，皆似於此。所以一有成心，便似戴了有色眼鏡看世界，所看到的，就無所往而不帶眼鏡之色了。

再比方說，王子比干，諫紂而死，伯夷、叔齊不食周粟而餓死首陽山下，皆各致其極。反過來說，箕子被髮佯狂，以免其身，管仲、晏嬰身遭大亂而猶出仕，亦何嘗不各致其極。但如從箕子來看比干，比干未免太笨了，從比干來看箕子，箕子未免太卑劣了；從管、晏來看夷、齊，夷、齊未免太傻了，從夷、齊來看管、晏，管、晏又未免太貪祿慕位了。你說，到底那一種做法才算是得事之宜呢？那只能說，你有你的是，我有我的是，彼此各有各的道理，則庶乎近之矣。此唯有無成心成見者能之。

人而能做到無成心成見，也就是忘懷是非，境界已經很高，但據道家的看法，這似乎還不夠，還要進一步的能無知、忘我，那才能算得上最高的境界。何謂無知、忘我呢？〈道應〉篇裏的兩個例子說得好：

唐堯時，有兩位老先生，一名齧缺，一名被衣。齧缺問道於被衣。被衣告訴他說：「正定你的形體，專一你的視覺，體靜神凝，則和氣自至；收攝你的心智，端正你的形體，心斂形正，則神明自歸。如此，便可得道。得道之人，不追求智巧，看起來，樣子楞楞傻傻的，就像新生下來的小牛犢。」話還沒說完，齧缺已大悟，兩隻大眼睛瞪向對方，一言不發。被衣知彼已悟道，行歌而去，曰：「形若槁骸，心如死灰，真其實知，不以故自持。墨墨恢恢，無心可與謀，彼何人哉！」

顏回告訴孔子說：「我進步了！」孔子問：「何以見得呢？」顏回說：「我能忘記禮樂了。」孔子說：「嗯！是進步了。但還不夠。」過了幾天，顏回又來說：「我進步了。」孔子問：「何以見得呢？」回答說：「我能把仁義也忘懷了。」孔子說：「是進步了，但還是不夠。」又過了幾天，顏回又報告說：「我能坐忘了。」孔子遽然改容問道：「何謂坐忘？」顏回說：「隳肢體，黜聰明，離形去知，洞於化通，是謂坐忘。」

被衣說的「形若槁骸」，謂形體不動；「心如死灰」，謂心智不用；「真其實知」者，吾人本有真知，愛物欲之蒙蔽，因而失去，今擺脫物欲，則心智清明，是又恢復到真知，「故」是智巧，「不以故自持」，便是不用智巧。「墨墨恢恢」，謂様子糊里糊塗。「無心可與謀」，謂彼既遺忘智巧，心中一無所有，所以我亦不容再說一言也。顏回的話，翻成今天的言語，便是有肢體而不使，有耳目而不用，忘形忘知，一切順乎自然變化之理，這是忘我的境界。不過，各位千萬不要誤會，「形若槁骸，心如死灰」，絕不是死人一個。要知真正的虛，是實的；真正的靜，是動的。要先能實，才能虛；要先能動，才能靜。真正有學問的人，絕不炫耀自己的博學多聞；真正有錢的人，絕不炫耀自己的財富。表面看起來，他似一無所有、一無所知，這才是真有、真知。滿瓶子不響，半瓶醋晃盪，一知半解的人，今天批評這個沒學問，明天譏刺那個說的不對，正見其淺薄無知。貧窶兒才會擺闊，天天賣弄家私，幾曾見有億萬富翁在人前大擺其排場的！此是所謂虛實也。至於動靜，也是一樣。練武的人，講究的是個靜字，武功至於化境者，如淵渟岳峙，靜若處子，才能動若脫兔，不出手便罷，一出手，對方未有不應手而倒者。唯有那武功差勁的，才會沈不住氣，架式還沒站好，就急於出手，毛手毛腳的，當不得對手的一擊，妄動的結果，尚未近得對手之身，尚未看清人家是怎麼出手的，自己已經踉踉蹌蹌的被摔了個四腳朝天了。知乎此，則知所謂無知，乃是真知，所謂忘我，乃得真我，所謂虛無，乃是真有也。明白了這個道理，你就可以對上文說的柔弱，有更進一步的了解了。柔弱，絕不是弱不勝風，卻是有真力蘊含於中，只是這個真力，不輕易表現出來，因此，不為人所見而已。打一個比方說，唐初大書法家褚遂良，你若單看他寫的〈雁塔聖教序記〉，好像柔得無骨，無甚筆力，但再看一看他中年寫的

〈伊闕三龕碑〉，則鐵畫銀鈎，真夠得上力能扛鼎的本領。然後便可知道，他晚年的柔，實是從中年的剛修煉來的，那種柔，實在是真力內蘊才能到達的境地。反之，修養不到家者，無真力內充，卻硬要表現筆力，結果把字寫成劍拔弩張，醜怪可厭。便由是可以體會所謂剛與柔之別了。水之所以能「利貫金石，強濟天下」，所以能缺石，能載舟，正是由於水之能柔，而此柔乃真力內充之柔，卻不是扶不起來的柔。必須懂得這個道理，才能懂得道家學說的真精神。這斷不是但讀得幾本西洋哲學書，而不知吾國傳統文化者所可了解的。

說了半天虛無，然則虛無的好處何在呢？〈詮言〉篇說得好，駕船行於江中，江中另有一空船，順流而下向你的船撞來，即使把你的船撞翻了，你也只有自認倒楣，卻怨不得那條空船。假若那隻撞你的船中有人在上，那就雙方準會罵起來了。有人與無人，便是實與虛，虛之好處如此。所以人生在世，苟能虛己，則無過矣。

其實，虛無的道理，就粗淺的方面來說，人人知道，甚至人人都在應用。〈詮言〉篇中另有幾句話，便可作為證明。「天下不是沒有信士，但人家分錢財，總用抓鬮的辦法來決定誰得誰不得，天下並非沒有廉士，可是保藏重寶的人，卻寧願關緊門戶，鎖上加封。正是由於抓鬮或關鎖是無心的，而人總有心，有心就保不得可能會有偏差。」有心就是不能虛，無心者，即虛也。虛無的道理，真是百姓日用而不知哩。

最後說到無為。前面所說的清靜也好，柔弱也好，虛無也好，質言之，實皆無為之作用。唯無為乃可以清靜，乃可以柔弱，乃可以虛無也。無為可致清靜與柔弱，其理易知；或者有人以為，虛無才能無為，不是無為才能虛無。其實不然。老子說過：「為者敗之，執者失之」，有所爲則有失敗，有所執才有所失。反過來說，無所爲的當然永遠不會失敗，什麼東西都不抓住的人當然什麼也丟不了。因此，〈齊俗〉篇說：「常常想要做到虛，便無法做到虛。只是順乎自然，不求虛而自虛的，才能所欲而無不得，才能自然而然的達到虛的境界。」這話也許說得比較抽象，〈說山〉篇有幾句話，恰好可以爲此數語之注腳：「夜裏躺在床上，若心中有事，就睡不著。睡不著很痛苦，因此，轉一個念頭，不要想它了，不要想它了。這一來，不但最初想的事沒能忘卻，卻又憑空增加了一個不要想的念頭，就更睡不著了。唯有二者俱忘，才能自然睡著。」二者俱忘，便是無爲。可知無爲之道甚大，乃道家人生觀之中心。

所謂無爲，意爲順其自然，不可強求。〈說山〉篇說：有人嫁女兒，關照女兒說：「去罷！千萬不可爲善！」女兒莫名其妙的問：「不爲善，難道要爲不善麼？」應之曰：「善且不爲，何況不善呢！」有意爲善，則不能善，唯有無意爲善，一切順其自然，乃爲真善也。唐伯虎詩云：「善亦懶爲何況惡，富非所望不憂貧」，可謂深知此意者。

〈說山〉篇又說：「求美則不得美，不求美則美矣；求醜則不得醜，求不醜則有醜矣。不求美，又不求醜，則無美無醜矣」，意謂：有人欲求美名，因此想盡了辦法釣名沽譽。一旦被人發現，其所作所爲，都是假的，便再也得不到美名了。此所謂「求美則不得美」。反之，不求美名，只是本著良知，該爲則爲，不該爲則已，久而久之，自然就可獲得美名。此所謂「不求美則美」也。倘使無心做了錯事，就坦白認錯，只要能不貳過，則別人不但不責備你，反倒會稱讚你勇於改過，這便是「求醜則不得醜」。相反的，犯了過錯，不求改過，卻盡想文過飾非，就無法得到別人的諒解了。這便是所謂「求不醜則有醜」了。可知凡事是強求不來的。唯有順其自然，也就是所謂無爲，才是最好的辦法。

《淮南子》一書中，發揮無爲之道者，無處而不有。玆試就〈原道〉篇所述，隨便舉出幾個例子，都可以看出無爲的意義。

夏禹之治水，因水性之自下，使之東流入海，神農之播穀，因五穀之性，而相土之宜。蘋（一種大的浮萍）生根於水中，樹生根於土中，鳥飛於空，獸走於地，蛟龍居於水，虎豹處於山，這些都是天性之自然。兩木相摩擦而生火，金屬近於火則熔化，圓者能轉，中空者（如船）則能浮，這都是自然之勢。所以春風至則甘雨降，生育萬物，鳥類卵生，獸類胎生，草木滋長開花，這一切都沒有人為的力量。秋風起而霜降，生命力極強的草木都凋零了，鷹鵰於是出而搏擊，昆蟲蟄藏，魚鱉趨於深淵，這一切也不是人為的力量。鳥居巢中，魚居窟穴，走獸居草叢，人民居室廬。陸地宜牛馬，水中宜舟船。匈奴出皮裘，吳越生葛絺。皆各生所急，以備燥溼，各因所處，以禦寒暑，並得其宜，物便其所。可知萬物本是順其自然的，聖人又何必要管它呢！

九疑山（在湖南寧遠縣）之南，其地多水，於是民人剪髮文身，使自己的樣子變得像水族，好入水捉魚，只穿短褲頭，不穿長褲，以便涉水游泳，只穿短袖之衣，或把衣袖捲至上臂，而用繩拴住，以便划船，此因水之宜也。雁門郡（在山西右玉縣南）之北，狄人不吃米穀，輕視老人，重視壯年，其俗崇尚氣力，人常帶弓，馬不解勒，此亦環境所造成者也。所以禹往南方的裸國，脫衣而入，衣帶而出，此因俗之自然也。徙樹者改易樹寒暖之性，則莫不枯槁，故橘種到江北，則變成枳，鴝鵒（八哥）不飛過濟水，貈（獸名）渡過汶水（即長江）而死，此由於天性不可改，地位不可變之故也。

共工氏力大無窮，怒而觸不周之山，使地東南方下陷。但與高辛氏爭為帝，卻不能取勝。結果潛於深淵，宗族殘滅，繼嗣絕祀。越王句踐四伏孫翳，不欲為王，逃於山穴之中，越人以火熏而出之，遂立為君。可知該你為君，你逃也逃不掉；不該你為帝，你爭也爭不到。唯有因其自然，才是正理。

前引第一段最後的結論，「萬物本是順其自然的，聖人又何必要管它」，上句是宇宙觀，下句是人生觀。人生須無爲，便是由宇宙觀應用到人生觀和政治觀上。宇宙間一切事物，都是順其自然而發生的，演化的，這其間沒有任何主宰，所以人生當也是如此。所以〈原道〉篇說：「達於道者，不以人易天」，不用人力改變自然的法則，這便是得道。然則什麼叫做天呢？什麼又叫做人呢？〈原道〉篇也有解釋：「所謂天，是純粹樸素，質直皓白，而未嘗有所雜糅的。所謂人者，邪曲不正，曲巧僞詐，是用來應付世人而與世俗交接之道。牛頭上戴角而蹄兩岐，馬項上被髦而足圓，這是天。絡馬之口，穿牛之鼻，這是人」。換句話說，自然生成的法則，便是天，人爲之功，便是人。本來，越是自然，便越是接近於道，照理說起來，人爲之功，本是不必要的，甚至於是該加排斥的。但生於此人間世，要想完全脫離世俗，既不可能，況且既要順自然，而勉強脫離世俗，是不合自然法則的，所以也不能完全不顧與世俗交接的道理。因此，道家也有它的處世之道，這個處世之道，還是順其自然。〈原道〉篇說：「聖人內脩其本而不外飾其末，保其精神，偃其智故；漠然無爲而無不爲也，澹然無治而無不治也。所謂無爲者，不先物爲也，所謂無不爲者，因物之所爲也。所謂無治者，不易自然也。所謂無不治者，因物之相然也」。

這段話中的「內脩其本」，就是脩道，「外飾其末」就是過分的用人功。「不先物爲」就是時機未至不可妄爲，「因物之所爲」就是順物自然之性，順物之自然如此，自然能夠「無不治」了。由此可知，劉安之所謂無爲，並不是恁事不幹，而是順其自然的去爲，不要無知妄作的去蠻幹。比如牽牛，你要牛走，假如一味蠻幹，抓住牛尾巴拖牠走，即使大力士恐怕也拖不動一條牛，這便是違反自然。懂得順其自然的，只要在牛鼻子上套個環，拴上根繩子，則三尺之童，也可以任其所之的牽著牛到處走了。如此，便是所謂「無爲而無不爲」，「無治而無不治」了。司馬談〈論六家要旨〉，說道家「指約而易操，事少而功多」，班固《漢書．藝文志》說道家「知秉要執本」，都說的很對。

無爲並不是恁事不幹，在〈脩務〉篇裏，說得最清楚，他說：「或曰：無爲，是寂然無聲，漠然不動，引之不來，推之不往的。吾以爲不然。試看神農、堯、舜、禹、湯五位聖人便知。古者民茹毛飲血，採樹木的果實，食螺蚌之肉，時多疾病毒傷之害。於是神農教民播種五穀，相土地之宜，嘗百草之滋味，水泉之甘苦，令民知所避就。堯立孝慈仁愛之教，使民如子弟，西至沃民，東至黑齒，北至幽都，南至交趾，莫不受其教化，放讙兜於崇山，竄三苗於三危，流共工於幽州，殛鯀於羽山，四罪而天下咸服。舜作室築牆蓋屋，開墾耕地，以種五穀，令民皆知脫離山洞而有家室。最後南征三苗，而道死蒼梧。禹櫛風沐雨，決江疏河，鑿龍門，闢伊闕，脩彭蠡（鄱陽湖）之堤防，駕著各種交通工具，到處巡視，刻木爲記號，平治水土，定千八百國。湯夙興夜寐，以思萬事，輕賦薄斂，以寬百姓，布德施惠，以振困窮，弔死問疾，以養孤兒寡婦。百姓親附，政令流行。乃整兵鳴條，困夏桀於南巢，責其過而放逐之於歷山。此五聖皆天下之盛主，勞形盡慮，爲民興利除害而不懈。此外，禹之時天下大水，禹親以身爲犧牲，而禱於陽盱之河，湯之時天下大旱，湯以身禱於桑林之際。聖人之憂民如此，怎能說是恬事不幹呢！」

「再如伊尹執鼎俎，調五味，五就商湯，輔成帝業；姜太公鼓屠刀而自朝歌以適周，佐武王伐紂；百里奚轉鬻於秦穆公，爲秦相而興秦；管仲不死公子糾之難，束縛於魯，以歸齊桓公，相齊以成霸業；孔子、墨子汲汲於行道，席不暇暖，突不及黔，他們並不是貪祿慕位，是要爲天下興利，而爲萬民除害啊。」

「由此觀之，則聖人之憂勞百姓甚矣。故自天子以下，至於庶人，四肢不動，思慮不用，而欲求事情辦得好，未之聞也。」

從上面一大段話，可以知道，所謂無爲，並不是「引之不來，推之不往」的，而是要無不爲的。但爲不是妄爲，爲帝王者，百姓有了痛苦，就設法去解決，使百姓脫離苦海；爲臣子者，萬民有害，則爲之除害興利。這等爲百姓而憂勞，完全是順其性之自然的。這才叫做無爲而無不爲。設或天下太平，爲天子者今天選妃子，明天獵禽獸，後天修宮室，再不就出兵征四鄰，這就是妄爲了。

也許有人會說，既是講無爲，那一切聽其自然好了，何必更加人功呢？這個我們可以用孟子的話來作答覆。《孟子．離婁下》曰：「禹、稷當平世，三過其門而不入，孔子賢之。顏子當亂世，居於陋巷，一簞食，一瓢飲，人不堪其憂，顏子不改其樂，孔子賢之。」而孟子稱「禹、稷、顏回同道」。禹與稷爲官，有治民之責，故「禹思天下有溺者，由己溺之也。稷思天下有飢者，由己飢之也。是以如是其急也。」至顏子則一介寒士，既處亂世，沒有機會行道，則唯有進德修業，獨善其身。彼此的身分不同，自然行藏有異，設使顏子處於禹、稷的地位，亦將三過其門而不入矣。所以孟子說：「禹、稷、顏子易地則皆然」也。準此以觀，禹、稷、顏子的做法，都是順其自然的。今有人焉，食國家之祿，而尸位素餐，則不論是笑罵由他笑罵，好官我自爲之也好，抑或非之無非，刺之無刺，同乎流俗，合乎汚世，居之似忠信，行之似廉潔，眾皆悅之也好，爲官而不治事，倒是違反自然的。

順其自然，是順事物自然之理，而加以人功，則成功易而且速，此意〈脩務〉篇中有詳細的說明。他說：「水勢東流，人必事而通之，然後乃得循谷東行；禾稼春生，人必耘耔灌溉，然後五穀乃得遂長。若聽其自然，待其自生，則不能流不能生了。所以我所謂的無爲，是私心不得入公道，嗜欲不得枉正道，循理而舉事，因資而立功，權自然之勢，而不容有曲巧，事成而不伐其善，功立而不居其名。非謂其感而不應，迫而不動也。」這裏的「聽其自流，待其自生」，即我方才說的聽其自然；「感而不應，迫而不動」，也就是上文所引的「引之不來，推之不往」。清末兩廣總督葉名琛，英軍來攻，而不爲備，終於廣州城陷，身爲囚虜，客死印度，粵人爲之語曰：「不戰不和，不守不死，不降不走，相臣度量，疆臣抱負，古之所無，今之罕有」，像這樣的事至於身，還不曉得去應付處理，這不是道家無爲的意思。「循理而舉事，因資而立功，權自然之勢，而不容有曲巧」，這才是真正的無爲。「循」也，「因」也，皆是順其自然之意。怎麼叫做「循理」和「因資」呢？〈泰族〉篇說：「繭可以抽出絲來，然非得工女煮以熱湯而抽其統紀，則不能成絲；雞蛋可以孵出小雞，但如無母雞的溫之以體，吹之以氣，則不能生出小雞」，繭可以爲絲，雞蛋可以孵小雞，是有其資，有其理；工女加工，母雞孵卵，是循理，是因資；如此以舉事，自然能立功。這便是順其自然的無爲之道。反之，皮球本不能變爲小雞，硬是要它孵出小雞來，那便違反自然了。違反自然，便是曲巧。曲巧是要不得的，因爲它不但無益，甚且有害。〈道應〉篇舉過一個小故事：吳起爲禁令尹，曾適魏。當時有個楚大夫住在魏國的，名叫屈宜咎。吳起去見他，問他說：「王命我爲令尹，我對楚國的政治，頗有革新，君以爲如何？」屈子問：「你是如何革新的呢？」吳起說：「削減楚國之封君，拉平官員的待遇，損其有餘而安其不足，然後砥礪甲兵，以時爭利於天下！」屈子說：「我聽說：古之善治國家者，不變其故，不易其常，你如今的做法，是變其故而易其常也。行之者有殃。我又聽說：怒是不合於德的，兵是凶器，爭是人之所棄的。你陰謀而不合於德，好用凶器，專幹人之所棄的事，這太不對了。我還聽說過：不是闖禍的人，製造不出禍患。楚王屢次違忤天理與人道，何以至今而無禍，此事我老想不通。呀！原來要等你來闖禍的！」吳起聞之，大吃一驚，連忙請教：「還來得及改嗎？」屈子說：「禍已形成，無法改了！」果真，吳起的諸般改易更張，得罪了楚國所有的貴戚，等楚悼王一死，宗室大臣羣起而攻之，把他幹掉了。吳起之變故易常，是違反無爲之道，也就是不能順其自然，而妄用人爲的曲巧。如吳起之所爲者，與工女抽絲，母雞孵蛋，雖同是人爲的加工，但在精神上、道理上，完全是兩回事，是不可同年而語的。

這裏最重要的一句話，是「權自然之勢」。權者，度量也。有了問題，自然須得設法解決，解決問題，是順其自然，也就是適應自然。當你去解決問題時，必得先度量一下當時的形勢，然後決定應付的方法。曾子芸瓜，不小心把瓜的根弄斷了。其父曾晳大怒，拿起根大棍來，照著兒子的背上就是一棍，把個曾子打倒在地，不省人事。萬幸尚未打傷，半天甦醒過來。孔子聞之，告門人曰：「曾參若來見我，不許他進來！」曾子自以爲無罪，使人請問孔子。孔子說：「舜侍奉瞽叟，瞽叟要找他，他無時不在身邊。但要殺他時，卻再也找他不著。瞽叟以小棍子打他，他就待在那兒挨著，等用大棍打他，他卻又跑掉了。如此，舜終能使瞽叟不陷於不義，而自己也不失其孝道。你父暴怒，而你等在那裏挨打，若一棍把你打死，豈不陷父於不義乎！你這大不孝的人，還不知罪麼？」像舜便是一個能「權自然之勢」的，曾子便不知權了。這個權字的重要如此。

順其自然，一方面又要順事物自然的發展。

天地間的事物，是永遠在變的，由於變，所以今天跟昨天便不相同。時代變了，情況變了，你就須跟著變，才能適應，這也是順其自然。

〈齊俗〉篇說：「舜之時，有苗不服，於是舜修政偃兵，執干戚而舞之。禹之時，天下大水，禹令民聚土積薪，擇丘陵而處之。武王伐紂，載文王之神主而行，海內未定，故治三年之喪。禹有洪水之患，陂塘之事，故朝死而暮葬，此皆聖人之所以應時耦變，見形而施宜者也」，反過來，禹承舜後，假如一味的守舊，既遭大水，還要執干戚而舞，那老百姓恐怕完全要變成魚了。正爲治水工作甚緊張，所以死陵者葬陵，死澤者葬澤，隨死隨埋，講究不得許多。武王若復如此，那來得周代的禮樂教化。這便是「應時耦變，見形施宜」之道。

〈氾論〉篇說：「禹之時，懸鐘鼓磬鐸，置鞀，以待四方之士，乃宣揚於天下曰：『教寡人以道者擊鼓，諭寡人以義者擊鐘，告寡人以事者振鐸，語寡人以憂者擊磬，有獄訟者搖鞀。』當此之時，一饋而七起，一沐三捉髮，以待四方之士。在這種情形下，人人可以進善效忠，下情上達；若猶不能有所表現，那除非是你的才能太差了。秦之時，高築臺榭，廣開苑囿，修馳道，鑄金人，徵發徭役，戍守長城，大收賦稅。當時派出的壯丁，西至臨洮、狄道，東至會稽、浮石，南至豫章、桂林，北至飛狐、陽原，死在路上的，滿坑滿谷。在這時候，誰進忠諫，誰就倒楣，高談仁義者，被視爲瘋子。逮至漢高祖存亡繼絕，舉天下之大義，身自奮袂執銳，以爲百姓請命於皇天。當此之時，天下雄俊英豪到處轉戰，前蒙矢石而後墮溪壑，出生入死，以爭天下之權，奮勇勵誠，以決一旦之命。此時若有人豐衣博帶的大談儒墨之道，誰也看不起他。等到暴亂平定，海內安寧，高祖登上皇帝之位，招攬鄒魯之儒墨，弘揚先聖之遺教，建天子之旗，乘天子之車，撞大鐘，擊鳴鼓，奏咸池之樂，揚干戚之舞。這時節，若再有人談兵說武，就會被人疑爲圖謀不軌了。」禹之時，鼓勵進諫，而秦始皇時不可進諫，漢高祖爭天下時輕文重武，及至平定天下後偃武修文，時勢有不同，則適應的辦法自有不同。不同的辦法來適應不同的環境，即所謂順其自然。倘或不識時務，執夏禹之時勢，而向秦皇進其忠言，不但言不見聽，恐怕腦袋都要搬家了。

〈說山〉篇也說：「和氏之璧，夏后之璜，揖讓而進之，足以合歡；但如於夜間丟向他人，人家會誤會你是在攻擊他，反而會怨恨你，這便是合時與不合時的分別」，又說：「政府春天貸款給百姓，秋天向百姓徵稅，百姓會感激；苟春天徵稅而秋天放貸，則百姓便會怨恨。此由於時候不對啊。」得時之重要如此。又舉一例說：「越人有習射遠者，因見人之射鳥皆向天而發，於是也向天而發，矢力既盡，自天墜下，卻在五步之內。不懂得改變射法，便會有此結果。世勢已變，而守其故常，譬猶越人之射也。」可知順其自然，要順事物自然之變化。譬如夏天搧扇子，很涼快，至冬而猶不知止；或褰衣以涉水，衣不至於沾濡，走在平地上仍不曉得把衣裳放下來，都是膠柱鼓瑟，都不是順其自然。

所以〈氾論〉篇有幾句很警策的話，說：「忤而後合者，謂之知權，合而後忤者，謂之不知權。不知權者，善反醜矣」，忤是不適合之義。時代變了，原來的辦法不適合了，於是變法以求適合新的時代，這叫做「知權」，了解權變之道。反之，執舊有之道，以應付已變之時代，自然不能適合，這便叫做「不知權」了。不知權者，用舊有的辦法以應付舊時的環境，本來是很好的，如今不知變通，處處扞格，便由好而醜了。這種思想，大約是從《易經．繫辭傳》的「窮則變，變則通，通則久」而來的。《周易．彖傳》每曰「時義」，謂合時也，如豫卦之「豫之時義大矣哉」，或曰「時用」，如坎卦之「險之時用大矣哉」，或單曰「時」，革卦之「革之時大矣哉」等皆是。此外如乾文言之「欲及時也」，「與時偕行」（亦見〈彖傳〉），「與時偕極」，坤文言之「以時發」，「承天而時行」，大有〈彖傳〉之「應乎天而時行」，賁卦〈彖傳〉之「觀乎天文以察時變」，損卦〈彖傳〉之「損剛益柔有時」，艮卦〈彖傳〉之「時止則止，時行則行，動靜不失其時」，豐卦〈彖傳〉之「與時消息」，〈繫辭傳〉之「待時而動」，此外言時者尚多，可知合時之重要。孔子所以爲聖之時者，正在他能「可以仕則仕，可以止則止，可以久則久，可以速則速」（見《孟子．公孫丑上》），此亦當有會於《周易》之旨也。

從無爲，到變法，表面看起來，似乎是相反的，是矛盾的，是不相容的。但若仔細的加以推究，即知其實它是一條線發展下來的，其精神總在順其自然上，基本上並沒有變。〈氾論〉篇便明白的說過：「聖人所根據的是道，所做的是事。道像鐘磬，永遠是一個調子，事像琴瑟，每支曲子都要改換調子」，順其自然者，道也；變法者，事也。吾人再來作個比喻，荀子的基本學說，是性惡論。性惡論之基本旨趣，在不認爲人類爲天賦本能所支配，故倡「化性起僞」之說，以爲人爲之力可以改變本性。人爲之力如何？便是學問，服習積貫之結果，足以盡變其舊，「積善成德而聖心備」，人人可以爲堯舜矣。堯舜與性惡，表面上似相反，相矛盾，但從性惡到學習以至於成爲堯舜，卻恰是直線發展而成。吾人對《淮南子》的由無爲而變法，思想體系之完整，唯有嘆其博大而精密。謂其不調和，適足以見其淺薄而已。

事實上，這種順其自然的變，不但無違於其無爲之中心思想，而人類世界之自然日有進步，即在其中。〈氾論〉篇一開頭，便把此意說得極爲透徹了。「古之王天下者，被髮而戴兜鍪，其德生而不殺，予而不奪。天下同懷其德，從無人說他的服裝不好。當此之時，陰陽和平，風雨時節，五穀蕃息，手探烏鵲之巢而烏鵲不驚，牽走獸之尾而禽獸不怒。那裏用得著什麼寬衣大帶的禮服禮帽呢！古者人民住在水邊地洞裏，冬日苦於霜雪霧露，夏日苦於暑熱蚊虻，有聖人者出，乃爲之築土構木，以爲宮室，上棟下宇，以蔽風雨，以避寒暑，而百姓得以安居。黃帝之臣伯余初發明衣裳時，緝麻搓線，用雙手來編結成布，布之粗疏就像魚網；後世改用織布機，成品極爲密緻，而民得以掩形禦寒。古者用鍤耕田，把蚌蛤的殼磨得銳利以除草，以木爲鐮而採樵，抱著瓦盆子汲水，民勞而功少；後世改用耒耜耰鋤耕田，斧頭砍柴，桔皋汲水，民逸而利多。古者大川大谷隔絕道路，斷絕交通，於是發明獨木舟及船，來運輸貨物，得以各地互通有無。又爲擔負重物運送千里之勞，乃造車輿，駕馬服牛，民得以致遠而不勞。又苦於鷙禽猛獸之害傷人，於是鑄金鍛鐵以爲兵刃，來防禦猛獸。故民迫其難則求其便，困其患則造其備，人人各以其智，去其所害，就其所利」，試看，一切的文明，不都是由於爲適應環境而產生的嗎？人類的文明，就是這樣一天天積累而成的，它是自然產生的。並不是有人吃飽了飯沒事幹，關起門來瞎胡想想出來的。前者是順其自然的無爲，若是後者，便是人爲的智故了。

所以，劉安主張變，但這個變，是順時代而變，順環境而變，卻絕不是環境無此需要，你硬加人爲的智巧去改變它。由此，就又發展成爲持後的哲學。

何謂持後的哲學？〈原道〉篇有解釋：「領頭的窮困，跟在後面的走得通，何者？走在前面的對前途無法了解，跟在後面的卻容易得到借鏡。前面的人上去了，後面的跟著爬上去；前面的下來了，後面的順路走下來；前面的跌在坑裏了，後面的就可另作打算；前面的失敗了，後面的就改弦易轍。就好比錞（矛戈等長兵器的柄末座子）之與刃，及在前面冒險犯難，鋍卻安全得很，因爲它躲在後面的緣故」，這便是持後哲學的理論基礎。當秦之末年，項梁起兵時，東陽少年殺其縣令，聚衆數千人，推令史陳嬰爲王。嬰母謂之曰：「自我嫁到你們陳家，從沒聽說陳家祖先有做過大官的。今平白無故的忽然做起王來，一定不吉祥。不如找個勢力強大的，你帶著這支隊伍投效他。將來成功了，還可以封侯；萬一失敗了，你既不是領袖，目標不顯著，逃亡也容易些」。於是陳嬰以其衆投靠項梁。果然，不久，項梁即爲秦大將章邯大破於定陶而死，其後陳嬰歸漢，封堂邑侯。若陳嬰之母者，可謂深知持後之論者矣。

但劉安所謂持後，並不是說永遠落在時代的後面趕不上趟，意思是教人不要搶在前面充好漢，「是非只爲多開口，煩惱皆因強出頭」，便是持後的最好解釋。因此，所謂持後，還是順其自然。一切如常的時候，你不必挖空心思去求改變現狀，因爲那不必要。魯人欲建一新倉庫，閔子騫曰：「仍舊貫，如之何？何必改作！」既無增建倉庫的必要，所以不必改作，改作是多事，所以孔子稱讚閔子騫說：「夫人不言，言必有中」（見《論語．先進》）。但如情況不同了，你還執舊有之道而不知變通，那就「合而後忤，善反醜矣」了。既要順其自然的變，自然須把握住時機，太早了，時機尚未成熟，變會變出毛病；太晚了，時機已過，又來不及了。所以〈原道〉篇說：「所謂後者，不是止而不動，是要合於道，合於時」。君不見禹之治水乎，僕僕道路，三過其門而不入，其子啟呱呱墜地，而禹弗子也，鞋子掉了，沒工夫撿起來穿上，帽子被頭頂上的樹枝掛下來了，連回頭看一看的工夫也沒有，急急忙忙的，是爲了爭先嗎？不是的，是爭取時機。聖人之進退不失時，就像夏天一到，就換單衣。

夏天未到就換，是太早，會傷風著涼；夏天到了仍不換，是太遲，會中暑害病。所以〈原道〉篇說：「時之變化，其間容不得呼吸一口氣的時間，先之則太過，後之則不及，時機是不待人的。故聖人不貴尺璧，而重寸陰，因爲時機是難得而易失的。」〈繆稱〉篇也說：「聖人不爲物先，而常制之，其情形恰似堆積柴薪，後來居上」，你雖不爲物先，卻永遠能趕上時代，那些爲物先者，一個個被淘汰了，你卻始終不會落伍。就像平地堆木柴，先放下去的，就被壓在最下面，唯有持後的，才能高高在上。

以上是劉安的處世之道。

但在劉安而言，世事是不足留戀的，吾人止爲生於斯世，故不得不與此世俗相交接。其實，最高的境界，是遺棄世俗，而與道合一，也就是所謂得道。〈要略〉篇中述〈俶真〉篇的大旨說：「深究自無變到有的道理，分別萬物的變化，合同死生的形態，使人能做到遺物反己的境界」。所謂「遺物反己」，便是遺棄世俗而返回到自己本有的無爲之性，如此便是得道。但這等境界很高，不易做到，必須了解一切萬物皆出於道，也就是自無而有，既知宇宙萬象，皆自無來，則世事之種種變化，皆屬虛無的暫時現象，可以不去管它，甚至吾人最切身的生死問題，也可以無所用其關心。因爲生之與死，不過是一體之兩面，本來沒有什麼差異的。〈精神〉篇說：「我處在天下之中，也屬於一物。不知天下是以我來備萬物之數呢？還是假如沒有了我，萬物仍是無所不備呢？那麼，我之降生，對這個世界來說，增加了什麼？我之死去，又減少了什麼？造化之生我，只是順其自然的事，逃也逃不脫，然則想盡辦法求生的，可能是最糊塗的人，上吊求死的人，或者倒有福哩！也許生是一種徭役，而死卻是休息罷！生既是順其自然之事，所以，你欲生也不必去強求生，惡死也不必逃避死，以死爲賤卻也不要惡死，以生爲貴也不要喜生，生或死，你只要順其天性而安之就對了。吾生在世，有七尺的軀體，死了有一棺之大的一塊土，我生時與萬物同在，跟我死了仍回到無形之中，並無不同。然則我之生，萬物不因而加多，我之死，土不因而加厚，我又何必對生死有何喜憎利害之情呢！造化之生死萬物，情形就像陶人之摶土爲器；從地上取陶土製爲盆子，跟陶土尚未離地，並無不同；已製爲盆子，打破了又再回到地上，跟製成盆子時，也並無不同。又像住在江邊的人，汲江水以灌園，江水不以爲憎；家有積水之人，把積水瀉入江中，積水也不以爲樂。就水而言，在江中與灌園無異，積於人家與流注於江亦無異」，最能說明劉安的生死觀。〈俶真〉篇中，又把生死作成若干譬喻，「生好比夢，死好比醒，夢中自己變成鳥了，就飛於天，變成魚了，就沒於淵，當其夢時，自己並不知道是在做夢，醒來以後，才知道剛才的一切都是夢中幻景。人活在世上，就像正做一場大夢，並不知是在做夢，必至死後方知。你以爲活著很快樂，然而當你未生之時，怎知活著是快樂的呢？如今你既未死，又怎知死後就不快樂呢？所以人不必樂生而惡死」。又打一比方，「從前有個名叫公牛哀的，他有一種形體變易之病，能變成老虎。方其變爲虎時，其兄閃進門來窺伺他，他撲上去便將其兄咬死了。當他變成虎時，不知自己曾經是人，當他是人形時，也並不知自己將變成虎，人與虎二種形體，輪流的轉變。變爲人則樂爲人，變爲虎時則又樂爲虎了。」再作一比方說，「水至冬則變爲冰，冰至春則溶爲水，你倒說說看，冰與水二者，何苦何樂呢？」

〈俶真〉篇的三個比喻，意在說明生與死只是一體之兩面，二者並無優劣苦樂之分。而

〈精神〉篇中則明白揭出，「死之與生，一體也」，不但生死爲一體，甚且爲破除一般人樂生惡死的觀念，進一步更說明生是苦的，而死才是最大的休息。他說：「被徵服徭役的人，手舉工具，背負土籠，累得滿身大汗，呼吸急促，此時若能在樹蔭下休息休息，就很高興了。而長居巖穴之間，其樂更非樹蔭下可比。身有病痛的人，捧著心，按著肚子，彎曲著身子，整夜不能成眠，此時若能平躺下來睡一會，其父母兄弟就爲之高興萬分了。而整夜安穩的睡覺，又比平躺下來睡一會強多了。死就像長居巖穴之間，整夜安穩的睡覺一般，比生時快樂多了。」

因之，生命之長短，也不必在意。〈說林〉篇說：「仙鶴壽千歲，蜉蝣朝生暮死，皆能各得其樂。」

以上這種齊死生，同變化的道理，都是從莊子齊物的思想而來的。若能明白這種道理，自然明白世俗不足貴，自然可以返回到自己本有的無爲之性了。所以〈要略〉篇述〈原道〉篇的要旨曰：「我要用一句話來使你悟道，這句話便是，尊其天性而保其自我。要再加一句，那就是以萬物爲賤而以己身爲可貴。要再說第三句來讓你窮究如何才可得道，這第三句便是，遺棄萬物而回到自然的本性了。」

話雖如此，但這些抽象的話，到底境界太高，不易把握。所以《淮南子》一書中，曾把修養達到此一境界的方法，分爲三個層次，初步是聖人，其次是至人，最高的是真人。修養而至於真人，便是他所揭出的此一境界了。

聖人是比常人高出一級的一種境界。他一切順其自然，也就是無爲。〈詮言〉篇說：「聖人不思慮，不籌畫，要來的你就來，他不迎你，要去的你就去，他也不送你。別人雖在他的四周玩種種花樣，他卻獨立在中央，動也不動一下。所以能處在眾邪枉之中，而不失其直。篤定泰山，不隨俗浮沈。他無心爲善，亦不避惡名，不領頭妄爲，亦不固執己見；不事先計畫，但時機既至也不放棄；不求有所得，應得的福也不推辭；自己沒有的不求得到，已有的也不失去，既無意外之禍，亦無特別之福」，又說：「聖人不做壞事，不在乎別人的批評，只是修養一己之德，並不求別人稱譽我。不敢說一定能免禍，但絕不招禍，不一定能得到福，但絕不爲非而使福不來。即使有禍，既不是他自招的，故雖窮厄而不憂，即使得了福，也不是他有意求來的，故能看得開而不自誇。他了解禍福之來不在於己，故能閒居而樂，無爲而治。他只是守住他所已有的，而不求其所未曾得到的。」這兩段話，意思差不多，都在說明聖人應世的態度。因爲聖人一切順其自然，看得開，所以〈俶真〉篇說：「聖人依自己的飯量而食，依自己的身材而衣，一切依自己的需要，當然不致有貪得之心了。」

無貪得之心的人，便能不爲物欲的奴隸，〈原道〉篇說：「聖人不爲外物所役使，不因情欲而亂其天性之和，是故歡也好，悲也好，都能發而皆中於節，不致過分。世事儘管千變萬化而無所定，聖人卻能遺棄世俗而上合於道。」因此，〈俶真〉篇說聖人之學，是「返性於初而遊心於虛」，因之，便能把天下之事，看得等若飛羽浮芥，不值一顧。正以其得失不嬰乎心，故能「觀察動靜之變化，授與受之間恰到好處，不妄好憎，節制喜怒」（〈氾論〉），故能「睡下不夢，醒來無憂」（〈俶真〉）。這都是因爲他「內修道術，而不外飾仁義，保養精神，不用智巧，所以才能無爲而無不爲，無治而無不治」（〈原道〉）也。

然則聖人之與常人，其不同究何在？〈原道〉篇說的好：「游於江邊海濱，駕千里之馬，車上建翠羽之蓋，目觀美妙之舞，耳聽奇麗之樂，射飛鳥，逐走獸，這等快樂，會使得一般人淫泆流湎，聖人則不爲之引誘而失其情性。反過來，處在窮僻之鄉，廁身谿谷之間，家居亂木雜草之中，方丈大的一間小屋子，茅草蓋頂，以蓬草爲門戶，破甕口爲窗牖，揉曲桑條爲戶樞，房頂漏雨，地面潮溼，又不見陽光，雪霜之後，房間裏都長出茭白來了。生活在山峽水草之中的這等環境，一般人爲之憔悴柴立，整天發愁，聖人卻能不失其所以自樂。」

聖人之所以不失其樂，主要在其心有所定，不隨外界環境而轉變。所以，〈原道〉篇又說：「所謂樂，並不是處京台、章華，游雲夢、沙丘，耳聽九韶、六瑩之樂，口嘗煎熬芬芳之味，馳騁於平坦之道，釣射於瀟湘之濱。所謂樂，乃是能夠自得。自得的人，順天地之自然，而不因環境而影響其心，則喬木之下，空穴之中，可以適其情性。不能自得，則以天下爲家，萬民爲臣妾，猶不足以爲樂。所以，一個人苟能不因外界之樂而樂，便能無所不樂，無所不樂，方可以得到極樂。」因爲他不隨外界環境而轉變，所以他能做到「不在乎窮賤，亦不以顯達爲榮，處高而不危，持盈而不傾，而始終如一。入火不焦，入水不濡。是故不需要勢位就顯得尊貴，不需要錢財就會很富有，不需要力氣就能夠強勇」。

這樣看起來，聖人之所以高出常人者，只因他能「內修道術」之故，修道，故能保養精神，不用智巧，節制喜怒，不妄好憎，而遺棄世俗以上合於道也。

由聖人進而至於至人，則境界更高。據〈精神〉篇的說法，他除了「依飯量而食，依身材而衣，遺棄萬物，不貪天下」，與聖人相同之外，又能「處太虛之中，遊無極之野，上登皇天，而往來於天地之中」。其所以至於此極者，由於他能「輕天下，細萬物，齊死生，同變化」，因爲「以天下爲輕而不貪，則精神無所繫累，以萬物爲小而不欲，則心無所迷惑，以死生爲齊一，則不貪生畏死，知種種變化皆是眼前幻景，則不致眼花撩亂」。所以「至人得其真我，無往而不通，無爲而不成，不貪生，不畏死，順天命之自然，種種禍福利害，皆不足以掛心。他抱道守真，因自然之變化，遊於太清，輕舉獨行，而與自然合爲一體」。他若爲萬民主而治天下，則「有聰明而不用，更不用智巧，一依於道，無所表現。只是與民同秉公道而行」（〈原道〉），「心神合一，形性和調，靜而合德，動而合理，隨自然之性，而順自然之變化，無爲而天下自和，無欲而萬民自樸，無鬼神禍福之事，百姓皆得享其天年，不怒不爭，自得其養。兼包海內，澤及後世。蒙其澤者不知澤何自來，所以生無美名，死無美謚，人不見其功，亦不稱其名。他順其自然的施其惠，民不知不覺的受其德，其德甚大而視之若無有。」所以，他與人相處，能做到「使貧者忘其貧，王公忘其富貴，勇者衰其氣，貧者消其欲。他一言不發，能使感到空虛的人，見了他就覺得充實，能使人接近他就自然感到和適」。

拿聖人跟至人比較起來，似乎聖人還有勉而行之的痕跡，至人則可達於安而行之的境界。他不唯自身一切順乎自然，甚至可以自然影響及於他人。

最後，便是真人的境界了。

〈詮言〉篇說：「太初之時，人生於無，成形於有，有形則爲物所制。能反於無，好像未有形的樣子，謂之真人。真人，是與太初無形合而爲一的人。」這話說得太過抽象，不夠明晰。在〈本經〉篇和〈精神〉篇裏，則各有一段話，說得比較具體。

〈本經〉篇說：「神明藏於無形，精氣返於至真，精通於目則看得明，通於耳則聽得清，通於口則言語得當，通於心則思慮暢通。但卻要做到目雖明而不視，耳雖聰而不聽。心空明而無所思慮，感官的智能一切不用，冥合於性命之情，而不生智巧。所以能停止感官的作用，則可終身無患，百骸無病，不死不生，不虛不盈，是謂真人。」

〈精神〉篇說：「真人，是性合於道的。以其性合於道，故有而若無，實而若虛，守著道而不知其他，內守精神而外無好憎，明白素淨，無爲而歸於純樸，體道而保其精神，自由自在的遊於天地之間，出乎塵俗之外，而自在逍遙。胸襟廣大，心無知巧。所以，即使像生死那樣的大問題，他也不放在心上，即使天地崩墜毀滅，他也毫不在意。他保有真我，不受萬物的影響，洞見萬事的變化，而能守其宗本。像這樣的人，忘記了肝膽，遺棄了耳目，心志專守於內，而與道相通相合。他停下來不知自己要做什麼，走起來不知自己要往何處，不識不知的走開，又無緣無故的回來了。形體若槁木，心有若死灰，五臟遺忘了，形骸拋棄了，不用學就會，不用看就能見，不用做就能成功，不用想就能明白。爲外物所感才去應付，爲環境所迫才有行動，一切順其自然的去做，就像光之照耀，又如影之效形，依道而行，不妄作爲。守著清明的本性而無所變，故外物不能擾亂他，空寂虛無，清靜而無思慮。如此人者，大澤焚燒他不覺得熱，河漢之水凍結成冰他不覺得冷，大雷震得山崩他不吃驚，大風吹得日色無光也傷害不了他。他把珍寶珠玉看得像碎石，把帝王富貴看得像路人，把毛嬙西施看得像求雨的土偶。他把死生看成自然的變化，把萬物看作同類而無別。他的精神冥合於天地之本始，而遨遊於無形之中。精神不勞，與道相合，而卓立於至清之境。是故睡覺不做夢，醒來無思慮，魂魄各守其宅。無形兆，無痕跡，使人無由窺其端緒。他酣眠於長夜之中，而世間萬物無所不見，休息在無形之地，而天地之大無所不到。平居而無形容可見，安處而無處所可指，動作時無形跡可尋，靜止時無形體可見。雖存而若亡，雖生而如死，往來自在，無有阻礙，且能役使鬼神。他能進入不可見不可知之地，隨時變化其形像，變來變去，無人能懂得箇中的道理。這是他的精神能上至於道啊！」

以上兩段話，尤其是後面的一段，表面上說得很玄妙，似不食人間煙火者。各位千萬不要執著字面，膠柱鼓瑟；必須透過文字一層迷霧，去體會作者的本心。〈俶真〉篇說：「有真人然後有真知」，真人具有真知，故能了然於事物之變化，即使生死之大，天地覆墜，亦不過一種自然變化，何必大驚小怪，其餘更無庸深論矣。他既得道，順自然而行，所以五臟百骸，皆不必特加役使，乃至形不妄動，心不妄用，而如枯木，如死灰矣。他既與道合一，道不可見，故他的動作形體亦不可見。他內在的修養到家，則寒暑風雷的小小變化，又算得了什麼！「心靜自然涼」，便是此理。至於最後幾句，變化形像，役使鬼神，往來無有阻礙等等，不過說道是變化無方的，是無所不能的，是無所不在的，則真人得道，自然也可以變化無方，無所不能，無所不在而已。明乎此，再來看〈俶真〉篇說真人的一段話：「真人動於至虛，遊於無形，騎著飛廉（獸名），後面跟著敦圄（仙人名），馳騁於世界之外，休息於宇宙之內，明照十日，役使風雨，雷公、夸父（仙人名），皆伏首聽命，宓妃、織女，皆爲其妻妾」，也就不難懂了。

明白了這層意思，就可以知道，《淮南子》二十一篇之中，所談的只是人生修養，絕對不牽涉到神仙思想。儘管劉安本人好神仙，招致方術之士數千人，並且他所作的《淮南》中篇，專言神仙黃白之術，民間又傳說他得道升天。但據《漢書．藝文志》可以知道，今本《淮南子》二十一篇，屬於內篇，內篇專論道；另有外篇三十三篇，是雜說。今外篇既亡，所謂雜說，到底說些什麼，固不得而知，但必與內篇有異。中篇當然也就與內、外篇不同。正像葛洪的《抱朴子》，內篇專言神仙，而外篇純言爲政、爲學、處世、修身之道，絕不雜一句神仙家言。知古人著書，篇分內外，則內容自殊。《淮南》內篇所論者，老子、莊子無爲之大道，必知乎此，方可以讀淮南之書也。

也許有人會問，〈精神〉篇說過：「五色亂目，使目不明；五聲亂耳，使耳不聰；五味亂口，使口受傷；取捨亂心，使性飛揚不安；此四者，乃一般人所用以養生的，卻實在都是人之累。所以說：嗜欲使人之氣散失，好憎使人之心憂勞，不趕快加以排除，就會志氣日漸損耗。人何以不能終其天年而中道夭折呢？正因爲他太過重視養生。只有不把生命當回事的人，才能長得其生」，既云「長得其生」，不是長生不死嗎？答案是：否！長得其生者，終其天年是也。換句話說，就是不中道夭折的意思（〈精神〉篇末二句的原文是「夫惟能無以生爲者，則所以脩得生也」，脩者，長也。劉安之父名長，故《淮南》書中，凡長字皆寫作脩。「脩得生」三字，清儒俞樾改爲「得脩生」，謂「得脩生者，得長生也」。俞先生的腦中，先有一個神仙家長生的觀念，以致改得如此離奇，他對《淮南子》的修養之道，完全沒有懂）。識淺者爲求多活幾年，講營養，天天大魚大肉的吃，結果脂肪過多，血管硬化，反足促其壽命。此是太過重視養生之故。能不把生命當回事，一切順乎自然，不惜生，亦不摧殘，自然能終其天年了。終其天年，也就是《莊子．養生主》說的「盡年」，也就是《呂氏春秋．盡數》說的「精神安於形體之中，則年壽可長。所謂年壽長，不是說壽本短而加上幾歲，是說活到應有的年歲」。

也許還有人會問，〈精神〉篇說的，「使耳目精明，自然看得清，聽得明，不要受外物的引誘，氣志虛靜恬愉，不要有嗜欲，五臟安寧強健有力，精神守於形骸之內，不要使它散失，則前知過去，後見未來，也算不上難事，何況禍福問題呢」，是不是說的未卜先知的仙人呢？答案還是否定的。「前知過去，後見將來」，不過說心智清明，則可以見事明白，觀其始而知其終罷了，那有什麼未卜先知！孔子說：「殷因於夏禮，所損益，可知也；周因於殷禮，所損益，可知也；其或繼周者，雖百世，可知也」，難道也是未卜先知麼！

自戰國晚期以來，流行著一種吐納導引的修鍊法，近年長沙漢墓出土的文物中，就有這麼一套圖解。《淮南．精神》說：「至於深呼吸，吐出腹中穢氣，吸入外間清氣，做出像熊吊在樹上，鳥伸長脖子，鴨子游泳，猴子跳踉，鴟鴞、老虎身不動而扭脖子向後，那是養形者之所爲，真人連想也不去想它」，根據〈齊俗〉篇，世俗傳說的神仙王喬、赤松子，就是從事這種吐納導引的。可知所謂神仙，在《淮南子》的書中，根本上是被排斥的。《淮南子》所說的修養，是修養內在的功夫，以求合於道。其所講的種種境界皆順吾人無爲之自然，即可以不知不覺的達到。至若做出種種稀奇古怪的動作，把肚子一口氣憋得鼓鼓的，本不合人生之自然，自然須在排斥之列。他連人人豔稱的王喬、赤松子等都要排斥，則其不講神仙之道，又是不問可知的了。

劉安之人生觀，大體如此。

最後，還有一點也值得說明一下，那就是他對學問的看法。本來，早期的道家，像老子，是反對學問的。因爲人一旦有了學問，就會動腦筋，出花樣，而離淳樸的道越遠，所以老子說：「絕學無憂」，說：「絕聖棄智，民利百倍」。大約老子的時代，是一個天下紛爭的局面（此指今傳《老子》一書而言。是否爲孔子所見之老子，是另一問題），七雄割據，民不聊生，推原厥故，都是由於人的知識愈豐富，則欲望愈大，欲壑難填，則對內只有上下交爭利，對外唯有爭地以戰，殺人盈野，爭城以戰，殺人盈城。而民之生苦矣。苟能使人人不知不識，樸重端愨，這等問題便自然得以解決。所以老子反對學。但劉安生在一個大一統的時代，其思想雖以道家爲主，卻又融合了諸子百家的學說，自然受前此諸子的影響。同時他承認世界的變，提倡順其自然的去適應這個變，世界既已變得文明，文化越來越高，人類的知識一天天普及。若猶主張重返太古之世，再過那自然的生活，那是開倒車的辦法，事實上不可能的。不但不可能，且與其順其自然的理論相衝突。所以他倒很重視學問。這比老子的思想是進步得多了。

劉安不是主張無爲嗎？既要無爲，還要學個什麼？不然，大不然。無爲是一個極高的境界，說來容易，做起來可並不容易。正如我上面說過的，柔弱，並不是扶不起來的，反倒是要先做到真力內充，然後才談得到真柔弱。虛無，也不是空無所有，必須是先累積至於盈滿，才能回到真虛無。無爲亦復如此，無爲不是大白天依枕高臥，諸事不問，而是要做到無不爲。同時這個無不爲，是順其自然的，是要把握住時機的。這就不簡單了，這就不是笨瓜白癡可以插手的了。所以，要無爲，得去學才會，而且還不是一學就會，而是要長久的學才能會的。

學有何等的益處呢？〈脩務〉篇中曾有比喻說：「純鈞、魚腸（皆寶劍名）剛從模型中取出時，砍東西也砍不斷，刺物件也刺不進去；等用磨刀石把鋒刃磨得鋒利了，那就可以水中斷大舟，陸地貫犀甲。銅鏡剛打模子中取出時，模模糊糊，照不見面孔；迨到經過玄錫、白旃打磨過，則能連人的鬢眉毫毛都照出來。可見後天的功夫之重要了。學，就等於人的磨石刀和玄錫、白旃。」同篇又說學不可以已的道理云：「一個人生於僻陋之地，無父母兄弟的教導，從沒見過禮節，也沒聽過聖賢之道，一生住在小屋子裏，沒出過大門，這種人即使天性不笨，其所能知道的也有限。古代蒼頡作書，容成造曆，胡曹爲衣（容成、胡曹，皆黃帝臣），后稷耕稼，儀狄作酒，奚仲爲車（儀狄、奚仲皆夏代人），這六個人，皆有神明之道，聖明之智，還只能一人做一樣，留傳後世。假使要他們六位交換了來做，也許又做不出來了。但六人各發明一樣，加起來就很夠用。人的智慧有限，而萬事萬物又至眾，後代的人未必有六子之才，可是六子所發明的六樣東西，人人會用，這就是學的功用。可見學是不可以已的了。」所以人不可以偷懶，必須時時的學，肯學，則天下沒有辦不到的事。「比如舞蹈者，應樂曲而起舞，身體旋轉，婀娜動人，一似香草之被風，秀髮若旌旗之時曲時舒，舞步之疾，若沒若滅。表演樹上功夫者，在樹枝上翻來翻去，好似白猿縱躍，又似虬龍夭矯，動作繁複，花樣翻新。參觀的人看了，都會爲他們捏一把冷汗，而那表演者卻一段演完，徐行微笑，面不改色，氣不虛喘。」要知他們並非天生便有那等的好身手，其所以能致此極者，完全是多年的工夫練出來的。學的作用，可以使不能者變爲能，使不會者變爲會，所以，學是可以改變天性的。不信，你看：「馬在幼小時，跳跳蹦蹦的，翹起尾巴而奔馳，來得個快，誰也管不了牠。發起脾氣來，一口能把人的肉咬下一大塊來，連骨頭也給你咬碎，舉起蹄子來一踢，能把人的頭踢得開花，胸膛給踢個大洞。有朝一日，經圉人、良御的一番訓練，頸項上給牠套上衡軛，連上轡銜，那就會乖乖的聽話，即使命牠走險地，過深溝，牠也不敢違抗了。」連馬都可以訓練，何況人乎！人當然更要給予後天的教導了。

學不但可以變不能爲能，變不會爲會，更進一步，還可以變化氣質。〈脩務〉篇又說：「毛嬙、西施，是天下的美人，假使讓她口銜腐鼠，面蒙蝟皮，身穿豹裘，腰纏死蛇，就連窮人見了，也會掩鼻而過之。若是讓她打扮打扮，身施香澤，描畫蛾眉，面上粉白黛黑，髮上插笄，耳上墜珥，穿上曳地長裙，腰佩玉環，款步而行，再佩帶上香草，芳香襲人，雙瞳剪水，脈脈含情，巧笑倩兮，美目盼兮，櫻桃小口，微微一笑，腮上梨渦兒，口中糯米小牙兒，那個美呀，就甭提了。就讓那人品端方、道貌岸然的王公大人遇上了，也沒個不心窩兒裏癢癢的了。」

以上這些理論，都是從《荀子》來的。《荀子》開宗明義第一篇便是〈勸學〉，荀子主張服習積貫，重視日積月累的功夫，又以爲「君子之學也以美其身」，美其身，即變化氣質之謂。荀子的這些思想，在《淮南子》的〈脩務〉篇裏，可謂發揮得淋漓盡致了。

《淮南子》的〈要略〉篇，是其書的自序。在這一篇裏，有全書二十篇（〈要略〉一篇爲自序，不算在內）的敘錄，其〈脩務〉一篇云：「一般人對於道，了解得不夠深，讀了我的書，可能誤會人生當以清靜爲常，恬淡爲本，那就會懈惰而不學，縱欲而適情，苟且自適，將永遠無法得道。聖人無憂，瘋子也無憂。但聖人的無憂，是以深厚的修養得來的，瘋子的無憂，卻是不知禍福所致。所以得道者的無爲，與不知道者的無爲，其無爲雖同，其所以無爲則異。」這話說得很清楚，無爲是人生的目標，但無爲有兩種，不可混爲一談。一般人的無爲，是不知道者的無爲，去道絕遠。劉安所說的無爲，是得道者的無爲。由不知道者的無爲，必須經過不斷的學習，最後才能幾於得道者的無爲。所以在他的書中，特別闢一專篇，來詳論學的功夫之重要。只要真積力久，沒有不能達到真無爲境地的。

不過，話又說回來，學雖能令不能者變爲能，不會者變爲會，這是就一般人而言的。像孔子的天縱之聖，生而知之，不學亦可。還有一種白癡，天生智商太低的，學也沒有用。那又另當別論了。所以〈脩務〉篇說：「堯、舜、文王，身正性善，發憤而成仁，慷慨而爲義，不待學而合於道。丹朱、商均，沈湎耽荒，不可教以道，不可喻以德，嚴父不能正，賢師不能化。西施、陽文，曼頰皓齒，膚嫩骨美，不待脂粉芳澤，天生就令人愛。嫫母、仳倠，醜陋難看，駝背彎腰，再加化粧，也美不了。這些是無法改變的。上不及堯、舜，下不似商均，美不及西施，醜不至嫫母，這些才是教育的對象。」此處把人性分爲三等，也是就其天性之自然而分的。上智不必教，下愚不可教，中人可以上，可以下，教之則上躋於聖賢，不教則日趨於下流。這與孔子說的「唯上智與下愚不移」是一致的。下愚本不可教，順其自然可也；倘使硬要以人易天，則違反自然的法則，是沒有用的。對中材施以教育，猶之容貌平平的女子，經高明的美容師一替她化粧，也可以看似天仙化人。年輕的女明星，未必個個都美，但出現在螢光幕上，差不多人人好看，便是此理。

4 政治觀

《淮南》書中，每對古代史有所敘述，如〈覽冥〉篇云：「昔者黃帝治天下，力牧、太山稽輔之，以調日月之行，治陰陽之氣，節四時之度，正律曆之數，別男女，分雌雄，明上下之分，列貴賤之等級，使強不得欺弱，衆不得暴寡，人民皆安其性命而不夭折，年成好而無災害，百官正而無私，君臣和而無怨尤，法令明而不暗，卿士公正而不阿私，農夫彼此以田的邊界相讓，漁父把水曲深處讓給別人去捕魚，路不拾遺，物價公道，城郭不關閉，治安良好，人人生活富裕，連豬狗也不爲食物忿爭。於是日月明照，星辰不失其行，風雨以時，五穀豐登，虎狼不亂吃人，鷙鳥不亂害人，鳳凰來翔於庭，麒麟遊於郊野，青龍爲之拉車，飛黃（神馬）伏櫪而食，四夷之國皆來納貢。但還趕不上伏羲之道。

「往古之時，四極傾塌，九州分裂，天不兼覆，地不周載，大火延燒而不滅，大水浩蕩而不止，猛獸食人，鷙鳥害人。於是女媧煉五色之石以補蒼天，斬斷鼇足以拄撐四極，殺黑龍使不得爲水災而天下安，積聚蘆葦之灰來阻止大水。蒼天的缺口補起來了，四極穩定了，大水乾了，天下安定了，猛獸死了，百姓得以生存了。人皆平躺在地上，面向著天，頭依方枕，直身而臥。百穀春暖而生，夏熱而長，秋收而冬藏。陰陽之氣壅滯不通者，加以調理，逆氣傷害百姓積財者，加以阻絕。當此之時，人民睡下時什麼也不想，醒來時也不用腦筋，一會以爲自己是馬，一會又以爲自己是牛，走起路來慢騰騰的，看東西時兩隻眼睛瞪得大大的，人人得其天性之和，而不知自己從何而來，求無不得，往無不遂。當此之時，禽獸蟲蛇都沒有害人之心。伏羲之功，大得上至九天，下至黃泉，名聲延及後世，光輝照耀萬物，乘著雲雷之車，以應龍和青虬來駕車，種種祥瑞之物皆來奔湊於車之前後，他則坐在車中席蓐上，黃雲籠罩著他的車子，白螭前導，騰蛇後從，自由自在的，率領著眾多鬼神，登於九天之上，而朝上帝於靈門，寧靜和穆的與道冥合爲一。然而他卻不張揚自己的功業，也不宣揚自己的名聲，隱藏其道，而止是順天地之自然而行。他何以能如此呢？因爲他的道德上通於天，而胸無智巧啊！

「到了夏桀的時候，天子昏暗，不修大道，不用五帝的賞罰之道，破壞三王的法令之書，所以至德蕩然無存，帝王之道破壞無餘。其所作所爲皆違反天意，發號施令皆不順四時之序，因此時節紊亂，百物不生。此時君主處在上位而不得安寧，大夫不肯直言正諫，羣臣揣摩君主之心，以求合乎君主之意，疏遠自己的骨肉，以自求容納於君，姦邪之人，互相結黨而爲惡，在君臣父子之間而爭求表現，順著君主的心而加意奉承，使君主日益驕慢，弄得一切失去法度，而混水摸魚。所以君臣不親，骨肉疏遠，做爲社（土地）神的樹都乾枯得裂了口子，靈臺振動而倒塌，狗成羣的狂叫著跳進水中，豬口銜著草而跑進人住的屋子裏，美人蓬首垢面，不敢打扮，吞下炭去，使自己失音而不歌，喪事不盡其哀，畋獵也得不到快樂，西王母折斷所戴的首飾，黃帝之神嘯吟而長嘆。他整天打獵，飛鳥都斷了翅膀，走獸都打斷了腿。濫伐山林，山上連棵大樹都沒有了，澤中也乾得沒了水。狐狸躲進窟穴中，馬牛跑得無影無蹤，田中的禾苗沒有一株能長起來的，路邊的草都被踐踏得死光了。用的次數繁多，金都磨得沒了稜角，璧都磨得沒了贏文，天天占卜，龜腹都被剝光了。

「晚世之時，戰國七雄，皆不同族，法令互異，習俗各殊，縱橫家奔走諸侯之間，離間挑撥，使彼此用兵相爭鬥，攻城略地，濫殺不止，使強者變爲弱，安者變爲危。掘人墳墓，使枯骨暴露於外。攻者製造大的陷陣車，守者則深溝高壘，開闢戰場，攻強敵而殺不義，壯士戰死，百人之中也許只有一個得生還的，如此慘烈的戰爭，苟以樹立國家的名聲而已。是故年富力壯，身手矯健的當兵，出征於千里之外，家中的老弱終日憂悲。補給部隊推著車子運送糧餉，路太遠了，碰上霜雪，身上的短布袍子又破又爛，人是累得瘦弱不堪，車子也顛簸得處處破損，地上的爛泥高到膝蓋，實在走不動了，彼此我牽著你，你拉著我，勉強的打起精神來趕路，最後，疲累極了，不聲不響的倒在輓車的橫木上就死去了。」

在其他篇中，類此者尚不少，其中亦不無彼此牴牾不合者。這是因爲《淮南子》這部書是一部雜家之書，由劉安擬定大綱，命門客分頭搜集材料，分別撰寫，最後再由他潤色而成。所有的古代史，由於年代悠遠，流傳既久，慢慢的會走了樣，同一件事，就可能分化成幾種不同的説法，其中的人物，甲也可能變成了乙。後世的學者，根據個人之所聞，而筆之於書，因之，此家之書，與彼家之書，所記載的當然就會有矛盾。《淮南子》的材料，是從若干先秦漢初的書中分別擷取得來的，所以此篇與彼篇之間，便有了不同的説法。這些不同的説法，斷不是出於劉安等人的僞造。假若要僞造古代史，再笨的人，也不致不厭其煩的同時造出好幾套來，以自露馬腳。至於先秦漢初的那些書，其中所述的古代史，也不會是有意的僞造；大致應當是口耳相傳之物。這種道理，只要稍具神話學基本知識的人，都能知道。

但不問《淮南子》諸篇中的古代史，其中的人或事有多少的差異，它卻有一個中心，是永遠不變的，那就是，越古老的時代越好，越是到後代，便依次的越來越差。道家所理想的世界，本是小國寡民，雞狗之聲相聞，民至老死不相往來的世界。時代越後，民智越開化，則純樸的成分便相對的遞減。所以道家嚮往太古無爲的世界，他們的政治理想，自然便把無爲懸爲最高的標準了。這一點，與他們的宇宙觀和人生觀，都是一致的。

〈詮言〉篇說：「君之道，不是有爲，而是無爲。何謂無爲？智者不藉著自己的地位來行事，勇者不藉著自己的地位來行暴，仁者不藉著自己的地位來行惠，可以稱作無爲了。無爲則得道，道是萬物之本，是無敵之道。君若好智，則不順時機之自然，任意而爲，不依大道，專用智慮。然而天下之事物無限，一人之智能有限，以有限之智能，應付無限之事物，只靠個人的智慮，過錯一定層出不窮了。所以，好智是窮困之道。君若好勇，則輕敵而不從事準備工作，自負而不仰仗他人的助力。以一人之力，來應付強敵，不憑藉眾人之力，而專靠自己，一定不行。所以，好勇是危險的。君若好賞賜，便沒有一定限度，國君沒有限度，臣下的欲望便沒有止境。要是靠多收賦稅來充實府庫，則與民爲仇，少收賦稅而多賞賜，又萬無此理。所以，好賞賜是招怨之道。仁、智、勇，都是美的才性，卻不可以治天下，由此觀之，賢能是沒用的，還是應當順道而行才是。」

〈主術〉篇是專講爲君理民之術的一篇大文章，此文開宗明義便說明人主無爲之道：「人主之道，處無爲之事，而行不言之教，清靜而不動，按照一定的法度去做，不可變來變去，順乎自然的任臣下去做，責成他們的實際功效，卻不自勞苦。所以爲君者，雖心知軌矩，卻要師傅諭導以正道，口能言，卻要外交官去辦交涉，足能行，卻讓相者在前領路，耳能聽，卻要執政者進諫，因此，所考慮計畫的，不會有過失，所言皆有文采，所行即爲大家的模範，進退都合於時，動靜都合於理，不因美醜而有好憎，不因賞罰而有喜怒，一切不加干涉，皆順其自然，而不自參預。所以古代的王者，冠前垂旒，用以擋住視線，黈纊塞耳，用以阻塞聽覺，天子門外有屏，用以隔絕內外。」

人主不視、不聽、不言，便是無爲，〈主術〉篇又說此無爲之境界曰，「爲君之道，就像祭時的尸，其貌儼然的處於祭案之後，一句話也不說，而受人的祭禱」，尸，是祭時扮成受祭之人，他是不能開口的。此意在〈詮言〉篇中說得更明白：「爲君者如尸，百官則如祝、宰。尸雖會做菜，卻不做；不會做，也沒關係。排列祭品的列次先後，尸即使懂，也不去教祝，不懂，也不要緊。不懂祭品的列次先後，便不夠資格當祝，但不影響他當尸。不會駕車的不可以充當僕御，卻可以任車左（古時戰車，一車三人，主將居左，僕御居中，戰士居右）。所以地位越高的，事情越少，越安佚。」宰是廚子，祝是負責端祭品的。爲官者各有職司，爲君者但當垂拱無爲，即使你比百官都能幹，卻不該替他們去辦事。

〈主術〉篇說：「爲君者不守君之道，而插手臣下之事，則有司爲官而不辦事，百官投君之好而討好於君，如此，人臣就會不花腦筋，反把應做的工作轉嫁到君主的頭上了。」可知爲君者是不當與臣下爭事的。

為君者雖不當有為，但這不是說，任找一個白癡也能擔任國君。吾人在人生觀一節中，曾一再的說過，得道者乃可以無為。因之，所謂無為，乃是得道的無為，因為道是無為的。〈原道〉篇曾舉舜為例，說明無為而民自化的事：「舜耕於歷山，一年，農夫皆爭處窮瘠之地，而將肥沃之田讓人。釣於河濱，一年，漁父皆爭處湍瀨，把委曲深水多魚之處讓給別人。此時，他不說一句話，雙手也不做一個手勢，只是心懷自然之德，就能教化之速如神。若舜無自然之德，即使挨家挨戶的去教人家要如何如何，也感化不了一個人。」〈主術〉篇也有說神農的一段：「神農治天下時，不用精神，不用心智，懷著仁誠之心，而甘雨時降，五穀蕃植。不用威，不用刑，法令簡約，其化如神，南至交趾，北至幽都，東至暘谷，西至三危，莫不聽從。當此之時，法網寬大，刑罰省約，監獄裏空無一人，天下的風俗如一，沒有一人懷有姦邪之心。」

本來，立天子，建諸侯，置百官，其目的在於治民養民。也就是說，設政府，並不是為管束老百姓，而是為老百姓服務，使老百姓得以安居樂業的。此意在〈脩務〉篇中曾有精闢的說明：「古之所以立帝王，不是為奉養其欲，聖人踐帝王之位，也不是為的逸樂其身。為的是天下強陵弱，眾暴寡，詐者欺負老實人，勇者欺負膽小的，有人懷有智能而不肯教人，積聚財貨而不肯分人，所以才立天子來使之齊同。天子一人，其聰明無法遍照海內，所以才立三公九卿來輔佐他。偏遠之處的百姓，受不到天子的德澤，所以才立諸侯來教誨他們。」既是如此，則為君者自當懷有利民之心。而且，此利民之心，是沒有條件的，只是出於性之不能已，如慈父之愛其子一樣。苟有此利民之心，則百姓自然受其感化。〈繆稱〉篇說：「舜不降席而天下治，桀不下堂而天下亂，可知情的作用，是比大聲叫呼還要來得大。君無愛民之情，而求民之愛己，從古到今，都沒聽説過。同樣是講話，可是有人講話即能取得別人的相信，有人便不能，能取得別人相信的，那是由於他的誠信，在還未説此話時，已得別人的相信了。同樣是發令，能使民遵行的，是他有精誠在令之外。聖人在上，民受其化而遷善，是因他先有愛民之情。君動於上，而民不應於下，那是令與情相違的緣故。比如三個月大的嬰兒，還不懂事，然而慈母對他的愛，他卻能體會，這就是情的作用。所以言語的效用很小，不言之用真是大呀！」

「不言之用」，也就是無爲的作用。唯無爲乃能無不爲，無不成。〈主術〉篇曾舉蘧伯玉治衛事，説明無爲之作用。蘧伯玉爲衛相，子貢問他：「如何治國？」他回答説：「以不治來治國。」趙簡子欲伐衛。先派史黯去觀察一下衛國的情形。史黯回來報告説：「蘧伯玉爲相，其人賢，不可以加兵。」〈泰族〉篇更有幾句話，説明理想的無爲爲政所達到的境界，真是高極了：「聖王在上，無形無聲，其官府以無事可辦，朝廷似空無一人，天下無隱士，無逸民，無勞役，無寃刑。四海之內，人人尊仰君德，隨順君意，夷狄之國，則重譯而至。並非挨家挨戶的去向人勸説，只是推其誠心，施於天下而已。」

不過，話説回來，所謂無爲，到底只是一種抽象的境界。太古之世，其民樸重端愨，但知「日出而作，日入而息，鑿井而飲，耕田而食」，其時而垂拱無爲，以誠心施化，也許還可以。以西漢之大帝國，人口之眾，幅員之廣，百業蠭起，都市繁榮，而又邊境多故，事務之複雜，可想而知，若謂只要做皇帝的無爲，便能夠天下大治，恐怕是沒有的事。總得要有套具體的辦法，才能無爲而無不爲。劉安的具體辦法，便是用法。

法，在制定的時候，必須順乎民心，否則必行不通。法，在制定之後，必須上下同守，否則有法等如無法。

〈主術〉篇云：「法是根據義而定出來的，而義又是出於眾人之適合，眾人皆適合就合於人心了，這便是治之本」，又云：「法，是天下之度量，人主之準繩。法定之後，合乎規定者便賞，不合規定的便罰。並不因其尊貴而罰得輕，也不因其卑賤就罰得重。犯法的人，即使是賢者也一定要罰，合法的人，即使其人不肖也不加罪，如此，便公正而無私邪了。古之設立司法之官，爲的是禁民使不敢放恣，立君，爲的是制司法之官使不敢專行，而法籍禮義呢，則是用來禁君使不得擅斷的。人人不敢放恣，則道行，道行就合理了，如此便能無爲。無爲，不是說止而不動，是說一切都不出於己心之有意作爲。」

孔子說過：「君子之德風，小人之德草。草，上之風，必偃」（《論語．顏淵》）。君子而欲化民成俗，必先從自己做起，自然上行下效。不然，儘管你三令五申，結果也是民免而無恥。故〈主術〉篇說：「百姓所遵守的，在上位者亦必遵守，禁止百姓做的，自己也不可做。國之所以亡，並非無君，而是無法。變亂了法，不是無法，有法而不用，等於無法。所以人主在立法時，先以自身爲度，才能令行於天下。孔子說：『其身正，不令而行；其身不正，雖令不從。』可知君不自犯法，就能令行於民了」，又說：「民之化上，不從其所言，而從其所行。」

早期的道家，原是反對法的，因爲天地之間，自有一種自然之理，老子便說過：「天之道，損有餘而補不足」，為善則有福，「天道無親，常與善人」（與，是助的意思），為惡則難逃自然的制裁，「天網恢恢，疏而不失」，所以根本用不著人為的法令。有了法令，則有人利用法令，或鑽法令的漏洞，「法令滋彰，盜賊多有」。所以法是應加排斥的。又因戰國以還，兵連禍結，而人主封君又復貪求無厭，上下交征利，幾於率獸而食人。所以老子說：「民之飢，由於稅斂太重，民之難治，由於在上位者之有為，民之不畏死，由於他要求生活命。」假如人人安居樂業，生活富足，就不會再有人甘冒殺頭的危險而犯法了，《淮南子》曾在〈齊俗〉篇中，對此有詳細的說明：「民有餘即讓，不足則爭，讓則生禮義，爭則生暴亂。譬如敲門向人家討點水，無人會不給，因為水是家家都很多的。林中不賣薪、湖上不賣魚，因為那裏太多了。所以東西多了，欲望就少，所求能滿足，就不會爭。秦朝的時候，有人生下兒子就殺掉，因為無錢養育他，如今我們大漢，單身漢都把孤兒領回家來養，因為人人有多餘的錢啊。可知天下太平，小人也會守正道，不為利誘，天下大亂，君子也會變得姦邪，法令是禁不了的。」因之，對於法，劉安並不反對，他的理想，是訂出一套大家都可以共遵共行的法，來做為行為的規範，則人主可以深居無為，而天下艾安矣。所以，老子是慨於人主之不守法，故反對法，劉安是希望有法大家守，故贊成有法。兩人的用意，實際並無不同。

但劉安的思想，究竟是以道家為中心，他之所以贊成有法，並不是認為有了法，就一切沒有問題，對於孟子「徒法不足以自行」的道理，他是了解的，所以，在〈泰族〉篇裏，他說：「商鞅為秦立相坐之法，而百姓怨」，商鞅之立法，乃天下之善者，「然商鞅之法使秦亡國，因爲他不知治亂之本。」試看：「舜爲天子，彈五弦之聲，歌〈南風〉之詩，而天下治。周公食珍肴而設鐘鼓，而四夷服。秦始皇白書決獄，夜理文書，然姦邪萌生，盜賊遍天下」，所以，「有道，法雖少，可以化天下；無道，法雖多，還是會天下大亂」，可知，「法，不過是治國的工具，並不是有法就可以治國」。然則什麼是治亂之本呢？還是那句老話，人主得道無爲，以己之德化民，「則民性可善，而風俗可美」，「若不修其風俗，卻引導百姓趨於淫邪，然後隨之以刑，繩之以法，不管如何的殘殺，也禁止不了百姓的爲非作歹。」可知劉安之贊成有法，不過認爲法是達到無爲的一種工具，基本上，他的政治主張，還是離不開無爲的。

孟子說的「徒法不足以自行」，是說法須人去推動，否則，人存政舉，人亡政息，有法仍如無法。前面我們引用〈脩務〉篇的話：「天子一人，其聰明無法遍照海內」，所以要立百官以爲股肱，〈泰族〉篇也說：「舉天下之高才以爲三公，一國之高才以爲九卿，一縣之高才以爲二十七大夫，一鄉之高才以爲八十一元士」，也是說要任賢舉能，以授之官。因爲人主既應無爲，則自然深居宮門之內，民間疾苦，從何能知，唯有以衆人之耳目爲耳目，才能周知天下的情狀，所以〈主術〉篇說：「人主深居隱處，以避燥溼，閨門重關，以備姦賊，內不知閭里之情，外不知山澤之形，然而天下的事物無不知者，是靠衆人的力量。所以用衆人之智，則保有天下甚易，專用一人之心，連保有自身也很難。」

〈主術〉篇對於此意，曾翻來覆去的說：「湯、武是聖主，但若乘小舟而浮江湖，則不及越人，伊尹是賢相，騎馬的本領，卻不及胡人，孔子、墨翟博學而無所不通，說到入森林出險阻的能耐，可趕不上山居之人。由此觀之，人的才智很有限，欲治天下，不循道而行，而專靠一己之能，是行不通的，所以才智是不足以治天下的。桀的力氣很大，能把獸角折斷，把鈎子拉直，把兩條鐵棍絞在一起，把大旗搬來移去，水中能殺黿鼉，陸上能搏熊羆。但湯以兵車三百乘，就把他困於鳴條，擒於焦門。由此觀之，勇力是守不住天下的。才智既不能治天下，勇力也不能使自己比人家強，可知人的材能是不夠用的。而人君不下廟堂之上，就能知四海之外，由於他因此物以識彼物，因此人以知他人也。所以積眾人之力，沒有做不到的事，合眾人之智，沒有成不了的功。舉重鼎，力氣小便舉不起來，可是若要搬動他，卻用不著大力士。」此段發揮用眾智眾力的效果，可謂淋漓盡致。所以人君只要能善用人力，自己便可清虛無為。

但明主之用人，最要緊的是因材任使，〈主術〉篇說：「賢主之用人，就像巧的木匠之用木，大的做成舟、柱、屋梁，小的做成小梁，長的做屋簷、屋椽，短的做朱儒、欂櫨，無論小的大的長的短的，都能夠有最合適的用途。天下之物，沒有比烏頭更毒的了，然而良醫儲備起來，有時使用得著。連草木之材都各有所用，何況人呢？有的人，朝廷不用他，鄉里不稱讚他，並非其人不肖，是給他的職位不合適。鹿上山時，連獐子都追不上牠，等牠下山時，牧豎都能趕上牠，因為才有長短之故也。所以有大才略的人，不要責成他的小表現，有小才智的人，不可要他擔當大事，就如同狸不能捉牛，虎不能捉老鼠是一樣的」，又說：「聾子，可以讓他椎打弓弦（弦須先經椎打使軟，才能纏弓），但無法讓他聽見；啞子可以讓他守門，卻無法讓他說話。」如此，只要給他的工作，是他可以勝任的，便做起來輕而易舉了。〈齊俗〉篇更舉出歷史上的實證，來說明用人得宜的功效：「堯治天下，以舜爲司徒，契爲司馬，禹爲司空，后稷爲農官，奚仲爲工，他們來導萬民之道，是讓住水邊的人打魚，住山上的採樵，住谷中的放牧，住平地的耕田」，這樣，當然人人樂於聽從，而各安其業了。所以〈詮言〉篇說：「不治天下的人，必然能治天下。即如霜雪雨露，生殺萬物，並非天之所爲，但大家還是貴天。傳布法令，治官理民的，是有司，並非君之所爲，但百姓人人尊君。闢地墾草的是后稷，決江濬河的是禹，聽獄斷案的是皋陶，但居聖名的卻是堯」，〈道應〉篇也說：「堯之賢臣有九人，舜之賢臣有七人，武王之賢臣有五人，堯、舜、武王對於那九、七、五賢臣的工作，一件也不會，然而卻垂拱而受成功，是因他們善用人之能的緣故。」因此，〈詮言〉篇說：「得道以御天下者，自己雖無能，一定要使能者爲己用；如不得道，技藝雖多，也是無用的。」

人主能用人，因其材而官之，則集眾人之力，可以措天下國家於泰山之安，而君無爲也。但這裏有一個問題，各個職位都有了合適的人才了，是否人君就可以高枕而臥呢？倘使人君深居宮禁，不問朝事，萬一大臣中出個趙高，大權旁落，秦二世不是爲其所制了麼？所以，劉安早想到了這一點，那就是人君之權勢，不可不善加掌握。

劉安對於權勢，認識得很清楚，他在〈主術〉篇裏說：「權勢是人主的車子，爵祿是人臣的轡銜。人主有權勢，又掌握住爵祿的予奪大權，只要審事之緩急，對爵祿的取予有節制，就能使天下盡力而不倦」，你看，「楚靈王喜愛腰細女子，楚的女子因之減食，越王句踐好勇，其民都爭死而奮不顧身，可見權勢對於移風易俗，極爲容易。堯若是一匹夫，其仁不能化一里之人，桀在上位，就可令行禁止，可見賢能是沒用的，權勢才可以易俗」，「孔丘、墨翟修先聖之道，博通六藝，口道先聖之言，身服先聖之行，慕其義而從其風，爲之奔走者不過數十人，若他二人居天子之位，天下一定都變成儒墨了。宋人殺文無畏，楚莊王大怒，奮袂而起，遂圍宋城，權重才能如此。楚文王好戴獬廌冠，楚國人人效之，趙武靈王胡服而朝，趙國遂全國皆胡服。要是匹夫戴獬廌冠，著胡服，就不免爲人所笑了。」

人主須操權勢，本是法家中慎到一派的主張，雜家兼容並蓄，故劉安用以濟人主之無爲。可知劉安的用衆智衆力，是指的人主有權以左右羣臣，合羣臣之力以爲治，人主居權勢之要，而操爵祿之柄，故百姓化於上而不敢爲非，如此，則天下治，而人主固無爲也。有人把劉安的用衆智衆力，比傅爲近世西方的民治主義，那是不對的。民治主義是主權在民，劉安卻是要以君主的權勢來頒爵祿、行賞罰的。

道家以爲世界是隨時在變的，人應該隨時代環境而變，此意吾人在人生觀一節中，已有詳細的說明。劉安的政治觀，也主張變法。爲了不致重複，只打算很簡略的說一說。

〈氾論〉一篇，多言變法之道。如曰：「天下那有一定不變的法呢？合於世事，得於人理，順於天地，順於鬼神，就可以爲治了。古時的人純厚，工人敦實，商人樸質，女子貞正，所以政教易化，風俗易移。今世德衰而民俗澆薄，欲以樸重之法治之，好比沒有鏑銜策錣而御狂奔之馬」，又說：「殷變夏，周變殷，春秋又變周之道，三代之禮不同，從古之道，到底從那一個呢？了解法制之本，就要應時而變，不了解法制之本，即使循古而行，還是免不了要大亂。」所謂法制之本，是「治國有常道，利民爲本；政教有常道，令行爲上。

只要利於民，不必法古，只要便於事，不必循舊」，「故聖人之法，隨時而變，禮隨俗而變，衣服器械，各便其用，法度制令，各因其宜。所以變古沒有什麼不對，循俗並不一定好」。〈齊俗〉篇也說：「環境不同，做法就不同，時代不同，風俗就跟著改變。所以聖人斟酌環境而立法，順著時代而舉事。上古的聖王，封泰山禪梁父的，有七十多位，其法度皆不同，不是一定要異乎前人，實在是時代與環境都不同的關係。所以不要學那定下來的法，而要研究爲什麼要立那樣的法，爲什麼要立那樣的法，就是要隨著自然的變化而變化。」

四、結論

《淮南子》的全部哲學，可以說是以道爲中心，其宇宙觀、人生觀和政治觀，都是一以貫之的。道尚無爲，故其宇宙觀、人生觀和政治觀，都是以無爲爲主。無爲者，並非引之不來，推之不往的，而是不妄爲，不勉強而爲，一切順乎自然的去爲，故能無不爲而無不成。天道無爲，故春秋代序而四時成，萬物生。人生無爲，故因時而變，無往不遂。爲政無爲，故上下皆一遵於法，而天下治，法隨時變，故法可行。這樣完整的一套哲學體系，出現在二千一百年前，實不能不令人對先民的智慧，產生無限的敬佩。

《淮南子》雖爲雜家，但雜家是融合眾家學說而成，其中心思想是道家。道家學說，講無爲，講柔弱，表面看起來，似乎是消極的，不及儒家之積極。固然，儒家的明知其不可爲而爲，其精神值得稱道，值得效法，舍我其誰的氣概，尤足令人奮發鼓舞。但如不審時機，不明時勢，但知一味的進取，卻也每致僨事，道家順其自然的理論，恰足以補救其缺失。〈人間〉篇說的好：「人之舉事，皆先用個人的智慮去衡量過，然後才敢決定做不做。但做的結果，有人得利，有人受害，這是智與愚之所以異。自以爲智，認爲自己了解存亡之樞機，禍福之門戶，可是做的結果，陷溺於禍難中者卻不可勝數。假使能預先知道，我的做法是對的，就一定行得通，那天下就沒有行不通的路了。所以智慮乃是禍福之門戶，動靜乃是利害之樞機，百事之變化，國家之治亂，皆待之而後成。所以不陷溺於禍難的人才能成功，此事是不可以不慎重的。」吾人處今之世，其每日所發生之事何限，上而天下大事，下而一身之私，千變萬化，未有端涯，苟一不慎，或將追悔莫及。則柔弱也、無爲也，又豈可以厚非者乎！

何況所謂順其自然，實是爲政之不二法門。順民之性，則成，逆民之欲，則敗。桀、紂之失天下，湯、武之得天下，未嘗外乎此理，歷朝之治亂興衰，亦未嘗外乎此理也。同一治水也，禹之所以成功者，因水之性而爲之疏導也，鯀之所以失敗者，逆水之性欲以防堵之也。觀此，則爲政之道，思過半矣。

有人說，吾國人得意時是儒家，失意時是道家，這話不錯。也有人說，處平世當學儒家，處亂世當法道家，這話也不錯。道家的清靜柔弱，正是明哲保身的最好方法。但如處平時而又得意，進取而不忘道家無爲自然之道，也許更圓滿些。

由於前人誤解雜家之意，以爲是集眾家之學而無中心思想，故對於《淮南子》一書，或不甚留意，其影響乃不及老、莊、荀、韓之等。但其書中的典實，亦每爲後人所援引。如嫦娥奔月一事，即出於此書的〈覽冥〉篇。只是流傳既久，浸成常識，一般人反不知其出處罷了。

參考書目

《淮南王書》　胡適，臺灣商務印書館，民國五十一年臺一版。
《淮南鴻烈集解》　劉文典，臺灣商務印書館，民國五十八年臺一版。
《淮南論文三種》　于大成，臺北，文史哲出版社，民國六十四年七月初版。
《淮南子論文集》　于大成編，臺北，木鐸出版社，民國六十四年十二月初版。
《淮南子解題》　于大成，《學粹雜誌》十八卷三期，民國六十五年六月。

劉向

廖吉郎 著

目次

劉向

一、從《四庫全書》的印行談起

在民國二十二年四月二十四日，教育部長朱家驊先生曾經呈文給行政院，計畫影印《四庫珍本》，說是《四庫全書》關係我國文化至鉅，政府久已決意印行，而迄未實現。後來朱先生調長交通，由繼任的王世杰先生繼續進行，並且聘請袁同禮、傅增湘、陳垣、柳詒徵等諸位先生選定孤本祕笈，計經部六十一種，史部十九種，子部三十四種，集部一百十七種，共二百三十一種，定名爲《四庫全書珍本》，委託商務印書館就文淵閣本攝影印刷，自二十三年七月開始出書，分四次出齊，合訂一千九百六十冊。這是中外所企望的一件大工作，是發揚中華文化的一樁盛舉。

由此可知，清朝乾隆皇帝命令修撰的這套叢書，雖說是由於他的好大喜功，且以稽古右文爲名，而行牢籠士子，兼得禁書弭患的目的，但是編成以後，給學術界帶來的震撼，卻是極大的。

由於《四庫全書》的卷帙太多，印費不少，所以早在民國成立以後，公私方面，雖然就屢有影印的倡議，但是都功敗垂成。如徐世昌任大總統的時候，即曾擬委託商務印書館計畫印行，所擬的版式，略和原書一樣，估計成書百部，需費數百萬元，用時二十多年，結果沒能實現。到了民國十三年，正好是商務印書館創業三十周年，就打算印行《四庫全書》做爲紀念，結果因爲受到阻撓，也沒能完成。民國十四年，段祺瑞執政，章士釗任教長，又擬刊行，已頒明令，因爲人事的牽制和戰爭的關係，還是沒能成爲事實。這些，都顯示了像編輯《四庫全書》這樣的工作，是如何的受到重視啊！（編者按：臺灣商務印書館於民國七十五年將文淵閣《四庫全書》印行完成。）

《四庫全書》的編修，可以說是一種專門事業，它的能得到完成，固然是由於皇帝的旨意與支持，如爲它特地開館設官，積學名士，幾乎都被網羅等是，但是前人成績的鼓勵，也是一項重要的因素。

二、劉向與《四庫全書》

早在民國紀元前一九三七年（西元前二六年），正是西漢成帝河平三年的時候，有劉向等人，就曾受詔校理當時的存書，而由劉向總其成。他傾一生的心血，開創了後代校讎目錄學的規模，他的思想，就曾深切的指導了四庫館臣的編修工作。如《四庫全書》除本書外，另纂有《總目提要》二百卷，這就是遠師劉向的敘錄和《別錄》，所以既撮取每書的要旨，總敘大概外，對於著者的爵里年代、文字得失、源流正變、卷目多寡等等，也都能有精要的審定和評論。

因此在我們稱讚《四庫全書》有功中華文化的今天，怎能忘記這位整理先秦典籍不遺餘力的大功臣呢？他的思想和他的工作成果，實實在在的影響了兩千年來的我國學術界，對儒家思想的發揚，也盡到了他能盡的責任。對在如此早的年代，就能提供如此卓越貢獻的劉向，我們怎能不加以探討呢？

三、劉向的生平

1　劉向的籍貫生卒

劉向是西漢人，字叫子政，本名更生。豐縣人。豐縣本爲秦沛縣的豐邑，漢置縣。清屬江蘇徐州府，民國初屬江蘇徐海道，今爲江蘇省豐縣。

向是漢高祖同父少弟楚元王劉交的玄孫，生於漢昭帝元鳳二年，西元前七九年，死於漢成帝綏和元年，西元前八年。享年七十二歲。

2　劉向的履歷

劉向的父親叫劉德，被封爲陽城侯，向由於父親的關係，十二歲的時候，就被任爲輦部，這時是在宣帝地節年間。二十歲時，因行爲修飭，被擢爲諫大夫。宣帝招選名儒俊才，劉向和王褒、張子僑等人都被選上，獻了幾十篇的賦和頌。

有一次，因爲宣帝喜歡神仙方術的事情，劉向就獻言黃金可成。這是向從書裏看來的。

於是皇帝就叫他試驗，結果沒能成功，因此差一點被處死。他的父親曾經爲了這件事替他申辯過，不幸不久就死了，幸賴他的哥哥劉安民繼續上書營救，才替他減了罪。

後來，政府立了《穀梁春秋》，要大家講讀，因爲劉向頗有才氣，就被叫來誦習，又在石渠講論五經，於是又拜爲郎中，給事黃門，遷散騎諫大夫給事中。

元帝初即位（初元元年，西元前四八年），有兩位很被尊信的人，聯合推薦了劉向，以爲劉向既是宗室，又能忠直明經，於是受到了拔擢，而得和侍中金敞拾遺於左右。這兩個人就是蕭望之和周堪。蕭、周、劉、金四人遂同心輔政。

不久，因爲看到外戚放縱，宦官弄權，望之、堪、向等希望能想個辦法，建議皇帝整頓一下，但是由於事機洩漏，反被那班人向皇帝進了讒言，堪、向都被下了監獄，望之也免了官。向後來雖又被徵爲中郎，但是沒有多久，仍被免爲庶人。

到了成帝即位（建始元年，西元前三一年），中書宦官石顯等伏罪，劉向才又被任用，從此改掉更生這個名，而叫做劉向（以前應該叫他做更生，以後才叫做劉向）。召爲中郎，領護三輔都水，遷光祿大夫。

當時，政由王鳳所專斷，王鳳是成帝的大舅舅，他靠著太后的威勢，兄弟七人，都封爲列侯。身爲漢室宗親的劉向，這時又看不慣這種情形，於是想盡辦法去勸諫皇帝，甚至於譏刺王氏。皇帝雖然知道向的忠心，但是也無可奈何！只有讓他去領校中五經祕書，又令爲中壘校尉而已，雖然曾數次想用爲九卿，因爲不受王氏那班居位大臣和丞相御史的支持，所以都沒能調遷。

劉向常擔心王氏的專權，怕因此危害了劉氏的江山，果然，在他死後十三年，王莽終於殺掉平帝（元始五年，西元五年），而居攝踐祚；在孺子嬰居攝元年（西元六年），稱假皇帝；初始元年（西元八年），自稱新皇帝；西元九年（王莽始建國元年），遂廢孺子嬰爲安定公，而改國號叫做新。

3 劉向的成績

劉向爲人平易，不擺威儀，廉靖樂道，不交接世俗，專積思在經術方面，晝誦經傳，夜觀星宿，甚至整夜不眠。他所編著的書很多，就一般人所習知的，有：

《尚書．洪範．五行傳論》十一篇：今有清陳壽祺輯本三卷，王謨輯本二卷，黃奭輯本一卷；

《五經通義》九卷：今有王謨、洪頤煊、宋翔鳳、劉學寵、馬國翰、黃奭、王仁俊等人的輯本各一卷，又宛委山堂本及張宗祥校明鈔本《説郛》，也都各存一卷；

《五經要義》五卷：今有洪頤煊、宋翔鳳、王仁俊等人的輯本各一卷，又見於張宗祥校明鈔本《説郛》；

《別錄》二十卷：今有洪頤煊、陶濬宣、嚴可均輯本各一卷，王仁俊補遺一卷，又馬國翰、王仁俊所輯別有《七略別錄》一卷，陶濬宣又別有《七略別錄》二十卷，姚振宗有《七略別錄》佚文一卷；

《列女傳》八篇：有文選樓本、《四庫全書》本、《四部叢刊》本、《叢書集成初編》本、崇文書局彙刻書本、《四部備要》本，又任兆麟有輯本一卷、王仁俊有《列女傳佚文》一卷；

《新序》三十卷：今有明覆宋刊本、《漢魏叢書》本、《四庫全書》本、《百子全書》本、《四部叢刊》本、《叢書集成初編》本各十卷，又任兆麟有輯本一卷，王仁俊有佚文一卷，盧文弨有校補一篇；

《説苑》二十卷：今有平湖葛氏傳樸堂藏明鈔本、《漢魏叢書》本、《四庫全書》本、《百子全書》本、《四部叢刊》本、《叢書集成初編》本、《四部備要》本各二十卷，又任兆麟有輯本一卷，王仁俊有佚文一卷，盧文弨有校補一卷；

《文集》六卷：今有劉向賦，見於《楚辭》及《漢魏百三家集》，又嚴可均《全漢文》輯有很多篇劉向的文章。

據清人輯佚所得的劉向撰著，又別有：

王仁俊輯《周易劉氏義》一卷；

任兆麟、馬國翰輯《樂記》一卷；

馬國翰輯《春秋穀梁傳説》一卷，王仁俊輯《春秋穀梁劉更生義》一卷；

王仁俊輯《孟子劉中壘注》一卷；

茆泮林、黄奭、王仁俊輯《孝子傳》一卷。

又有疑係嫁名劉向的：

《正統道藏本列仙傳》二卷。

在《漢書．藝文志》中所著錄的劉向著作，又別有：

《稽疑》一篇；

《劉向分新國語》五十四篇；

《世說》；

《劉向說老子》四篇；

又《隋書．經籍志》著錄梁有：

《劉向讖》二卷；

《列女傳》二卷。

其他又別有〈漢志〉不著撰人，後人誤爲劉向所作的書，如《戰國策》等是，《戰國策》是劉向所編輯的，不是他的著作。也有漢、隋二志都不著錄，而見於〈兩唐志〉的書，如題爲劉向撰的《五經雜義》七卷等是。

由上可知劉向的博物洽聞，通達古今。他的孩子也因此都很好學，長子伋，教授《易經》，官做到郡守；次子賜，爲九卿丞，可惜早死；少子歆，因爲一直幫助他父親做校理羣書的工作，所以在劉向死後，哀帝命他繼任爲中壘校尉，繼續他父親未完的事業，劉歆因取《別錄》的旨要，依成帝時所分工作的項目，再種別羣書，撰成《七略》七卷，這部書又被班固刪取爲《漢書》中的〈藝文志〉，而流傳到現在，成爲學術界的瓌寶。

像劉向這樣的人，在政治上雖然不很得意，但是因此促成他在學術方面的成就，使他在校讎學上，成爲開天闢地以來最有貢獻的第一個人，這應該是他始料所不及的。

四、劉向爲什麼要校理羣書

書籍之所以要校理，一定有它的原因，在劉向的時候，主要的，是因爲當時書籍的逐漸聚集，並且發覺那些書籍的零亂訛脫，有的竟到了難以閱讀的程度。

原來，我國早在夏朝的時候，就有略似書籍的存在。從已出土的甲骨文中，更可以看出殷商時候的人們，就懂得用絲繩或皮革，來貫穿甲骨或簡牘，使成爲册，並且知道如何去典藏管理它。但是，因爲竹木絲繩的容易腐朽，加以天災人爲的種種因素，這種所謂的書，是很快就會散失的，所以到了東周末期的春秋時代，孔子已有文獻不足的感嘆。

經過春秋戰國的百家爭鳴，論議的加多，已到不可勝載的情形。由於思想的各不相同，和齊人淳于越是古非今的刺激，所以在始皇三十四年（西元前二一三年），就採用丞相李斯的建議，禁掉了民間所有的詩、書、百家語，只留下了醫藥、卜筮、種樹的書，和政府中所藏的各種書籍。這些在政府中的藏書，後來又被項羽在咸陽放的一把無情火，燒爲灰燼。於是書缺簡失，禮壞樂崩，典籍就喪亂失紀了。

到了漢興，慢慢的，既大收篇籍，又加以序次。廢除了挾書的禁令，又廣開獻書的方法，建了藏書的地方，也設了寫書的官員，於是經傳諸子，逐漸出世。在成帝河平三年（西元前二六年），又派人到天下去收羅遺書，民間所私藏的要籍祕典，就又漸漸的集中到了官府。

這時，劉向既爲漢室的宗親，又有才行，可是在官場上卻不得志，而成帝也精於詩、書，喜歡觀覽古文，看到了中祕堆積如山，紛亂歧異的書籍，當然會想到應該加以整理了，於是這個工作，自然而然的，就落到劉向頭上。

固然，以劉向當時的志意來說，一定是不只在學術上的，他一定很想在政治上能有一番作爲，好報效劉家江山，但是，先是由於自己的獻言冶金的失敗，差一點被處死，接著是想除去外戚宦官的反爲所害，雖然一心一意想盡忠劉漢，卻苦無良好的機會，所以這種差事，也只得做了。

結果，到了今天，也因爲他認真的做了這個工作，著有成績，才使得我們還能認識他。人的幸與不幸，很多都不是當時所能預料的啊！

五、劉向的校讎思想

當劉向接受這種校理羣書的任務時，首先，他一定會想到：該如何做呢？以前有那些人做過這些事情？

原來在西周宣王時，有孔子的七世祖正考父，已曾經就周太師校理過〈商頌〉十二篇，然後以〈那〉爲首篇；到了孔子的時候，對於六經，也曾經加以論序修正過；又孔子的學生子夏，有一次，在衛國聽到了有人念晉師三豕涉河的句子，他知道是那個人讀的本子錯了，就告訴他說「三豕」應該是「己亥」才對，是晉師在己亥時涉河。「己」這個字，因爲和「三」形近而誤，「豕」、「亥」相似，所以也弄錯了，衛人對於子夏的能更正這種錯誤，非常佩服，稱他爲「聖」。這是現在所知道的先聖先賢校勘古代典籍的例子，當然，在正考父以前，可能還有，在劉向的時候，也許知道得更多。

又在漢高祖打下了天下的時候，也有蕭何的次律令，張良、韓信的序軍法，張蒼的爲章程，和叔孫通的起朝儀，於是文學彬彬稍進，詩書往往間出。武帝時，楊僕也曾經捃摭過遺逸，而記奏兵錄。這些都告訴了我們，在西漢的時候，一方面是在徵集遺書，一方面也在做著選校的工作，雖然都只限於部分而已，規模不大，但是如沒有這些前人的貢獻，又那會有漢成帝時劉向等人的成就呢？

前人的這些成績，自是劉向校理羣書時的思想依據，劉向的校讎思想，自會從前人的工作表現中獲得啟示。

所以，在成帝河平三年（西元前二六年），詔劉向等人校理中祕羣書時，就已經能夠按照各人的專長，分配工作，分頭去進行了。

他們的工作劃分是這樣的：由光祿大夫劉向校經傳、諸子和詩賦這一方面的書籍；由步兵校尉任宏校兵書；太史令尹咸校數術；侍醫李柱國校方技。

這種經傳、諸子、詩賦、兵書、數術和方技各部的分野，在分類法上說，雖然並不算精密，標準也不能純一，但是後來也就形成了劉歆《七略》中的〈六藝略〉、〈諸子略〉、〈詩賦略〉、〈兵書略〉、〈術數略〉和〈方技略〉，雖然在名稱上小有差異，但是大體上已給劉歆在從事分類工作時，一個確切不移的依據，他只在每一略中，再編定小類，另外再加一個述六略總序和總目的輯略就成了。這種事先的分工，自更會給劉向等人，在開始董理一堆雜亂無序的書籍時，帶來一種很大的方便。

劉向的校書，雖然是分工而合作的，當時的部次羣籍，除析爲六方面外，參與校理的人，還有杜參、班游、史丹，和劉向的兒子伋、歆等人，但是在任宏等三人各以專門名家分任一種外，其餘三種，卻都歸給了劉向總其成，由此可見劉向任務的繁重。在每一部書校理完畢以後，劉向還都要再考求它的旨意得失，敘述作者的行事，而寫成一篇敘錄，奏給皇帝看。這些事情，當然都不是短時間內所能完成的，也是要頗費心思的，所以在敘錄寫成以後，書還放在溫室中，劉向就死了，後來才由他的兒子劉歆繼續他的工作，把書從校讎的地方移到天祿閣上去藏存，而完成了一部《七略》。因此，後人對於這一次的校書，都歸功給向、歆父子；由於這一次大規模校書的成就，奠下了後人從事校讎目錄的規範，所以今人都一致尊稱向、歆父子為我國目錄學的始祖。

劉向一生的心血，既都花費在校理中祕圖籍上，所得出的成果，自是他的精意所寄。雖然當時別集各篇敘錄所成的《別錄》，現在已經佚失，但是從殘存的幾篇及因它而成的《七略》佚文和《漢書．藝文志》當中，我們仍不難探得他的校讎思想，基於這種思想的引導，他的工作方法當不外是：

第一，廣羅輔本，以為校理羣書的準備。

第二，校補訛脫。這是校理工作的初步。

第三，刪除複重，條別篇目，謹定篇次，進而命定書名。這是校理工作的進一步。

第四，通學術，明源流，考師承，究得失，辨異同，以撮指意。這是校理工作的再進一步。

第五，述疑似，闢舊說，存別義。則涉及辨偽。

第六，詳作者，明時代，以增進對作品的了解。

第七，分部類，次圖卷。這是及於分類編目的工作。想劉向校定羣籍的時候，一定會注意到這種事情。在校理圖籍時，一定會把體裁或性質相近的書籍，大略的聚集在一起，所以劉歆才能在短短的時間內，繼續他父親的工作，而完成一部《七略》。

第八，準經義，徵史傳。這是劉氏論次學術的根據。

以上這些，涉及劉向校書和寫定敘錄的常規。現在再略為分析，舉例說明如下：

1　劉向校書的常規

㈠廣羅輔本：劉向在從事校理工作的時候，首先想到的基本問題，一定是如何去找到更多的異本，好做為比勘讎校的依據。因為那時的書籍，或脫或譌，無論那一種本子，都不能保證全無錯誤，如只據一種本子，那麼，當覺得有難解的地方時，最多就只能對它存疑而已，必與另外的本子相讎校以後，才能確定它衍奪錯誤的地方，所以凡公私所藏的，如所謂的中書、太常書、太史書，和外書、臣向書、臣某書等，劉向都盡量的去蒐集，然後擇善而從。

如校《管子》時，他一口氣找到了中祕所藏的《管子》書三百八十九篇，大中大夫卜圭所藏的二十七篇，臣富參的四十一篇，射聲校尉立的十一篇，太史的九十六篇，合中外書共五百六十四篇。這種搜羅異本的工夫下得越大，校書時所得的正確性當然也就越高。劉向一定是知道這個道理，所以他才會不遺餘力的去做這種吃力的準備工作。

其他如校《晏子》時，他所找到的書有：中書十一篇，太史書五篇，臣向書一篇，參書十三篇，凡中外三十篇，為八百三十八章；校《鄧析》書時，找到了中書四篇，臣敘書一篇，凡中外書五篇；校《申子》時，得民間所有上下二篇及中書六篇。

這是校理羣書時，一步重要的準備工作，清乾隆年間，修《四庫全書》的廣徵天下書籍，及後人從事校訂工作時的必搜羅異本，多少都是受到這種思想和方法的指引。

㈡校補訛脫：校勘的工作，有一人讀書，自校謬誤的；也有一人讀書，另一人持本，像怨家相對，來找出其中錯誤的。這是一件枯燥乏味的工作，但是也是一件很重要的事情，尤其是在劉向校理羣書的時候，因爲那時候，不但書缺簡脫，而且由於先秦人的著作，大都是單篇流傳，也無所謂著作權，人人都可以取而傳抄閱讀，加上文具的不理想，所以所流傳的，或增或省，或改或乙，多半已錯雜失真。劉向當然也看到了這種情形，所以對於訛脫的校補，他也特別的重視，前面講到的廣羅輔本，原就是爲的能藉以釐正脫誤，好重新寫爲定本的啊！

如他校《戰國策》時發現：本字多誤脫爲半字，像「趙」爲「肖」，以「齊」爲「立」等是；校《晏子》時發現：中書以「夭」爲「芳」，「又」爲「備」，「先」爲「牛」，「章」爲「長」等等的錯誤也非常的多；校《易經》時發現：有些本子，或脫去無咎，悔亡，只有費氏經和古文相同；拿中古文《尚書》去校歐陽、大、小夏侯三家的經文時更發現：〈酒誥〉脫簡一，〈召誥〉脫簡二，率簡二十五字的，脫也二十五字，簡二十二字的，脫也二十二字。其他文字上的差別脫漏也很多。

像劉向這種比勘文字，補正脫訛的方法，既嘉惠士林，也給後來的人立下了一個典範。

㈢刪除複重：異本既備，篇章一定會有複重的情形。文字的脫訛既經校補，多餘的章句，當然就該刪棄。

如校《管子》時，凡中外書，原有五百六十四篇，劉向除去了重複的四百八十四篇，定著成八十六篇；校《孫卿》書時，凡得三百二十二篇，除複重二百九十篇，定著成三十二篇；校《晏子》時，凡中外書三十篇，爲八百三十八章，除複重二十二篇，六百三十八章，定著八篇，二百一十五章等是。

除去複重後的書本，必是清新可讀的，於是進而可以條別它的篇目，定著它的篇次。

㈣條別篇目，謹定篇次：古書既多單篇獨行，因此，彼此間不但不相聯繫，甚至連篇目都不一定有，更談不上什麼篇次了。所以劉向校書之後，就把它們加以歸類，各標以篇目，著明爲某篇第幾，而編定了一個先後的次序。

如《孫卿》書三十二篇，定著爲〈勸學〉篇第一，……至〈賦〉篇第三十二（現在的《荀子》這本書的篇次，已經後來人的更動，所以〈賦〉篇是次在第二十六。其他的書，也有同樣的情形）。《晏子》八篇，定著爲內篇〈諫上〉第一，……至外篇〈不合經術者〉第八；《禮經》十七篇，定著爲〈士冠禮〉第一，……至〈少牢下〉篇第十七等是。

凡古書有不分篇目，無一定篇次，或原有目次不很合理的，劉向都加以整理勘定，使流動不居，增刪不定的古書，有了一個固定的新貌，既免散失，也可見一書的始末，這種工夫，在當時實在是我國學術史上，一個值得大書特書的大貢獻。

㈤命定書名：劉向校書時，公私所藏的書裏，有沒有命名的，有的卻有很多不同的名稱，現在，書既經訂補編次，當然要給它一個合理的書名了。

如校《戰國策》時，發現有管它叫《國策》的，有稱它爲《國事》的，也有叫它做《長短》、

《事語》、《長書》、《修書》等等不同名稱的，劉向以爲這是一本寫戰國時，遊士替他所輔助的國家出策謀的書，所以應該叫做《戰國策》。這部書的名稱，就這樣流傳下來了。又如劉向省《新語》而作《新序》；改造所校《中書説苑雜事》，叫做《新苑》等，也都是就舊有的簡策，加以整理，然後再命定新名的。

以上五項，是劉向面對堆積如山，亟待校讎的簡策時，所必須漸次著手進行的工作，等這些紛亂無序的篇卷，成爲有系統，而且是緊結固定的書本時，才能更進一步的去了解這些書本的內容，尋繹它的思想，進而溯沿學術的源流，推求事實的得失。所以劉向在理完羣書以後，接著又做了一件極有意義的事情，就是替這些書寫敘錄。劉向的一生，就靠著他那細密而有條理的思想，指導他做了這些非常有價值的工作，更由於這些工作的優越表現，使得他在我國目錄學史上，擁有永不磨滅的崇高地位。

2 劉向寫定敘錄的常法

㈠著錄書名、卷數和篇目：劉向所寫的敘錄，現在我們還能看到的，當以《孫卿新書》最能保存它的原本面目（詳見附錄一），其他如《晏子春秋》等，也能存其舊式（詳見附錄二）。

在〈孫卿新書敘錄〉中，一開頭就題上書名、卷數，再分列篇目，如〈勸學〉篇第一、〈修身〉篇第二、到〈君子〉篇第三十一，〈賦〉篇第三十二等是，每目爲一行，然後寫著：護左都水使者光祿大夫臣向言。

㈡敘述校讎的情形：在〈孫卿新書敘錄〉中，「臣向言」以下，就寫他校讎中祕的情形。如他說《孫卿》書，原有三百二十二篇，彼此對校後，除掉重複的二百九十篇，編定為三十二篇。在《戰國策》、《晏子》、以至於《管子》、《說苑》等其他各書的敘錄中，更把原書雜亂的情形、書名的不統一、版本的異同、篇數的多少和文字的譌脫等等，凡是在校讎的時候，所能看到的情形，都扼要的說一說，甚至於校書人的姓名和上書的年月，也都會一一寫得清清楚楚，使讀的人，對編校羣書的經過，都能夠一目了然。劉向的負責精神，從這裏可以看出一斑。也由於這種思想的指引，使他獲得了不平凡的成就。

㈢介紹作者的生平事蹟、時代背景、思想淵源和對他的感想：在〈孫卿新書敘錄〉中，說明完校讎的經過情形後；接著，劉向就提到了有關孫卿和他那個時代的重要事項。

他的大意是說：「孫卿是趙人，名況。在齊宣王、威王的時候，齊國在稷下聚集了很多天下賢士，很是尊寵他們，像鄒衍、田駢、淳于髡這一班人，都稱為列大夫，他們都有著作警剌世人。

這時，有秀才的孫卿，也到了齊國。他對於《詩》、《禮》、《易》、《春秋》，都有很高的造詣，所以也受到了很好的禮遇，曾經三為祭酒。後來，因為有人說了他的壞話，就到了楚國，楚國的春申君任他為蘭陵令。在楚國，又有人向春申君說：『商湯藉著七十里，擁有天下，文王憑著百里地而興起。孫卿是一個賢者，我們給了他百里的地方，這對楚國來說，不是很危險的嗎？』於是孫卿就到了趙國。後來，因為有人向春申君說：『伊尹離開了夏，到殷地去，殷因此統一了天下，夏因此而亡；管仲離開了魯國到齊國，魯因此衰弱，齊國因此而強。所以賢者所在的地方，君尊國安。孫卿是天下的賢人，他所離棄的國家，會有危險吧！』春申君於是又派人去聘請孫卿。孫卿就寫了東西警刺楚國，又寫了賦送給春中君，最後又當了楚國的蘭陵令。

等到春申君死，孫卿又被廢，後來就死在蘭陵。他有兩個大弟子，都很有名氣，一個是後來相秦的李斯，一個是韓非子。

孫卿見過秦昭王，昭王當時正喜歡戰伐，所以不能用他。在趙國，曾在孝成王面前同孫臏議論兵事，結果也不能被任用。

孫卿講仁義規矩，安於貧賤，孟子也是一個大儒者，講性善，孫卿晚孟子一百多年，主張人性是惡的，所以寫一篇性惡來反對孟子的性善。蘇秦、張儀靠著邪門遊説諸侯，很是顯貴，孫卿也很批評他們的不是。

孫卿因爲看到當時政治的混濁，社會的不安，大家盲目的相信一些吉凶禍福的事情，所以就推求儒墨道德的行事興壞，寫了數萬字的論著。當時還有公孫龍、處子、李悝、尸子、長盧子、芋子等一班學者，但是講的都不是儒家的道理，只有孟軻、孫卿能尊崇仲尼。

蘭陵人都很用心求學，而且喜歡用『卿』做他們的字，大概是因爲孫卿的緣故。漢朝大儒董仲舒曾很讚美孫卿，他們都反對霸道。如果國君能重用孫卿，王道的理想可能會被實現，可惜不然，所以後來弄得六國殘滅，秦國也因大亂而亡。《孫卿》書所陳述的王道，是很容易實行的，卻沒有被重視，實在是很可悲痛流涕的啊！」

這一大段話，比起《史記．孟子荀卿列傳》中所寫的荀子事蹟，還來得詳細，可見劉向對一書作者的重視。

又如〈晏子敘錄〉所談到的晏子生平梗概，可以說是簡明扼要，說所該說的。劉向既提到晏子的名、謚，對於籍貫，還能把古地名注明是當時的什麼地方，這一點尤其難得。劉向在說完晏子的博聞強記，節儉力行，盡忠極諫，不受到威脅以後，又拿他和管仲做了一個比較，雖然對人的批評，後人各有見解，但是這種思想和做法，也給後代人開出了一條路子。

再如〈雅琴趙氏敘錄〉提到的趙氏，說他是一位鼓琴專家，於是讓我們知道了這一本書應該是屬於音樂方面的著作。

至於〈鄧析子書敘錄〉的引《左傳》，說是子產死後二十年鄧析死，以辨明傳說中，或稱子產誅鄧析的不對，這又開了後來考據家的先聲。

劉向對於作者的行事，如是史書上已詳爲敘述的，有時是就原文翦裁入錄，既不空發論議，也可省兩讀。如是雖有列傳，而事蹟不詳，甚或無傳的，他就旁採他書，或別據所聞，加以參訂補充。如是撰人事蹟有訛傳的，就據他書考求辨正。至於不知作者或不明時代的書籍，就明說是「不知作者」，或「不知何世」，不強作附會，試看《漢書．藝文志．諸子略》各家條下所注，就可以推見劉向撰寫的敘錄，是何等的審慎。

㈣說明著書的原委、書名的意義、書的內容和性質：如〈易傳古五子敘錄〉說明了取名「五子」的原因。〈淮南道訓敘錄〉，解釋了中書署爲淮南九師書的意義。〈神輸敘錄〉，詮釋神輸這兩個字的命意是：「王道失則災害生，得則四海輸之祥瑞。」〈周書敘錄〉說，這是一部周時的誥、誓、號令，是孔子所論百篇之餘。〈世本敘錄〉說，那是由明白古事的古代史官所記，記錄黃帝以來諸侯和卿大夫的系謚名號，一共十五篇。〈戰國策敘錄〉認爲，那是一本戰國時代遊士替他所輔助的國家出策謀的書，所以應該叫做《戰國策》，繼春秋以後，到楚漢相爭，寫了二百四十五年間的事情。

又如〈晏子敘錄〉，在劉向定著爲八篇後，他說，其中的六篇，都在忠諫國君，文章可觀，義理可法，都合於六經的道理，有一篇文章頗異，但也不敢遺失；又有一篇，不合經術，好像不是晏子的話，懷疑是後代辯士所作的，也不敢遺失，都使它們另成一篇；八篇中，有六篇是可以常常放在御座旁邊供觀覽的。又在〈管子敘錄〉中，稱《管子》書務富國安民，道約言要，可以曉合經義。在清朝人嚴可均所輯的《全漢文》中，我們也可以看到劉向對《禮記》各篇，是如何的使它們分屬於制度、通論、明堂、陰陽、喪服、世子法、祭祀、子法、樂記、吉禮、吉事等類中。

像這種扼要的敘述，一兩句話就使人能洞明一書的梗概，不但便於皇帝的參閱，也使後人能從而判定需不需讀這本書，這種貢獻實在太大了。

㈤評論思想的是非：劉向敘錄，不但介紹作者和書的內容而已，對於思想的是非，也常加以討論。

如前面提到的〈孫卿敘錄〉中，劉向認爲：孫卿能尊仲尼，蘭陵人也能法孫卿；孟子、孫卿、董仲舒都以爲仲尼的門徒，五尺的童子，都羞稱五伯，所以如果國君能用孫卿，行王道是不困難的；像這樣的人，結果卻使他終老閭巷，不得顯揚他的功業，實在是可悲呀！

又如〈賈誼敘錄〉，說賈誼談到的三代和秦的治亂，道理實在很對，賈誼的能通達國體，像伊尹和管仲都未必能遠勝過他，當時的國君如能重用他，功化必定很大。

這種評論，雖然不免主觀，像賈誼的空有才華，而不能自用，也不能全說是皇帝的不對，他的不能有伊尹和管仲的功業，也許是自取的。但是，在校讎完一書以後，能對其中的思想做一番判斷，供人取捨，也足見撰寫的用心。

㈥論列史事的得失：如〈戰國策敘錄〉說：周室自文王、武王以後，崇尚道德，隆重禮義，陳設教化，端正人倫，所以天下太平。康、昭以後，雖有衰德，綱紀尚明。春秋時代，餘業遺烈，流而未滅。五伯興起，尊事周室。五伯以後，挾君輔政，還以義相支持。等到眾賢既沒，道德大展，捐棄禮讓，貴用譎詐，各國遂相吞滅，併大兼小，父子不相親，兄弟不相安，上無天子，下無方伯，力功爭強，競進無厭，所以像孟子、孫卿這樣的人，都不被重用，蘇秦、張儀那班人，反爲世俗所貴，使天下終爲秦所吞沒。而秦的燒詩書，坑儒士，小堯舜，遜三王，上下相欺，骨肉相疏，化道淺薄，綱紀壞敗，最後也走上了崩潰的末路。因此如果能使天下的人都知道什麼是恥，天下是會太平的，如果以詐僞苟活，秦的失敗，不也是應當的嗎？

劉向的這一段論述，不但簡明扼要，而且又有深遠的含義，一個賢明的國君，看了以後，能不由此而得到一點歷史的教訓嗎？

又如〈管子敘錄〉說：以區區的齊國，位在海邊，通貨積財，而富國強兵。又論管仲的爲政是：善因禍爲福，轉敗爲功。所以管仲富擬公室，有三歸反坫，而齊人不以爲侈。像這種對史實的敘述，都是很有參考價值的。

(七)敘錄學術源流：先秦學者，各極其辯，諸子所論，都成一家言，所以《孟子》的〈公孫丑〉、〈離婁〉、〈萬章〉、〈告子〉、〈盡心〉、〈滕文公〉各章，和《莊子》的〈天下〉篇，《荀子》的〈非十二子〉篇，〈解蔽〉篇，《尸子》的〈廣澤〉，《韓非子》的〈顯學〉篇，《呂氏春秋》的〈不二〉篇，司馬談的〈論六家要旨〉，《淮南子》的〈要略〉篇，《史記》的〈孔子世家〉、〈仲尼弟子列傳〉、〈管晏列傳〉、〈老莊申韓列傳〉及〈孟荀列傳〉等，都曾經廣爲論列。

論學術的淵源及文辭的流別，以探討書的真義和價值，是一件很重要的事情，也是一件不容易做好的工作。劉向的校讎羣書，憑他的識見，自然也會去注意辨章舊聞，並詳究它的得失。所以清朝史學家章學誠就曾經讚美過他，說他的部次條別，是在辨章學術，考鏡源流，不是深明道術精微，羣言得失的人，是不能夠如此的。這真是知音之論。

如今傳的〈列子敘錄〉說：列子是一個有道的人，所學本於黃帝、老子，號爲道家。道家主張秉要執本，清虛無爲，治身接物，務崇不競，合於六經。孝景皇帝時，貴黃老術，所以這一本書頗爲流行，以後遺落，散在民間。《列子》書多寓言，和《莊子》一樣。

從以上這一段敘述，類推其餘，我們不難知道，劉向校寫敘錄時，一定會盡心去求明一本書的始末，如說《書經》在秦火以後又如何的傳授等是。

想明白一家思想的是非，就須比較各家思想的源流異同，劉向所見，當然是不會錯過這一層的。

(八)辨別書的真僞：古代的學術，很多都是靠口耳相授受，而不寫在竹帛上，到了周末，學者才漸漸的根據所聞，把它筆記下來，於是書才慢慢的多起來，這些書，當然免不了會有誤記、附會或依託的地方；又古代的言論，本為天下的公器，人人得而引述，更由於文具的不便，古人對於古書的傳鈔，也常隨意增刪，書的真偽，因此就淆亂起來了。在劉向校書的時候，當然知道這種情形，所以也就著意的加以分辨。

如他在〈晏子敘錄〉中說：《晏子》書六篇，全在忠諫國君，文章可觀，義理可法，都合六經之義；又有複重，文辭頗異，不敢遺失，復列以為一篇；又有頗不合經術，似非晏子言，疑後世辯士所為，所以也不敢失，復以為一篇，一共八篇。

偽本冒替，如不加甄別，則不但會紊亂時代思想，混淆學術是非，更會枉費學者的精神，是雖有書，不如無書。所以劉向的工作，在《晏子》書中，雖只有一部分的內容，和其他部分的旨意不同，也要使它另外成篇，不使雜亂。看他這種審慎的辨偽思想和求真的態度，該是何等的科學啊！

又如《神農》二十篇，《別錄》則疑為李悝及商君所說，而託之神農；《黃帝泰素》二十篇，則說是或言韓諸公孫所作，不信是黃帝的書。其他如在《漢書．藝文志》上所注的辨偽的話，像〈諸子略〉中道家的《文子》九篇、《力牧》二十二篇，小說家的《伊尹說》二十七篇、《師曠》六篇、《太乙》三篇、《黃帝說》四十篇；〈兵書略〉中（陰陽）的《封胡》五篇、《風后》十三篇、《力牧》十五篇、《鬼容區》三篇等各書，都認為是依託；至如小說家的《鬻子》十九篇，則以為是後世所加，《務成子》十一篇，說是「非古語」，雜家的《孔甲盤盂》二十六篇，懷疑不是像世人所說的為黃帝之史或夏帝孔甲所作，《大禹》三十七篇，則疑是後世語。這些《漢書》注，應該原都是劉向敘錄中的意見。這種剖判各書真僞的見解，使讀者不爲僞書所欺，實在給了後人不少方便和啟示。

㈨判定書的價值：一書有一書的價值，劉向既加校讎，自有較爲真切的認識，因此在寫敘錄時，也必然會加以敘述。

如認爲《戰國策》是高才秀士，度時君所能行，出奇策異智，轉危爲安，運亡爲存，亦可喜，皆可觀；《晏子》八篇中的六篇，認爲可常置旁御觀；《孫卿》書則比於記傳，可以爲法；《管子》書務在富國安民，道約言要，可以曉合經義等是。

這種看法，當然旨在貢獻給皇帝，雖不免偏於政治方面，但是有此一敘述，對於讀者的閱讀選擇，也是很有幫助的。

劉向敘錄所注重的，主要的大概是這幾個方面，他的校讎思想，大體上也都薈萃在這裏。

書既經讎校編定，又每書有錄，於是先秦典經，得一總結。流動不居，雜亂無序的古書，得能固定形質，既可使皇帝一覽而得明指歸，學者也可以從中取學，而無茫然不知所從的煩惱。後來的人，更因此而能周知先秦學術的大凡。所以我們對劉向的推崇，可以說是名至實歸，他積二十年所成的心血結晶，對後人的啟示和貢獻實在是太大了。在今天我們大談校讎學、目錄學的時候，能不油然想起這位兩千年前曾盡心盡力，替後人立下宏規的古人嗎？

六、劉向對儒家思想的發揚

劉向既爲漢朝宗室，歷宣帝、元帝、成帝三朝，居列大夫官前後三十餘年，又爲名儒俊才，專積思於經術方面，曾經在皇宮收藏圖籍的石渠閣上講論五經，也頗校過宮中的五經祕書，在成帝時，又奉詔校書，所以一向忠心於劉漢的他，自會時時留心有關六經的教化，而處處發揚孔子的遺風，冀能做些有益國家社會的事情。

劉向的作品很多，前面已經提到過，在那些著述當中，除掉《別錄》、敘錄和被後人嫁名的書以外，爲後世所了解和重視的，還有他所編撰的三部書，一部是《列女傳》，一部是《新序》，一部是《說苑》。這三部書都是他採集各種經傳行事，用來談得失，戒天子的。

在《漢書．藝文志》中，載有劉向所序六十七篇，《列女傳》、《新序》和《說苑》，就在這六十七篇裏面，都清清楚楚的著錄在〈諸子略〉的儒家中。儒家的宗旨是在助人君，順陰陽，明教化；所讀的是六經的文章，留意的是仁義的事情。由此可知，劉向所編撰的這三部書，雖然是就舊簡加以序次而成，但是卻足以代表他的儒家思想，劉向是在藉著古事以發抒他個人的懷抱。所以他所整理的這些篇卷，〈漢志〉並不放在〈六藝略〉的春秋家中。也就是說，他採的雖然是舊史，但並不是在編撰歷史，而是在藉以寄託他個人的諷諫，圖能感悟國君。因此，劉向的儒學，我們就可以從他所序次的這些書裏，鈎勒出一個大體。

現在，我們謹就《列女傳》、《新序》和《說苑》這三部書，來談談劉向對儒家思想的發揚，和他的目的。

1 藉《列女傳》以勵貞節而戒淫暴

《列女傳》是在漢成帝時，由劉向和黃門侍郎劉歆共校而成的。畫在屏風四堵，取便鑑覽（見附錄三）。

那時，外戚王鳳等兄弟七人，既專權於朝廷，成帝寵姬趙飛燕姊娣，又淫暴於後宮，奢亂踰禮，都毫無法度，忠精的劉向，對這些事情，當然極不以爲然，並且很替國家擔憂。

於是，他就爲王氏兄弟寫了〈洪範五行傳論〉，呈給成帝，以刺外戚貴盛及王鳳兄弟用事的不是，他這種論符瑞災異的思想，後文當再論述；另外，劉向又覺得王教是由內及外，自近處開始的，女德的好壞，對國家的治亂，影響很大，所以就又採摘詩書上面所載賢妃、貞婦興國顯家可作模範的事蹟，以及孽嬖亂亡應引爲借鑑的，種類相從，序次爲《列女傳》，以著明禍福榮辱、是非得失的道理。

《列女傳》上，有善有惡，有賢明貞順的人，也有棄節背義的，從有虞二妃，到趙悼倡后，今共分作〈母儀〉、〈賢明〉、〈仁智〉、〈貞順〉、〈節義〉、〈辯通〉、〈孽嬖〉七卷。每卷十餘傳，每傳都獨立成篇，而且都有頌贊圖畫，所敘述足爲楷模及可爲世人勸勉的事蹟，也率能略具首尾，傳末或有「君子謂」和「君子曰」的評語，然後再引《詩經》上的句子，借它的寓意，作爲美刺。

在《列女傳》中，所以寫有嘉言善行的婦女，用意當是在諷刺趙氏的不及古人賢慧，寫有嬌媚不遜的女人，則在警戒趙氏的乖戾，告訴她爲惡害人，終將招災致禍，並且也要天子能當心國是，防患未然。

這些好壞的對比相稱，重點則仍在〈母儀〉、〈賢明〉、〈貞順〉、〈節義〉諸傳，而〈孽嬖〉一項，應是在影射趙氏，所以罵女人爲鴟梟，爲牝雞司晨，爲禍亂的根源，爲長舌，爲厲階，爲不可教誨，爲與宦官同類，甚至咒其早死。看他用力的歷述夏桀末喜、殷紂妲己、周幽褒姒、衛宣公姜、魯桓文姜、魯莊哀姜、晉獻驪姬、魯宣繆姜、陳女夏姬、齊靈聲姬、齊東郭姜、衛二亂女、趙靈吳女、楚考李后、趙悼倡后諸婦女的孽嬖，可見他對時勢的悲痛。

這種一心一意，忠君愛國，鞠躬盡瘁，死而後已的精神，不正是我國儒家思想的發揚和實踐嗎？

自劉向編校了《列女傳》後，拿《列女傳》作書名的，先有《續列女傳》，載周郊婦人二十傳共一卷。繼有明代解縉奉敕撰的《古今列女傳》三卷。再爲明新安汪氏輯繪圖本《列女傳》十六卷，仇英作圖。歷代正史自范曄《後漢書》以後，也都有〈列女〉一傳。至於寫有關婦德的文章，除了《女誡》、《女則》外，又有所謂的《閨範》。這類書，自受宋明理學的影響後，所記的有的大半是屬於死節的婦女，可見「列女」傳的意思，幾乎已由「諸女」傳，演成「烈女」傳了。

劉向是一位有熱情、有思想、肯幹、實幹的儒者，他的努力，對後世自會有深遠的影響。

2 藉《新序》以泛論治國的方法

《新序》也是劉向採摘百家傳記編成的書（見附錄四），皆事出有據，其中尤以出於《呂氏春秋》、《韓詩外傳》、《史記》、《戰國策》爲最多，他如《春秋》三傳、《荀子》、《韓非子》、《晏子》等書，也都在徵引之列。

《新序》的主旨，在於推明古訓，而歸本於仁義道德。這也就是儒家的中心思想所在。書中所論，舉凡任賢、論政、勸恩義、講禮敬等等，都是在爲治國著想。

全書原爲三十卷，但是宋朝曾鞏所見到的，已經只剩下十篇了。現在十卷的內容是〈雜事〉第一、第二、第三、第四、第五，〈刺奢〉第六、〈節士〉第七、〈義勇〉第八、〈善謀〉第九、第十，合共一百八十三則，另外還有一些佚文，爲清人輯佚所得。所記的，都是春秋、戰國、秦、漢間的事情。

在〈雜事〉第一中，他舉了孔子的德化七十二子；又說在孔子將爲魯司寇的時候，一些奸民、淫婦都相率歸正；既爲司寇，齊人就歸還了向魯國侵奪的土地。這就在表示，君正則天下化之。

又以爲衛國的逐獻公，是因爲他使百姓絕望。一個明君，將賞善而除民患，能愛民如子，民也能愛之如父母，仰之如日月，敬之如神廟，畏之若雷霆。這就是說，一個人君，如果縱淫棄性，必爲民所逐。

在〈雜事〉第四中，舉了鄭子產的能廣聽輿論，以行善去惡。於《新序》佚文中，仍存有「子產相鄭七年，而教宣風行，國無刑人」的句子。這就是在提倡仁政。

在佚文中，又有子貢批評臧孫的行猛政，而舉子產相鄭的能掄材唯賢，抑惡揚善。所以認爲治民的方法，要能養之以仁，教之以禮，因其所欲而與之，從其所好而勸之，賞之疑者，要從重，罰之疑者，要從輕。這不都是儒家遵仁行禮，舉才愛民的思想嗎？

書中談到治國的方法，要以人才爲本，明君一定要能禮敬賢人，如此則敵國不敢來犯。如〈雜事〉第五所寫的魏文侯的能尊敬段干木，遂使得秦君按兵而不攻魏。這是多麼感人的一段記事啊！

如果不幸的是羣臣行賂，以求名譽；百姓蒙寃，無所告訴；忠臣不用，用臣不忠；下才處高，不肖臨賢；姦臣欺詐，空虛府庫；國貧民疲，上下不和；好財用兵，嗜欲無厭；至道不明，法令不行；吏民不正，百姓不安；那麼，劉向以爲國家一定是會滅亡的。所以在〈雜事〉第一中，他深切的提出了這一段足以發人深省的話！

《新序》一書所取載的忠臣賢士，常是以儒家的智者不惑，仁者不憂，勇者不懼爲標準。認爲忠臣必極諫；賢士不畏死；不仁不義，雖得天下不爲。所以在〈節士〉卷裏，劉向舉了王子比干的進諫紂王；〈義勇〉卷中，記載了子淵棲的知、仁、勇及易甲的持義明志。這種種，無非在告訴我們，要怎樣做，才能算是一個忠臣義士。

劉向理國安民的儒家思想，從這些是可以充分的看得出來了。

劉向的編撰《新序》，雖然或有同事實相牴牾的地方，但是，他既是採自羣書，目的在藉以發抒己意，冀能匡正時君人臣，所以只要文足達意，也就不去計較其他了，因爲這究竟不是記事考證的文章啊！看他對於有關興教化、宏治道的事情，是如此的再三致意，豈只在爲漢室設想，也足爲萬世開太平呀！

3 藉《說苑》言得失以陳法戒

劉向又採自《左氏傳》、《公羊傳》、《大戴禮記》、《小戴禮記》、《管子》、《晏子春秋》、《莊子》、《荀子》、《韓非子》、《呂氏春秋》、《淮南子》、《賈子》、《國語》、《國策》、《尚書大傳》、《韓詩外傳》、《史記》等書的秦漢舊聞，加上他所新造的十萬言的東西，編輯成了一本《說苑》（見附錄五）。

《說苑》全書二十篇，七百八十四章，自〈君道〉、〈臣術〉以下，即繼以〈建本〉，極於〈修文〉，而終於〈反質〉。全部的篇目如下：〈君道〉、〈臣術〉、〈建本〉、〈立節〉、〈貴德〉、〈復恩〉、〈政理〉、〈尊賢〉、〈正諫〉、〈敬慎〉、〈善說〉、〈奉使〉、〈權謀〉、〈至公〉、〈指武〉、〈叢談〉、〈雜言〉、〈辨物〉、〈修文〉、〈反質〉。

這是一部援古證今，以諫當世的西漢重要著作。〈君道〉篇開宗明義就提出了人君之道，務在博愛、任賢，廣開耳目，以察萬方，不溺於流俗，不拘於左右。在〈臣術〉篇又說：人臣當順從而復命，無所敢專。〈建本〉篇則以爲：君子貴建本而重立始，因爲本不正，末必倚，始不盛，終必衰，本立則道生。可知《說苑》一書，應該是《新序》的姊妹篇，全文理備旨明，足以端正紀綱，啟迪教化，無論在治道上或學術上都有著極大的價值。

劉向既盡力在學術的整理工作，又不忘時時發揚儒道留意政教，以分辨邪正，勸戒天子，可謂苦心孤詣，高瞻遠矚。如果他的思想能被當時的成帝所感悟，而得重用，以徹底發揮他的抱負，後來的平帝也許不至於被王莽所殺，當然也就沒有孺子嬰的被廢爲安定公了。

七、劉向的談災異

漢朝是一個盛談陰陽五行的時代，無論宗教、政治、學術都離不開它，舉凡有關天地、晝夜、男女等自然現象，尊卑、動靜、剛柔等抽象觀念，及時令、服色、食物，以至於帝王的統系和國家的制度等，都受到陰陽五行說的影響。

劉向是一個潛心經術的人，但是也常夜觀星宿，不寐達旦。劉向如此，天文家可知。當他們看見天上有一些變動時，就認爲人間將要有某事發生，並且更加以推究，以爲將應驗在某人的身上。

所以，在文帝二年（西元前一七八年）冬十一月晦，有了日蝕，他就下詔說：「我聽說：上天生了百姓，就爲他們立君，來養治他們。如果這個國君的德行不修，政治不平，那麼，上天就要顯示災象來警戒他。」又說：「天下的治和亂，都在我一個人身上，你們幾位執政的人，都是我的股肱大臣，現在，我不能盡我教養人民的責任，以致掩蔽了日月星辰的光明，我的過失真是大極了！你們應當把我的錯處都說給我聽，並舉出賢良方正和能直言極諫的人來匡正我才是！」

當元帝永光元年（西元前四三年），春霜夏寒，日青無光，丞相于定國就繳上侯印，自劾而去。

成帝永始二年（西元前一五年），見到了如雨的隕星和日蝕，皇帝就給丞相薛宣一個册書，把災異數見，歲收不好的原因，歸給了他，並免去了他的爵位。繼任丞相的是翟方進，爲相九年，還算平安無事，不料，在綏和二年（西元前七年）春，有熒惑星守住了心星，成帝就又下册書，重重的罵了翟方進不算，還賜給他酒十石，牛一匹，作他最後的餐食，他只得自殺了。

劉向處在這樣的環境裏，當然也會談談有關天災地變的事情。在《尚書．洪範》中，曾説到關於人事的貌、言、視、聽、思，和關於天氣的雨、暘、燠、寒、風。以爲國君的行爲正了，就會風調雨順，如果不正，就會有淫雨等災害發生，把天氣的變化和國君的舉動都牽連在一起。到了漢代，更引申以爲如果君行失序，更會有雞禍、龜孽，或下體生在上身等種種的怪異發生。當成帝時，因爲帝元舅陽平侯王鳳爲大將軍秉政，倚靠太后的勢力而專國權，兄弟七人都封爲列侯，正好又時有災異發生，所以劉向就依《尚書．洪範》箕子爲武王陳五行陰陽休咎的道理，集合上古以來，到春秋六國秦漢間所記的符瑞災異，推跡行事禍福，比類相從，成了十一篇的《洪範．五行傳論》奏上，用以警惕外戚貴盛，王鳳兄弟用事的不對。雖然不能因此而奪王氏權，但是劉向的忠精，已感動了皇帝。

劉向這部作品，被著錄在《漢書．藝文志．六藝略》的書類中，作「劉向《五行傳記》十一卷」；其內容又被班固採入他的《漢書．五行志》裏（見附錄六）。雖然所寫的，依現在科學的眼光來看，都是一些牽強附會的東西，但是前面已經說過，劉向的所以如此作，是有目的的，《荀子》的〈天論〉篇說：「在久旱不雨時，作了求雨的祈禱以後，果然就下了雨了，這是爲什麼呢？這沒有什麼！就像不作求雨的禱告，也會下雨一樣。有了日蝕、月蝕了，我們就敲鑼打鼓的去救它；天旱了，就去求雨；經過卜筮，然後決定大事。這些，並不是真能得到所要求的，而是用來文飾政事的啊！所以，君子是拿它來文飾政事的，但是百姓卻以爲是神。用它來順應人情以文飾政事是對的，如果以爲是神，那是會有災禍的。」劉向的目的，正是想假借災異來提醒皇帝，所以他曾經向一位富有智謀的朋友陳湯說：「災異如此，而外家日盛，慢慢的一定會危害到劉氏。我幸爲同姓末屬，累代受到漢朝的厚恩，身爲宗室遺老，歷事三主，皇上因爲我是先帝的舊臣，每次進見，常加優禮，所以這種隱憂，如果我都不去說它，誰去說它呢？」劉向爲了忠君愛國，可以說是想盡了方法，甚至還常常痛切的顯訟宗室，譏刺王氏，都是發自至誠的。

在他所上〈極諫用外戚封事〉中，就曾以爲人君莫不欲安，然而常危，莫不卻存，然而常亡，這是因爲陰盛陽衰，失去了御臣之術的原因啊！因此劉向就舉了晉的六卿，齊的田崔，衛的孫甯，魯的季孟，和秦的亡滅等專國弒君的例子，來警戒皇帝。又說到諸呂的欲危劉氏，以提醒今王氏一姓，乘朱輪華轂者二十三人，秉事用權，驕奢僭盛，依東宮之尊，假甥舅之親，朋黨比周，作威作福的不當。劉向對於王氏的排擯宗室，孤弱公族，有智能者尤非毀而不進，恐怕爭與分權的情形，非常氣憤。以爲歷上古到秦漢，外戚的僭貴，沒有像王氏這個樣子的。因此以爲物極必變：昭帝時，冠石立於泰山，仆柳起於上林，而宣帝即位；今王氏先祖墳墓，梓柱生枝葉，扶疏上出屋。下有泰山之安，則上有累卵之危，王氏與劉氏，且勢不並立，劉向對於這種情形，自是憂心如焚，所以就大聲的疾呼：「陛下爲人子孫，守持宗廟，而令國祚移於外親，降爲皁隸，縱不爲身，奈宗廟何！婦人內夫家，外父母家，此亦非皇太后之福。」如非一片丹心赤誠，何能如此慷慨陳辭。因此，劉向更爲漢室設想，以爲宜發明詔，援近宗室，黜遠外戚，則王氏可永保爵祿，劉氏也能不失社稷。他的審事度宜，實在細密啊！

劉向還曾使外親上變事，以斥弘恭、石顯等的專橫。他先提到蕭望之的忠正無私，以忤於貴戚，而被讒毀，因舉高帝時的季布，武帝時的兒寬、董仲舒，及宣帝時的夏侯勝等，都曾一時繫獄而得獲赦復用，因此大有益於天下的事情爲例子，希望蕭望之也能復得進用；又提到春秋的地震，爲在位執政的太盛，因此引到當時的地震及天陰雨雪，都是因爲弘恭等的蔽善；所以認爲應該斥退恭、顯，如此則太平之門開，災異之源塞。

又曾因見到周堪、張猛的在位，懼其傾危，乃條災異封事。以爲和氣致祥，乖氣致異，祥多國安，異眾國危，今賢不肖混夾，白黑不分，邪正雜處，更相讒愬，轉相是非，熒惑耳目，感移心意，將同心以陷正臣，因此覺得心寒。接著劉向又認爲乘權藉勢的人，子弟鱗集於朝，羽翼陰附者眾，毀譽乖離，所以日月無光，雪霜夏隕，海水沸出，陵谷易處，列星失行，這些都是怨氣所致。初元（元帝年號。初元元年，西元前四八年）以來六年了，在春秋六年之中，災異沒有像現在這麼多的，這是因爲讒邪並進，上多疑心的原因。讒邪進則眾賢退，羣枉盛則正士消，君子道消，則政日亂，小人道消，則政日治。從前有鯀、共工、驩兜，和舜、禹雜處堯朝，周公和管、蔡同居周位，當時迭進相毀，流言相謗，帝堯、成王能賢舜、禹、周公，而消共工、管、蔡，所以大治；孔子和季孟同仕於魯，李斯和叔孫皆宦於秦，定公始皇賢季孟李斯，而消孔子叔孫，所以大亂。佞人在位，歷年不去，令出則常改，用賢則未能三旬而退，如此而希望能陰陽和調，這不是很難的事嗎？所以劉向以爲如能放遠佞邪之黨，壞散險詖之聚，杜閉羣枉之門，廣開眾正之路，使是非炳然，百異自會消滅，而使眾祥並至，這是太平之基，萬世之利啊！

在成帝元延中，又有天地之變，劉向復上奏災異。以爲春秋二百四十二年，日蝕三十六，襄公尤數，自建始（西元前三二年）以來，二十年間而八蝕，古今罕有，所以觀孔子之言，考暴秦之異，覽惠帝昭帝之無後，察昌邑王之不終，視宣帝之繼起，天命去就，實在彰明可畏。能思其故，則有百年之福。今日蝕尤屢，星象有異，因此劉向希望成帝能給他機會，讓他能指圖陳狀，冀銷大異。

由上可知，劉向以宗室之親，因常深恐佞人的得勢，及賢人的不能出頭，因此每借題發揮，如在中書宦官弘恭、石顯，及外戚王鳳兄弟等弄權專政時，則無不就變異的發生，而勸說皇帝，在他的思想中，一定是時時刻刻都在爲劉漢擔心。所以他的談災異，當不過是希望皇帝能由此而深留聖思，審固幾密，鑑往事之戒，以折中取信，居萬安之實，用保社稷而已。可惜當時的皇帝都不足以振衰起敝，否則就不會有王莽篡漢的事情發生了。

八、劉向的文學

漢代學術，重在經學，漢代的文學，以辭賦爲主潮，漢人論文，除站在一般的文學觀點外，大抵上也受到儒家思想的影響。這種情形，在漢武帝的時候，尤其如此。

劉向雖是經學家，但是也和王褒一樣，同以文章顯名。他以博古敏達，辨章舊文，因追念屈原的忠信而被放逐，遂有〈九歎〉之作，今與王褒的〈九懷〉同列在王逸的《楚辭章句》中（見附錄七）。

另外，劉向尚有〈請雨華山賦〉、〈雅琴賦〉、〈圍棊賦〉等，可惜都已經亡佚了。現在我們就從他的〈九歎〉來窺探他的文學吧！

〈九歎〉計分：〈逢紛〉、〈離世〉、〈怨思〉、〈遠逝〉、〈惜賢〉、〈憂苦〉、〈愍命〉、〈思古〉、〈遠遊〉九篇。是在感傷屈原的雖被放逐在山澤中，但是還日夜不停的愍念他的國君。這是一種讚賢以輔志，騁詞以耀德的手法。現在，我們試從王逸的《章句》中，逐篇的隨手摘出幾句來看看：

在〈逢紛〉中，他說：「讒夫藹藹而漫著兮，曷其不舒予情？」藹藹是盛多的樣子。全句話的意思是說：「讒人相聚藹藹而盛，欲漫污人以自著，明君何不舒我忠情以詰責之？」

看！有那麼多的讒佞之人相聚在一起，還要藉著對別人的攻擊污辱，以顯揚自己，可是賢明的國君，爲什麼就不讓我發舒一下我的忠精之情，來揭發奸人的陰謀呢？這種感歎，跟劉向當時的處境，是不是有幾分相像呢？

在〈逢紛〉中，接著又說：「始結言於廟堂兮，信中塗而叛之。」廟堂是先祖所居的地方，國君爲政舉事，必告於宗廟，議於明堂。這一句話的意思是說：「君始嘗與己結議連謀於明堂之上，今信用讒言，中道而更背我。」

當周堪、張猛在位的時候，劉向曾條災異封事，以爲治亂榮辱之端，在所信任，信任既賢，在於堅固而不移。如果用賢未能三旬而退，是轉石也（按：《詩》云：「我心匪石，不可轉也」）。這種歎息用賢不篤，反受讒言疏離的話，在劉向的口中說出，該是何等的深切啊！

〈逢紛〉又說：「懷蘭蕙與衡芷兮，行中壄而散之。」衡，一作蘅；壄，一作野。全句話的意思是說：「己懷忠信之德，執芬香之志，遠行中野，散而棄之，傷不見用。」劉向既悲屈原的懷才不遇，當也在藉以自怨。因此他們必都是聲哀哀而心愁愁。

由此可知，〈逢紛〉一篇，固在寫屈原，但是劉向只在爲寫屈原而寫屈原嗎？

在〈離世〉一篇中，劉向一開頭就接連著說：「靈懷其不吾知兮，靈懷其不吾聞。」「就靈懷之皇祖兮，愬靈懷之鬼神。」「靈懷曾不吾與兮，即聽夫人之諛辭。」這幾句話的意思是說：「懷王闇惑，不知我之忠誠，不聞我之清白，反用讒言而放逐己。」「己所言忠正而不見信，願就懷王先祖告語其寃，使照己心。」「懷王之心曾不與我合，又聽用讒諛之言以過怒己。」

這是多麼悲切的話啊！真是呼天天不應，叫地地不靈。自己的忠誠既不被聞問，更遭到讒言的陷害，這是多麼不平的事啊！劉向的一生，雖然不像屈原那麼困頓，但是他滿意嗎？他的隱憂，始終沒被皇帝認真的重視過，這怎不令他心焦？王莽的篡漢，要是劉向死後有知，又怎能不令他含恨九泉呢？

劉向的忠節，皇帝是知道的，但是除了嗟嘆悲傷外，又能如何？在〈離世〉中，劉向說：「余幼既有此鴻節兮，長愈固而彌純。」「不從俗而詖行兮，直躬指而信志。」「不枉繩以追曲兮，屈情素以從事。」這幾句話的意思是說：「己幼少有大節度以應天地，長大修行而彌純固。」「己執履忠信，不能隨從俗人傾易其行，直身而言，以信己之志終不回移。」「己心正直，不能枉性以追曲俗，屈我素志，以從眾人而承事之。」

像這樣有節度、履忠信的人，當然不只屈原能如此。當王氏兄弟貴盛的時候，呼朋引類，上下比周，劉向如能見風轉舵，不也一樣能飛黃騰達嗎？但是他不然。

在〈思怨〉裏，劉向說：「念社稷之幾危兮，反爲讎而見怨。」這句話的意思是說：「己念君信用讒佞，社稷幾危，以故正言極諫，反爲眾臣所讎而見怨惡。」

因正言極諫，反爲佞人所讒的，當然也不只屈原一人而已。所以當漢成帝時，雖曾有意用劉向爲九卿，但是卻被王氏居位大臣及丞相御史所反對而終不得遷。

〈遠逝〉一篇，劉向一開頭就寫下了他極爲幽深的愁思。在〈惜賢〉中，他更因爲看到了屈原所作的〈離騷〉之博達溫雅，忠信懇惻，而懷王不悟，心又爲之悲傷怫鬱。對國家的忠精，既不得應有的報償，一個心意不堅的人，是會見異思遷的，所以在〈憂苦〉中，劉向曾有這樣的話：「欲遷志而改操兮，心紛結其未離。」奸人既常得意，因有徙意改操，隨俗佞僞的念頭，但心裏卻亂結得很，竟未能暫離於忠信。

瞧！一個精貞成性的人，雖在危難的時候，他還是如此的始終如一啊！

志既不可遷，操守不可改，在中心紛亂之餘，只好「歎〈離騷〉以揚意兮」，但是卻「猶未殫於九章」。這一句，還是〈憂苦〉中的話，意思是說「己憂愁不解，乃歎吟〈離騷〉之經以揚己志」。但是卻「尚未盡〈九章〉之篇，而已愁思悲結」。

在〈愍命〉中，劉向說：「剸讒賊於中廇兮，選呂管於榛薄。」剸，是去的意思；廇，是室中央；呂，是呂尚；管，是管仲。全句話的意思是說：「己欲爲君斫去讒賊之臣於堂廇之中，選進呂尚、管仲之徒以爲輔佐，則邦國安寧。」

這種舉賢去邪的思想，可以說是劉向一生中的願望。但是希望歸希望，理想是理想，忠貞之志雖申，君心卻乖差而不與我同，因此，在〈愍命〉中，劉向又不得不說「雖謇謇以申志兮，君乖差而屏之」了。

既小人常侍在帝側，劉向在〈思古〉中，乃一連串的說是：「背三五之典刑兮，絕洪範之辟紀。播規榘以背度兮，錯權衡而任意。操繩墨而放弃兮，傾容幸而侍側。甘棠枯於豐草兮，藜棘樹於中庭。西施斥於北宮兮，仳倠倚於彌楹。」這是幾句很容易了解也很深切的話，第一句中的「典」，是「常」的意思，刑，即法。典刑，就是常法。全句的意思是說：「君之施行，背三皇五帝之常典，絕去洪範之法紀，任意妄爲，故失常道。」第二句中的

「播」，是「棄」的意思，全句是說：「君棄先王之法度而不奉循，猶置衡稱不以量物，更任其意而商輕重，必失道徑，違人情。」第三句是說：「賢者執持法度而見放棄，傾頭容身讒諛之人反得親近，侍於旁側。」第四句是說：「甘棠香美之木，枯於草中而不見御，反種蒺藜棘刺之木，滿於中庭。」也就是說：「遠仁賢而近讒賊。」最後一句中的「仳倠」是「醜女」，全句是說：「西施美好，棄於後宮不見進御，仳倠醜女，反倚立徧兩楹之間侍左右。」

哎！在現實社會裏，既是如此，所以在〈遠遊〉中，只得「悲余性之不可改兮，屢懲艾而不迻」了。這種體受忠直之性，雖數爲讒人所懲艾，而心終不移易的性格，實在是又可嘆又可愛。

綜觀劉向的〈九歎〉，既高屈原的節行，作賦騁辭，實在也是在發抒自己胸中的愁悶。其文清怨古秀，寫的雖然是屈原，但是從以上的摘取當中，也可以看出他是如何的把自己的感情放到那裏面去了。在漢文帝時的賈誼，因爲境遇和屈原有些相同，便自然的同情於屈原，他爲長沙王太傅時，渡湘水，曾爲賦以弔屈原，有遭世罔極，逢時不祥，鴟梟翱翔，讒諛得志的話，看他的哭屈原，實在也是在自哭。那麼，劉向的〈九歎〉，表面上，當然是在歎屈原的遭遇，但是，骨子裏，不也可以看出他也在自歎嗎？

從漢武帝以後，到建安之前，是所謂的辭賦時代，這時候的文字，傾向於大規模的著作，和弘麗的體制，在光彩輝煌的外表下，有些作品的內容，雖然是相當空虛的，可是像劉向這樣的著作，不但有詩的雋美，而且還蘊藏著相當深摯的性靈，幽憂窮蹙，怨慕淒涼，可以說是得到了溫柔敦厚的美了。難怪曾國藩在〈聖哲畫像記〉一文裏，對於他文章的淵懿，曾譽爲得於陰與柔之美，是天地間一種溫厚的仁氣。

由此可知，劉向的文學觀，應是既主用，又尚文，是文質並重的，不但承繼了前人的結晶，而合於當時的需要，並且也爲後代的文學，起了一定的影響。

九、結論

一個人，要想能流芳萬古，必須有他特殊的表現。有的，以匹夫而能爲百代師，有的，因一句話而能爲天下法，這些，一定都有他能參天地之化，關盛衰之運的地方。

看劉向的一生，在他個人的勤儉自勉之餘，就校讎學上説，他是一位最有成績，而且是影響於後世最爲深遠的第一人；在盛談五行災異的漢代，他能援以戒懼當時的君臣上下，勒書立説，每以國家爲重，識見的高遠，可以説是超越了羣倫，而不爲時代所拘迷；在文學方面的造詣，他不但能以文章揚名於當世，而且也做了承先啟後的工作，在我國文化史上，他確實是一位值得大提特提的人物。

古今中外，能以思想感染到如此久遠廣大，並且會有如此顯著的卓越貢獻的人，幾千年來，得有幾人？在我們很想能加以探討並且能選擇接受前人思想的時候，劉向一生的言行，不是很值得作我們的借鏡嗎？對於劉向的一切，以上所提到的，當然不能盡其全部，希望我們能在這個基礎上，進一步的再去研究他。

附錄

附錄一之一　劉向〈孫卿書錄〉之一

護左都水使者光祿大夫臣向言所校讎
中孫卿書凡三百二十二篇以相校除復
重二百九十篇定著三十二篇皆以定殺
青簡書可繕寫孫卿趙人名況方齊宣王
威王之時聚天下賢士於稷下尊寵之若
鄒衍田駢淳于髡之屬甚衆號曰列大夫
皆世所稱咸作書刺世是時孫卿有秀才
年五十始來游學諸子之事皆以爲非先
王之法也孫卿善爲詩禮易春秋至齊襄
王時孫卿最爲老師齊尚脩列大夫之缺
而孫卿三爲祭酒焉齊人或讒孫卿乃適
楚楚相春申君以爲蘭陵令人或謂春申
曰湯以七十里文王以百里孫卿賢者也
今與之百里地楚其危乎春申君謝之孫
卿去之趙後客或謂春申君曰伊尹去夏

據上海商務印書館縮印古逸叢書本
(《四部叢刊初編》子部)

附錄一之二　劉向〈孫卿書錄〉之二

入殷殷王而夏亡管仲去魯入齊魯弱而齊強故賢者所在君尊國安今孫卿天下賢人所去之國其不安乎春申君使人聘孫卿孫卿遺春申君書刺楚國因爲歌賦以遺春申君春申君恨復固謝孫卿孫卿乃行復爲蘭陵令春申君死而孫卿廢因家蘭陵李斯嘗爲弟子而相秦及韓非號韓子又浮丘伯皆受業爲名儒孫卿之應聘於諸侯見秦昭王昭王方喜戰伐而孫卿以三王之法說之及秦相應侯皆不能用也至趙與孫臏議兵趙孝成王前孫臏爲變詐之兵孫卿以王兵難之不能對也卒不能用孫卿道守禮義行應繩墨安貧賤孟子者亦大儒以人之性善孫卿後孟子百餘年孫卿以爲人性惡故作性惡一篇以非孟子蘇秦張儀以邪道說諸侯以大貴顯

孫卿退而笑之曰夫不以其道進者必不以其道亡至漢興江都相董仲舒亦大儒作書美孫卿孫卿卒不用於世老於蘭陵疾濁世之政亡國亂君相屬不遂大道而營乎巫祝信禨祥鄙儒小拘如莊周等又滑稽於是推儒墨道德之行事興壞序列著數萬言而卒葬蘭陵而趙亦有公孫龍爲堅白同異之辨處子之言魏有李悝盡地力之教楚有尸子長盧子芊子皆著書然非先王之法也皆不循孔氏之術唯孟軻孫卿爲能尊仲尼蘭陵多善爲學蓋以孫卿也長老至今稱之曰蘭陵人喜字爲卿蓋以法孫卿也孟子孫卿董先生皆小五伯以爲仲尼之門五尺童子皆羞稱五伯如人君能用孫卿庶幾於王然世終莫能用而六國之君殘滅秦國大亂卒以亡觀孫

據上海商務印書館縮印古逸叢書本
(《四部叢刊初編》子部)

附錄二　劉向〈晏子敘錄〉

晏子春秋目錄

內篇諫上第一凡二十五章
內篇諫下第二凡二十五章
內篇問上第三凡三十章
內篇問下第四凡三十章
內篇雜上第五凡三十章
內篇雜下第六凡三十章
外篇重而異者第七凡二十七章
外篇不合經術者第八凡十八章

右晏子凡內外八篇總二百十五章

護左都水使者光祿大夫臣向言所校中書晏子十一篇臣向謹與長社尉臣參校讎太史書五篇臣向書一篇參書十三篇凡中外書三十篇為八百三十八章除復重二十二篇六百三十八章定著八篇二百一十五章外書無有三十六章中書無有七十一章中外皆有以相定中書以夭為芳又為備先為牛章為長如此類者多謹頗略揃皆已定以殺青書可繕寫晏子名嬰謚平仲萊人萊者今東萊地也晏子博聞彊記通于古今事齊靈公莊公景公以節儉力行盡忠極諫道齊國君得以正行百姓得以附親不用則退耕于野用則必不詘義不可脅以邪白刃雖交胸終不受崔杼之劫諫齊君懸而至順而刻及使諸侯莫能詘其辭其博通如此蓋次管仲內能親親外能厚賢居相國之位受萬鍾之祿故親戚待其祿而衣食五百餘家處士待而舉火者亦甚衆晏子衣苴布之衣麋鹿之裘駕敝車疲馬盡以祿給親戚朋友齊人以此重之晏子蓋短其書六篇皆忠諫其君文章可觀義理可法皆合六經之義又有復重文辭頗異不敢遺失復列以為一篇又有頗不合經術似非晏子言疑後世辯士所為者故亦不敢失復以為一篇凡八篇其六篇可常置旁御觀謹第錄臣向昧死上

據上海商務印書館縮印江南圖書館藏明活字印本
（《四部叢刊初編》史部）

附錄三　劉向《古列女傳》書影

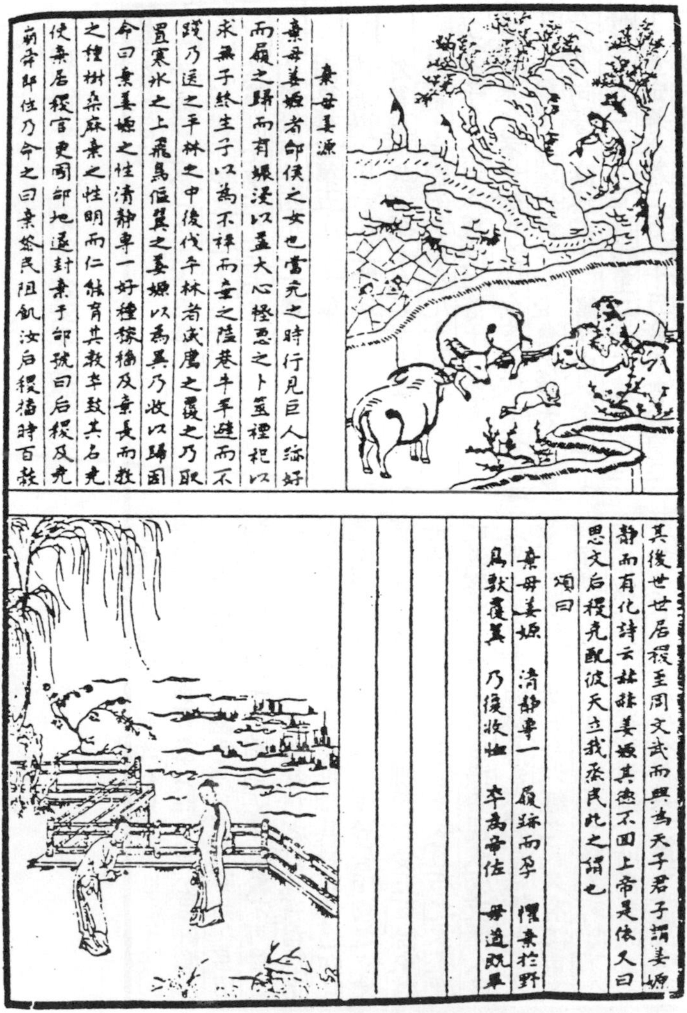

棄母姜嫄

棄母姜嫄者邰侯之女也當堯之時行見巨人跡好而履之歸而有娠浸以益大心怪惡之卜筮禋祀以求無子終生子以為不祥而棄之隘巷牛羊避而不踐乃送之平林之中後伐平林者咸薦之覆之乃取置寒冰之上飛鳥傴翼之姜嫄以為異乃收以歸因命曰棄姜嫄之性清靜專一好種稼穡及棄長而教之種樹桑麻棄之性明而仁能育其教卒致其名堯使棄居稷官更國邰地遂封棄于邰號曰后稷及堯崩舜即位乃命之曰棄黎民阻飢汝后稷播時百穀其後世世居稷至周文武而興為天子君子謂姜嫄靜而有化詩云赫赫姜嫄其德不回上帝是依又曰思文后稷克配彼天立我烝民此之謂也

頌曰

棄母姜嫄　清靜專一　履跡而孕　懼棄於野

鳥獸覆翼　乃復收恤　卒為帝佐　母道既畢

據上海商務印書館縮印長沙葉氏觀古堂藏明刊本

(《四部叢刊初編》史部)

附錄四　劉向《新序》書影

者之不如今此之謂也
荊人卞和得玉璞而獻之荊厲王使玉尹相之
曰石也王以和為謾而斷其左足厲王薨武王
即位和復奉玉璞而獻之武王武王使玉尹相
之曰石也又以為謾而斷其右足武王薨共王
即位和乃奉玉璞而哭於荊山中三日三夜泣
盡而繼之以血共王聞之使人問之曰天下刑
之者衆矣子獨何哭之悲也對曰寶玉而名之
曰石貞士而戮之以謾此臣之所以悲也共王
曰惜矣吾先王之聽難剖石而易斬人之足夫
死者不可生斷者不可屬何聽之殊也乃使人
理其璞而得寶焉故名之曰和氏之璧故曰珠
玉者人主之所貴也和雖獻寶而美未為玉尹
用也進寶且若彼之難也況進賢人乎賢人與
姦臣猶仇讎也於庸君意不合夫欲使姦臣進
其讎於不合意之君其難萬倍於和氏之璧又
無斷兩足之臣以推其難猶拔山也千歲一合
若繼踵然後賢王之君與焉其賢而不用不可
勝載故有道者之不戮也宜白玉之璞未獻耳

劉向新序卷第五

劉向新序卷第六

刺奢第六

桀作瑶臺罷民力殫民財為酒池糟隄縱靡靡
之樂一鼓而牛飲者三千人群臣相持歌曰江
水沛沛兮舟楫敗兮我王廢兮趣歸薄兮薄亦
大兮又曰樂兮樂兮四牡蹻兮六轡沃兮去不
善而從善何不樂兮伊尹知天命之至舉觴而
告桀曰君王不聽臣之言亡無日矣桀拍然而
作啞然而笑曰子何妖言吾有天下如天之有
日也日有亡乎日亡吾亦亡矣於是接履而趣
遂適湯湯立為相故伊尹去官入殷殷正而夏
亡

紂為鹿臺七年而成其大三里高千尺臨望雲
雨作炮烙之刑戮無辜奪民力冤暴施於百姓
慘毒加於大臣天下叛之願臣文王及周師至
令不行於左右悲夫當是時求為匹夫不可得
也紂自取之也

魏王將起中天臺令曰敢諫者死許綰負操鍤
入曰聞大王將起中天臺臣願加一力王曰子
何力有加綰曰雖無力能商臺王曰若何曰臣
聞天與地相去萬五千里今王因而半之當起
之趾五百里之臺高既如是其趾須方八千里

據上海商務印書館縮印江南圖書館藏明翻宋刊本
（《四部叢刊初編》子部）

附錄五　劉向《說苑》書影

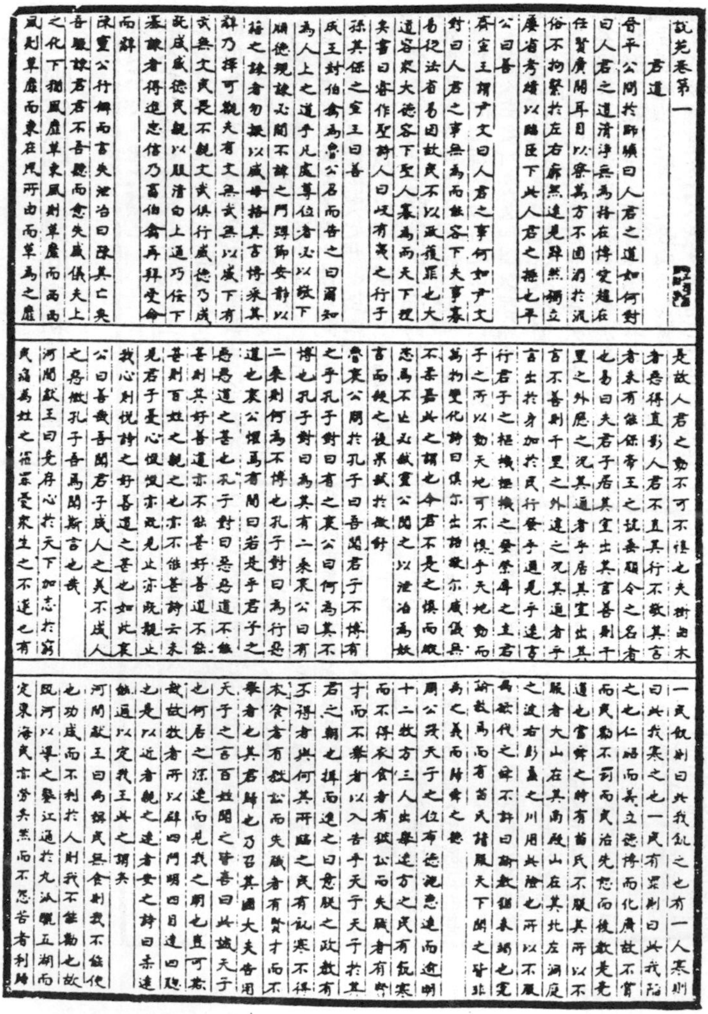

說苑卷第一
君道
晉平公問於師曠曰人君之道如何對
曰人君之道清淨無為務在博愛趨在
任賢廣開耳目以察萬方不固溺於流
俗不拘繫於左右廓然遠見踔然獨立
屢省考績以臨臣下此人君之操也平
公曰善
齊宣王謂尹文曰人君之事何如尹文
對曰人君之事無為而能容下夫事寡
易從法省易因故民不以政獲罪也大
道容眾大德容下聖人寡為而天下理
矣書曰睿作聖詩人曰岐有夷之行子
孫其保之宣王曰善
成王封伯禽為魯公召而告之曰爾知
為人上之道乎凡處尊位者必以敬下
順德規諫必開不諱之門撙節安靜以
藉之諫者勿振以威毋格其言博采其
辭乃擇可觀夫有文無武無以威下有
武無文民畏不親文武俱行威德乃成
既成威德民親以服清白上通巧佞下
塞諫者得進忠信乃畜伯禽再拜受命
而辭
陳靈公行僻而言失泄冶曰陳其亡矣
吾驟諫君君不吾聽而愈失威儀夫上
之化下猶風靡草東風則草靡而西西
風則草靡而東在風所由而草為之靡
是故人君之動不可不慎也夫樹曲木
者惡得直影人君不直其行不敬其言
者未有能保帝王之號垂顯令之名者
也易曰夫君子居其室出其言善則千
里之外應之況其邇者乎居其室出其
言不善則千里之外違之況其邇者乎
言出於身加於民行發乎邇見乎遠言
行君子之樞機樞機之發榮辱之主君
子之所以動天地可不慎乎天地動而
萬物變化詩曰慎爾出話敬爾威儀無
不柔嘉此之謂也今君不是之慎而縱
恣焉不亡必弒靈公聞之以泄冶為妖
言而殺之後果弒於徵舒
魯哀公問於孔子曰吾聞君子不博有
之乎孔子對曰有之哀公曰何為其不
博也孔子對曰為其有二乘哀公曰有
二乘則何為不博也孔子對曰為行惡
道也哀公懼焉有間曰若是乎君子之
惡惡道之甚也孔子對曰惡惡道不能
甚則其好善道亦不能甚好善道不能
甚則百姓之親之也亦不能甚詩云未
見君子憂心惙惙亦既見止亦既覯止
我心則說詩之好善道之甚也如此哀
公曰善哉吾聞君子成人之美不成人
之惡微孔子吾焉聞斯言也哉
河間獻王曰堯存心於天下加志於窮
民痛萬姓之罹罪憂眾生之不遂也有
一民飢則曰此我飢之也有一人寒則
曰此我寒之也一民有罪則曰此我陷
之也仁昭而義立德博而化廣故不賞
而民勸不罰而民治先恕而後教是堯
道也當舜之時有苗氏不服其所以不
服者大山在其南殿山在其北左洞庭
之波右彭蠡之川因此險也所以不服
禹欲伐之而舜不許曰諭教猶未竭也究
諭教焉而有苗氏請服天下聞之皆非
禹之義而歸舜之德
周公踐天子之位布德施惠遠而逾明
十二牧方三人出舉遠方之民有飢寒
而不得衣食者有獄訟而失職者有賢
才而不舉者以入告乎天子天子於其
君之朝也揖而進之曰意朕之政教有
不得者與何其所臨之民有飢寒不得
衣食者有獄訟而失職者有賢才而不
舉者也其君歸也乃召其國大夫告用
天子之言百姓聞之皆喜曰此誠天子
也何居之深遠而見我之明也豈可欺
哉故牧者所以辟四門明四目達四聰
也是以近者親之遠者安之詩曰柔遠
能邇以定我王此之謂矣
河間獻王曰禹稱民無食則我不能使
也功成而不利於人則我不能勸也故
疏河以導之鑿江通於九派灑五湖而
定東海民亦勞矣然而不怨苦者利歸

據上海商務印書館縮印平湖葛氏傳樸堂藏明鈔本
(《四部叢刊初編》子部)

附錄六　班固《漢書・五行志》書影

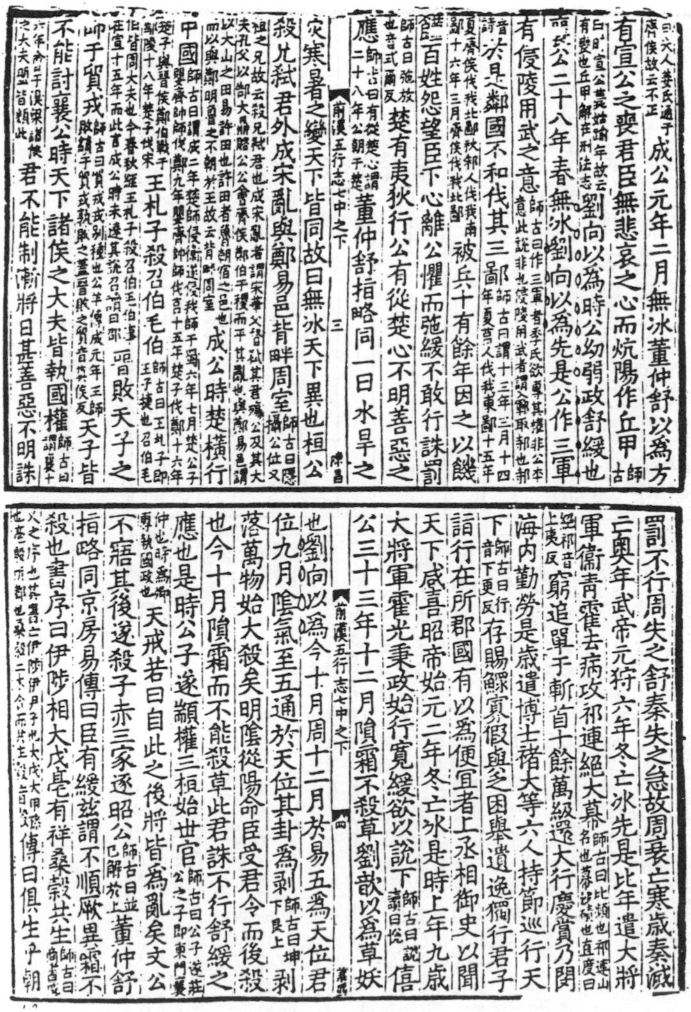

曰文人姜氏通于齊侯故云不正成公元年二月無冰董仲舒以爲方
有宣公之喪君臣無悲哀之心而炕陽作丘甲師古
曰宣公薨踰年故云有喪也丘甲解在刑法志劉向以爲時公幼弱政舒緩也
襄公二十八年春無冰劉向以爲先是公作三軍
有侵陵用武之意師古曰作三軍者季氏欲專其權非公本意此說非也侵陵用武者謂入鄆取邿也邿
音詩於是鄰國不和伐其三鄙師古曰謂十三年夏莒人伐我東鄙十五年
夏齊侯伐我北鄙秋邾人伐我南鄙十六年三月齊侯伐我北鄙被兵十有餘年因之以饑
饉百姓怨望臣下心離公懼而弛緩不敢行誅罰
師古曰弛放也音式爾反楚有夷狄行公有從楚心不明善惡之
應師古曰有從楚心謂二十八年公朝于楚董仲舒指略同一曰水旱之

前漢五行志七中之下　三　陳昌

災寒暑之變天下皆同故曰無冰天下異也桓公
殺兄弒君外成宋亂與鄭易邑背畔周室師古曰隱公位又
桓之兄故云殺兄弒君也成宋亂者謂宋華父督弒其君殤公及其大
夫孔父以郜大鼎賂公公會齊侯鄭伯于稷而平其亂也與鄭易邑謂
以大山之田易許田也許田者魯朝宿之邑也
而以與鄭明魯之不朝於王故云背畔周室成公時楚橫行
中國師古曰謂成二年楚師侵衛遂侵我師于蜀六年七月楚公子
嬰齊帥師伐鄭九年嬰齊帥師伐莒十五年楚子伐鄭十六年
楚子與晉侯鄭伯戰于鄢陵十八年楚子伐宋王札子殺召伯毛伯師古曰王札子即王子捷也召伯毛
伯皆周大夫也今春秋經王札子殺召伯毛伯事在宣十五年而此言成公時未達其說召讀曰邵晉敗天子之
師于貿戎師古曰貿戎戎別種也公羊傳成元年王師敗績于貿戎孰敗之蓋晉敗之貿音茂又音莫侯反天子皆
不能討襄公時天下諸侯之大夫皆執國權師古曰謂襄十
六年會于溴梁諸侯之大夫盟皆類此君不能制漸將日甚善惡不明誅

罰不行周失之舒秦失之急故周衰亡寒歲秦滅
亡奧年武帝元狩六年冬亡冰先是比年遣大將
軍衛青霍去病攻祁連絕大幕師古曰比頻也祁連山名也幕荀也直度曰
絕祁音上夷反窮追單于斬首十餘萬級還大行慶賞乃閔
海內勤勞是歲遣博士褚大等六人持節巡行天
下師古曰行音下更反存賜鰥寡假與乏困舉遺逸獨行君子
詣行在所郡國有以爲便宜者上丞相御史以聞
天下咸喜昭帝始元二年冬亡冰是時上年九歲
大將軍霍光秉政始行寬緩欲以說下師古曰說讀曰悅僖
公三十三年十二月隕霜不殺草劉歆以爲草妖

前漢五行志七中之下　四

也劉向以爲今十月周十二月於易五爲天位君
位九月陰氣至五通於天位其卦爲剝師古曰坤下艮上剝
落萬物始大殺矣明陰從陽命臣受君令而後殺
也今十月隕霜而不能殺草此君誅不行舒緩之
應也是時公子遂顓權三桓始世官師古曰公子遂莊公之子即東門襄
仲也時爲卿專執國政也天戒若曰自此之後將皆爲亂矣文公
不寤其後遂殺子赤三家逐昭公師古曰並已解於上董仲舒
指略同京房易傳曰臣有緩茲謂不順厥異霜不
殺也書序曰伊陟相大戊亳有祥桑穀共生師古曰商書之
序也其書亡伊陟伊尹子也大戊大甲孫也亳殷所都也桑穀二木合而共生也傳曰俱生乎朝

北宋景祐刊本（商務印書館百衲本二十四史）

附錄七 劉向〈九歎〉書影

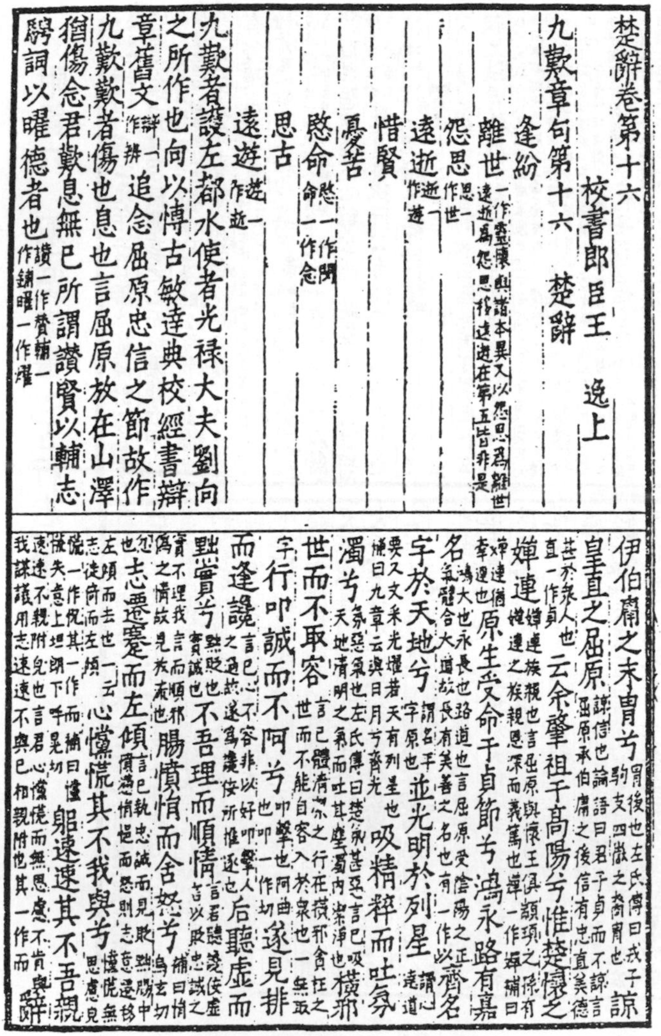

楚辭卷第十六 校書郎臣王逸上

九歎章句第十六 楚辭

逢紛

離世 一作靈懷與諸本異又以怨思爲離世遠逝爲怨思移遠遊在第五皆非是

怨思 思一作世

遠逝 逝一作遊

惜賢

憂苦

愍命 愍一作閔命一作念

思古

遠遊 遊一作逝

九歎者護左都水使者光祿大夫劉向之所作也向以博古敏達典校經書辯章舊文 辯一作辨 追念屈原忠信之節故作九歎歎者傷也息也言屈原放在山澤猶傷念君歎息無已所謂讚賢以輔志騁詞以曜德者也 讚一作贊輔一作鋪曜一作燿

伊伯庸之末冑兮 冑後也左氏傳曰戎子駒支四嶽之裔冑也 諒皇直之屈原 諒信也論語曰君子貞而不諒言屈原承伯庸之後信有忠直美德甚於衆人也 直一作貞 云余肇祖于高陽兮惟楚懷之嬋連 嬋連族親也言屈原與懷王俱顓頊之孫有嬋連之族親恩深而義篤也嬋一作嬋 補曰嬋連猶牽連也 原生受命于貞節兮鴻永路有嘉名 鴻大也永長也路道也言屈原受陰陽之正氣體合大道故長有美善之名也 有一作以 齊名字於天地兮 謂名平字原也 並光明於列星 謂以遠道 要又文采光耀若天有列星也 補曰九章云與日月兮齊光 吸精粹而吐氛濁兮 氛惡氣也左氏傳曰楚氛甚惡言己吸天地清明之氣而吐其塵垢濁內案淨也 橫邪世而不取容 言己體清潔之行在橫邪貪枉之世而不能自容入於衆也 一無取字 行叩誠而不阿兮 叩擊也阿曲也 叩一作扣 遂見排而逢讒 言己心不容非以好叩擊人之過故遂爲讒佞所推逐也 后聽虛而黜實兮 黜貶也實誠也 不吾理而順情 言君聽讒佞虛僞之言以貶忠誠之實不理我言而順邪僞之情故見放流也 腸憤悁而含怒兮 補曰悁烏玄切 志遷蹇而左傾 言己執忠誠而見貶黜腸中憤懣悁悒而怨恚則志意遷移左傾而去也 一云志徙倚而左傾 心懭慌其不我與兮 懭慌無思慮貌 慌一作悅其一作而 補曰懭放失意上坦朗切下呼晃切 躬速速其不吾親 速速不親附貌也言君心懭慌而無思慮不肯與我謀議用志速速不與己相親附也 其一作而 辭

據上海商務印書館縮印江南圖書館藏明覆宋刊本

(《四部叢刊初編》集部)

參考書目

《漢書補注》　王先謙補注，藝文印書館，《二十五史》。
《全上古三代秦漢三國六朝文》　清嚴可均校輯，世界書局，《全漢文》卷三五至三九〈劉向〉。
《洪範五行傳》三卷　漢劉向撰，清陳壽祺輯，《左海全集》本，別有王謨、黃奭輯本。
《列女傳》七卷　漢劉向撰，臺灣商務印書館，《四部叢刊初編》史部〇六〇。
《新序》十卷　漢劉向撰，臺灣商務印書館，《四部叢刊初編》子部〇七四。
《說苑集證》　左松超撰，國立臺灣師範大學國文研究所博士論文自印本。
《楚辭補注》　洪興祖補注，臺灣商務印書館，《四部叢刊初編》集部一三一，〈九歎〉章句第十六，頁一五〇至一六七。
《劉向校讎學纂微》　孫德謙著，文粹閣編印。
《中國目錄學史》　姚名達著，臺灣商務印書館。

揚雄

李鍌 著

目 次

揚雄

一、傳略

揚雄，字子雲，四川成都人，生於漢宣帝甘露元年（西元前五三年），死於新莽天鳳五年（西元一八年），享年七十一歲。

揚雄的姓氏，有的說是从手，有的說是从木，各本《漢書》的寫法固然不一致，而前人的說辭也頗有爭議，唯有汪榮寶《法言義疏》，以爲古人同聲通叚，本是常例，揚、楊通用，不必拘泥。這種說法，堪稱平允。

揚雄生性恬淡，不慕名利，崇尚清靜無爲，少有嗜欲。由於口吃，不能暢談，所以喜愛深思；而且自幼好學，博覽羣籍，無所不見。當時章句之學非常盛行，往往一經說至數十萬言，但是大都浮辭繁長，言過其實；而揚雄則祇是訓詁大義而已，不願意隨世趨俗，從事這種章句之學。家境貧困，沒有儋石的儲糧，遁居山野，與乞兒爲鄰，卻能安之若素，既不汲汲於富貴，也不戚戚於貧賤，實在窮得莫奈何，也祇不過作一篇〈逐貧賦〉，聊以解嘲而已。

所以揚雄也可算是一位安貧樂道的人。

在揚雄以前，漢朝首屈一指的大賦家，要數文、景、武帝時代的司馬相如。司馬相如和揚雄同鄉，早揚雄約百年左右，所作的賦，都是材富辭麗，揚雄對他非常仰慕，以爲他的賦不是從人間來，而是神化所至，所以每作一篇賦，都要模仿司馬相如的賦而作，像〈甘泉〉、〈羽獵〉、〈長楊〉、〈河東〉，這四篇最有名的賦，便都是模仿司馬相如的〈子虛〉、〈上林〉二賦而來的。至於屈原，更是他所景仰備至的，他深怪屈原的文章勝過司馬相如，竟然不能見容於世，終至投江而死。所以深感哀傷，每讀〈離騷〉，沒有不涕泣流淚的；不過他不以爲屈原必須投江自沈，他認爲一個人遇與不遇完全是「命」，不必爲此輕生。因而，他摭拾〈離騷〉的文字而作了一篇〈反騷〉，從嶓山投到江裏去，以祭弔屈原，並且另外又作一篇〈廣騷〉和一篇〈畔牢愁〉。

成帝鴻嘉年間，揚雄三十幾歲，從四川來到京師，大司馬車騎將軍王音，對他的文章感到非常驚奇，便召他做門下史。不久，有一位尚書郎楊莊，是揚雄的同鄉，他看過揚雄的文章，就把其中一篇叫做〈成都城四隅銘〉的，誦讀給成帝聽，成帝以爲這文章很像司馬相如，於是召揚雄在承明庭待詔。

元延二年（西元前一二年）正月，揚雄隨從成帝到甘泉宮去郊祀泰時（祭天），汾陰后土（祭地）；當時趙昭儀正寵幸，每次成帝行幸甘泉宮，隨行的屬車有八十一輛之多，而趙昭儀常被置在最後一輛懸有豹尾的屬車中。揚雄看了，深不以爲然，回來後，便奏上〈甘泉賦〉，說明車騎過盛，參駕過多，非所以感動天地；並且諷勸成帝必須屏卻玉女，遠退宓妃，齋戒肅穆，成帝感到非常的驚異。

同年三月，成帝又率領羣臣，到河東（山西境內黃河以東）去祭祀后土，事後，遊介山（即汾山，在山西萬泉縣東），覽龍門（龍門山，在山西河津縣和陝西韓城縣間），登歷觀（臺觀名，在山西永濟縣東南歷山上），陟西岳（華山，在陝西華陰縣南），縱觀天下，追跡殷、周的舊墟，遠慕唐、虞的世風。揚雄以爲「與其臨川羨魚，不如歸而結網」。所以回來後又上一篇〈河東賦〉，諷勸成帝要自己興發圖謀理想的政治，以追儗古代的聖王。

十二月，揚雄又隨著成帝出去射獵，看到射獵的陣容，車馬器械過於壯盛；而苑囿裏所經營的宮觀臺榭，也過於奢麗侈靡，極盡遊觀的能事，以爲既傷民又傷財，與古聖王堯、舜、禹、湯、文王等僅爲「奉郊廟、御賓客、充庖廚」而射獵的「三驅」之意旨不合，於是又奏上一篇〈羽獵賦〉，加以諷勸。成帝封他爲郎，給事黃門。這時揚雄四十三歲。

元延三年秋天，成帝來到長楊宮，秋天，正是多禽獸的季節，成帝派遣大批老百姓進入南山，西邊從褒斜（陝西省終南山谷名）起，東邊到弘農（郡名，今河南洛陽以西至陝縣），南邊到漢中（今陝西省南鄭東）止，大張羅網，捕捉各種鷙禽猛獸，以及狐兔麋鹿等，送到長楊宮的射熊館，再令胡人徒手去和禽獸搏鬥，各人可以獲得所搏來的禽獸，成帝親臨觀賞，而百姓卻不能去收成穀物，揚雄看到了，回來後，又寫上一篇〈長楊賦〉，藉翰林爲主人，子墨作客卿，來諷勸成帝。

揚雄與王莽、劉歆曾經先後同官，哀帝初年，又和董賢同官。建平四年（西元前三年），匈奴單于上書請朝；五年，由於哀帝生病，有人就說：以前黃龍（漢宣帝年號）竟寧

（漢元帝年號）的時候，匈奴兩度來中國朝拜，而兩次國中都發生了大喪。哀帝聽了，心中非常作難，便徵問各公卿，大家都認為這是虛費國家財帑，暫時不必應許。揚雄知道了，趕緊上書勸諫，說明不許匈奴來朝，將啟無窮的邊患。哀帝於是召匈奴使者，修書使其回報單于，許他來朝。

哀帝、平帝間，丁、傅兩家外戚專權用事，而王莽、董賢等也都位居三公，他們所薦舉的人，沒有不被拔擢重用的，凡是阿附他們的人，都官至二千石，而揚雄卻淡泊自守，不去逢迎攀附，所以歷成、哀、平三代，仍然還是官居黃門郎，沒有升遷。

這時揚雄正在草撰《太玄》，揚雄的用意是想要以晞聖的事自任，以文章成名於後世，一般人不了解他的用心，譏嘲他「以玄尚白」，既不能化俗歸道，又白費心思，空無祿位。揚雄聽到了，就寫一篇〈解嘲〉，表明自己雖無祿位，也寧願守此《太玄》的心志。同時，由於《太玄》的文字過於艱深難懂，有人恐怕讀的人不了解，學的人也難成功。揚雄又作一篇〈解難〉，來說明不得不艱深的道理。

平帝元始年間，徵召天下精通小學的人有一百多位，聚集在未央宮中，討論文字，以爰禮為小學元士，主持這件事，揚雄也參與其間，他便將討論所得的結果，採取有用的，作成《訓纂篇》，使能上續李斯所作的《倉頡篇》。《訓纂篇》已經亡佚，現在祇能在馬國翰《玉函山房輯佚書》中看到他所輯錄的十四條而已。

孺子嬰初始元年十一月，王莽篡漢，就天子位，國號新，以十二月朔癸酉為始建國元年正朔（西元九年），這時揚雄六十二歲。當王莽篡位時，談說之士用符命來稱揚功德而獲得封爵的很多，計有四將十一公，獲得封拜卿大夫侍中以上的有幾百人，但是揚雄不願意這麼做，因而沒有封侯。還是王莽看他年紀老大了，才將他由黃門郎轉爲中散大夫。所以《漢書》本傳贊說他「恬於勢利乃如是」。不過揚雄卻也作了一篇〈劇秦美新〉，頌揚王莽，雖然這不是本情之作，但總是白玉之瑕，留給後人無窮的詬病。

王莽既是藉符命篡位自立的，所以就位後，便要永絕符命，一方面是恐怕大臣的怨謗，一方面是想表示他應符命而立的神聖。但是沒想到王莽最親信的大阿右拂大司空甄豐，他的兒子甄尋，當時官拜侍中京兆大尹茂德侯，和國師公劉歆的兒子侍中東通靈將五司大夫隆威侯劉棻，卻又一再作符命獻上，大大地觸犯了王莽的忌諱，疑心大臣在怨謗，要想藉此震他的權威，使臣下畏懼，於是興起大獄，除將甄尋流放到三危（山名，在今甘肅敦煌縣南。一說三危爲西藏之地），劉棻放逐到幽州（今河北省順天，承平及遼寧省錦州西北一帶之地）外，被牽連而死的公卿黨親列侯以下有幾百人。劉棻曾經跟揚雄學過奇字，當然免不了被牽連。雖然揚雄被王莽由黃門郎轉爲中散大夫，可是揚雄並不參與朝政，也不阿附王莽，每天衹是埋首在天祿閣校書，當「治獄使者」來抓他的時候，他恐怕無法自免，便從天祿閣上跳下去，差一點摔死。還是王莽聽到了，說：「揚雄素來不參與這些事，爲什麼也抓了來？」追問結果，知道是爲了劉棻曾經跟揚雄學過奇字的緣故，事實上揚雄並不知情，才下詔不要問揚雄的罪，可是京師的人卻用他〈解嘲〉中：「爰清爰靜，游神之庭；惟寂惟寞，守德之宅。」這兩句話來譏笑他，說他：「原要寂寞自守，卻落得自己投閣；原要清靜無爲，卻也作了符命。」揚雄並沒有作符命，這裏所說的符命，據王先謙《漢書補注》引沈欽韓說，是指揚雄所作的〈劇秦美新〉這篇文章而言。

起初，揚雄作賦，本意是要藉賦來達到諷諫的目的，可是賦的作法，必定要推類而言，極盡鋪敘閎衍、堆砌誇大之能事，而且辭采要非常靡麗，所以等到篇末回歸諷諫的正題上時，讀的人早已被那閎侈鉅衍的辭采迷住，不再注意到所諷諫的事情了。就像以前漢武帝喜好神仙，司馬相如奏上一篇〈大人賦〉，想加以諷勸，可是漢武帝讀了，不但沒有去掉喜好神仙的念頭，反而感到自己就像神仙一樣，飄飄然有凌雲而飛的意念。揚雄看到賦已失去了諷諫的功能，無補於事，便停止不再作賦，於是乃有《太玄》的撰作。到了晚年，揚雄眼看諸子百家的書，大抵都在詆毀周公、孔子所傳的儒家道理，發表怪誕迂闊、巧辯詭異的言辭，以攪亂時政；認爲這些雖然只是小辯，但終究是會破壞大道的，恐怕大家會沈溺於巧辯詭異的言辭而自己還不知道錯誤；又看到太史公所作的《史記》，記載六國、楚、漢的事蹟，對於「是非」的衡量，和孔子所作的《春秋經》，所持的態度頗不一致。當時有人常常問他，他便將所應對答問的言論，彙撰成書，並且效法《論語》，叫做《法言》，共十三卷。這本書，由於能夠繼跡孟、荀，崇尚正道，排斥異端，而且旨正言贍，文高而絕，所以東漢時就已大大地流行了。

此外，揚雄在天祿閣校書時，還創有一種叫做「連珠」的新文體；又因讀了《春秋》傳〈虞人箴〉，覺得沒有一篇比這再好的箴了，便模仿而作〈州箴〉。同時在早年，揚雄聽說古代天子有所謂「輶車之使」（天子使者所乘的輕車叫做輶車），專門考察天下各方的風雅，溝通九州的異同，記錄海內的音韻，探求異代的方言，回來以後，奏給天子，藏在祕室中。可是，這些資料，到了漢朝，都亡佚不見了，只有嚴君平、林閭、翁孺等人略知梗概，揚雄心裏非常喜好，便跟著他們學。後來做了黃門郎，有機會向天下各地來的孝廉，內郡來的衛卒，探究他們的不同語言，積二十七年的功夫，方才完成《方言》一書，共十五卷。這本書對於研究古代音韻，以及訓詁，頗有幫助。

揚雄晚年，曾經因病免官，後來又召爲大夫；由於家境貧困，很少人到他的家裏來，只有一些好事的，載著酒肴，來跟他學習，其中有一位弟子叫侯芭的，鉅鹿人（今河北平鄉縣治），常常和揚雄住在一起。揚雄死後，侯芭還給他起墳，名叫「玄塚」。據《長安志》引揚雄家牒說是有詔陪葬在安陵坂上。

終揚雄的一生，恬於勢利，好古樂道，雖然在新朝爲官，卻不汲汲於功名祿位，祇知道著書立論，在天祿閣校書，不參與朝政，范望說他是「朝隱」，確是知心之論啊！

二、揚雄的人格

揚雄的人格，從宋以來，有很多爭議。尊崇他的人，說他幾乎可以進入聖道；貶抑他的人，卻說他怕死失節。可是從漢代人的著書立論看來，不但對揚雄沒有什麼非議，而且還非常推崇。就以班固的《漢書》來說，在揚雄的本傳中，將《法言》的篇目全部列出，而對其他漢人的著述，並沒有這樣詳細，可見他對揚雄的推重。再看桓譚的《新論》，王充的《論衡》，對於揚雄的評價，幾乎都認爲可入聖道。而唐代的韓愈，也把揚雄看做孟、荀之亞；宋朝的宋咸，卻將揚雄和孟、荀相提並論。司馬溫公更認爲揚雄的成就，比起孟、荀，所得爲多。司馬溫公是宋朝的大儒，他作《資治通鑑》，所見的歷史人物很多，而獨獨垂青於揚雄，以爲他「所潛最深」，可見揚雄必定有他獨特的人格和造詣，才能使司馬溫公景仰這麼深。可是自從程子批評他「曼衍而無斷，優柔而不決」，接著蘇軾也說他「以艱深之詞，爲淺易之說」。到了朱子作《通鑑綱目》，寫到揚雄死，卻冠上「莽大夫」三字，從此以後，揚雄的人格、著作，都被後人所輕視了。

朱子作《通鑑綱目》，所以必定要寫上「莽大夫揚雄死」的原因，他在〈答尤延之〉的兩封信中，曾經加以說明：第一，按司馬溫公作《資治通鑑》的舊例，舉凡王莽的臣子死，必定用「死」字，而不用「卒」；唯獨揚雄，既匿其所受王莽的官稱，又用「卒」字，而不用「死」，似乎有涉「曲筆」之嫌，所以必須按其本例，寫作「莽大夫揚雄死」，以爲怕死失節的警戒。第二、是要效仿《春秋》的筆法，儘管揚雄沒有「臣賊之心」，但是卻有事莽的事實，所以要取《春秋》趙盾、許止的例子，只要做過王莽的臣子，一律冠以「莽臣」，使後世臣子有所戒惕。

按司馬溫公作《資治通鑑》，明知揚雄曾經做過莽大夫，而不按本書的正例，直寫「莽大夫揚雄死」，故意涉及「曲筆」，既匿其官稱，又用「卒」字。這正可以了解溫公的心意，是在表明揚雄做莽大夫，並非出自本情，不像太師王舜那批人，是由阿諛附媚而求得的。而朱子取《春秋》趙盾、許止的例子，也正可以說明他明知道揚雄的確沒有真心事莽，只不過要正《春秋》謹嚴的義法，以爲後世臣子的戒惕罷了。所以他在〈答尤延之〉的第二封信中，明白說出揚雄「與王舜之徒所以事莽者異」，「無臣賊之心」。

但是後世的人，對於揚雄，總認爲王莽篡漢，揚雄既然不能爲漢盡其死節，卻又做了王莽的大夫，而且還獻上一篇〈劇秦美新〉來讚頌新莽，可說是變節敗德。這幾點，司馬溫公早就有很深切的辯解。

(1)司馬溫公以爲，國家的大臣，身負社稷的重任，社稷亡了，爲社稷而死，這是「義」。如果揚雄是擔任將相之職，王莽篡國而不死，這當然應該責備。可是揚雄的職位，不過是個郎官，朝廷的事情，無權過問，那爲什麼責求他非死不可呢？

(2)對於揚雄的仕莽而不去，司馬溫公的看法是，當時知道王莽要篡國而離去的，就像龔勝這個人，而王莽卻想盡辦法聘他來做太子的師友，結果龔勝絕食而死。揚雄的名聲在當時已經被世人所重，即使要想離開隱居起來，免被王莽徵召，可能嗎？

(3)揚雄作《法言》，品評藻飾漢興以來的將相名臣，獨獨沒有提到王莽，以王莽的胸襟，能不感到可恥而忿怒嗎？再說揚雄自稱「不汲汲於富貴，不戚戚於貧賤」，看他曾經和王莽、劉歆同時做黃門郎，哀帝時，又和董賢同官，在成、哀中，王莽、董賢都貴爲三公，凡是他們推薦的，沒有不被拔擢重用，然而揚雄經過三朝都不升官，這不正是言行相副的證明嗎？要是他肯輔佐王莽的話，相信他的地位，絕不會在劉歆、甄豐之下。這難道會是譽莽求媚、貪圖富貴的人嗎？（以上見《法言．孝至，周公以束》司馬溫公注。）

再據班固《漢書．揚雄傳贊》所說，在王莽篡位時，許多談說之士，都以符命稱功德而封爵；以揚雄的學術地位，如果肯去阿附，也撰符命稱功德，應當也可以獲得封侯，然而揚雄並沒有這樣做，可見他不肯附媚王莽以求祿位。所以班固說他「恬於勢利」。至於他的大夫職位，乃是王莽看他年紀老大，久次在黃門郎，才把他轉遷爲中散大夫的，也並不是揚雄諛媚所求得的。想班固作《漢書》的時候，距離揚雄的死還不到五十年，他的觀點，應該是比較客觀，比較可靠些。現在的人，品論古人，似乎應該以當代人的論點爲依歸，才能稱得上平允；若是只逞一己的好惡，自然難免有所偏頗。且看揚雄所著的《太玄》、《法言》中許多譏刺王莽的言辭，也就可以看出他對王莽的行徑多麼的不滿。例如：《太玄．晦，次四》，是譏刺王莽的假借符命以篡漢。〈馴，次三〉章，譏刺王莽不顧恩義，受人的孤寄，卻奪取人的國家。《法言．重黎．或問秦楚既爲天典命矣》，藉論秦、楚亡國之速，以託諭王莽的惡逆，滅絕正道，連他的子弟都要喪亡他，必定沒有享國長久的道理。〈重黎．忠不終而躬逆〉，譏刺王莽起初誅殺淳于長，撤除定陶太后的座位，頗獲忠直的名聲，而後來自己卻成爲大逆不道的人。〈孝至．由其德舜禹受天下不爲秦〉，隱約譏刺王莽的無德。〈或問德有始而無終〉章，譏刺王莽爲德的不終。其他刺莽的言辭，在《法言》中多的是，這裏不再贅舉。此外在《法言》中，也有些思漢的言論。如：〈孝至〉的〈漢德其可謂允懷矣〉章、〈龍堆以西大漠以北〉章、〈漢興二百一十載而中天其庶矣〉章，都是在王莽篡漢以後所作的思漢言辭；由此可見，揚雄雖然名爲「莽大夫」，實際上他的忠臣孝子的心是始終不變的。

至於揚雄作〈劇秦美新〉一文，李周翰《文選注》認爲是爲了「將悅莽意，求免於禍，非本情之作」。洪邁《容齋隨筆》認爲揚雄作〈劇秦美新〉是不得已的。況且敘述讚誦新莽之德，只能美過暴君，揚雄的深意也就可想而知了。而序中所說「配五帝，冠三王，開闢以來未之聞」，這是真正地在戲謔王莽。若是揚雄善於諛佞，應該可以和國師公同列，不至於如此的固窮。

洪氏的意見，以爲〈劇秦美新〉一文，寓有深意，確是不錯。要知道在揚雄的心目中，是把莽德比作暴秦，所以在《法言》中，常常假託暴秦來刺莽，而且文中所讚美於新莽的，大都出於漢哀、平時代的措施。因此名曰「劇秦」，實在所「劇」的應是新莽；名曰「美新」，實在所「美」的應是漢室。這是一般訢病揚雄作〈劇秦美新〉的人，可能沒有想到的。

綜合上面所說的看來，揚雄的心志，是日月可鑑，唯天可表，不過他做了王莽的大夫，終究是白玉之玷。朱子以《春秋》義法，取趙盾、許止之例，對揚雄來說，已是嚴逾斧鉞；君子恕物，似乎也可以不必再過分的苛責了。

三、學術思想

1 論性與命

對於人性的討論，孔子只說：「性相近，習相遠。」（《論語．陽貨》），此外再沒有更多的闡發。然而孟子，由於生長在戰國時代，看到當時社會紊亂，民生疾苦，正途壅蔽，聖道湮微，人心的陷溺，已至理欲不辨，義利不分，所以主張「性善」之說，想藉此以拯救陷溺的世道人心。至於揚雄，他的思想雖然是淵源於儒家，對於孟子非常尊崇，但是他對人性的看法，卻和孟子並不一樣。他在《法言．修身》中說：「人性是善惡混的，修習善的，就成為善人；修習惡的，就成為惡人。而『氣』，便是引導你走向善惡的一匹馬。」

吳祕對於這一段話，有很淺明的注解，他說：「天所賦予的叫做性；性命的起始，是善惡兼備的，所以生下來不久的嬰兒，七情還沒有顯著，然而卻先有了哭、笑、喜、怒；喜和怒，便是善和惡的端倪，這正說明人性是善惡混的。」

不過，宋咸的注解，卻認為揚雄的意思，是指中品的人而言。他說：「孔子說：『資質中等以上的人，可以告訴他較高的道理；中等以下的人，不可以告訴他較高的道理。』還說：『只有上智和下愚的人是無法改變的。』從聖人的話看來，人可以分成上、中、下三品，上品的人善，下品的人惡，中品的人可善可惡，這便是善惡混的意思。……揚雄的意思，認爲孟子所說的人性善，是論上品；荀子所說的人性惡，是論下品；都沒有談到中品，所以在這兒說人的性善惡混。他還說：『修習善的，就成爲善人；修習惡的，就成爲惡人。』看他的文字，是止說中品的性，非常清楚，並不是指所有的人都是如此。這不就是孔子所說的中等以上的人，可以告訴他較高的道理；中等以下的人，不可以告訴他較高的道理嗎？不也是賈誼所說的，可以引導他向上，也可以引導他向下嗎？所以孟子、荀子、揚雄，三個人所談論的性，是各就上、中、下三品而說的，可說是很完備的了。」

至於司馬溫公對於揚雄性說的看法，以爲孟子說性善，荀子說性惡，都是各得一偏，而遺漏了它的本實。只有揚雄的人性善惡混，也就是善惡雜處在心裏的說法，最爲曉然明白。他說：「孟子認爲人性本善，所以不善的緣故，是由於外物的誘惑。荀子認爲人性本惡，所以善的緣故，是由於聖人的教化。這都是各得一偏，而遺漏了本實的說法。性，是人所受於天而生的，必定是善惡兼有的，就好比陰陽一樣。所以即使是聖人，也不能沒有惡；即使是愚人，也不能沒有善，只是所受的善惡有多寡的不同罷了，善極多而惡極少的，便是聖人；惡極多而善極少的，便是愚人；善惡各佔一半的，便是中等人。聖人的惡，不能勝過他的善，愚人的善，也不能勝過他的惡；不能勝過，就像隨著消失掉。所以說：『只有上智和下愚的人不能改變。』雖然如此，但是不學，他的善就會日漸消失，而惡也就日漸滋長；學，他的惡就會日漸消失，而善也就日漸滋長。所以說：『聖人不以善爲念，就會成爲狂人，狂人能以善爲念，就會成爲聖人。』（《尚書．多方》）一定要說聖人沒有惡，那又何必要學呢？一定要說愚人沒有善，那又何必要教呢？好比有一塊田地，上面長有稻粱，也長有藜莠，善於耕田的人，會除掉那些藜莠雜草，而培養稻粱。不善於耕田的人恰恰相反。同樣的，善於治性的人，會培養他的善性，而去掉他的惡性；不善於治性的人，也恰恰相反。孟子以爲仁、義、禮、智都是出之於本性，殊不知暴、慢、貪、惑也是出之於本性。按照孟子的說法，是只相信稻粱生長在田裏，而不相信藜莠這些雜草也會生長在田裏。荀子以爲爭取殘賊的心，是人生下來就有的，若是不用師法禮義來匡正他，就會產生悖亂而無法治理；殊不知慈愛羞惡的心，也是生下來就有的。按照荀子的說法，是只相信藜莠雜草生長在田裏，而不相信稻粱也是生長在田裏的啊！所以揚雄認爲人性是善惡混。混，就是善惡雜處在心裏的意思，只看人如何去選擇修習罷了。修習善的，就成爲善人，修習惡的，就成爲惡人，這道理豈不是曉然明白？像孟子所說的，是要增進人的善性；荀子所說的，是要去掉人的惡性；揚雄卻是兼有他們二人的說法。韓文公解釋揚雄的話，以爲起始是混的，後來才有善惡之分，也是不很了解揚雄的意思的。」

以上三人對於揚雄性說的解釋，大體是宋咸根據王充的論斷，吳祕與司馬溫公則是本於世子。王充《論衡．本性》說：「我認爲孟軻說人性善，那是指中人以上而說的；孫卿說人性惡，那是指中人以下而說的；揚雄說人性善惡混，那是指中人而說的。」又說：「周人世碩以爲人的性有善有惡，極力存養人的善性，善就會增長，極力存養惡性，惡就會增長，這麼說來，性各有陰陽善惡，就看所存養的情形如何而定，所以世子作有〈養書〉一篇。宓子賤、漆雕開、公孫尼子這批人，論人的情性，也和世子差不多，都說性有善有惡。」

王充認爲孟子所說的人性善，是指中人以上；孫卿所說的人性惡，是指中人以下；這種論調並不正確。且看《孟子》書中論性善，說：「人皆有不忍之心……所以謂人皆有不忍人之心者，今人之乍見孺子將入於井，皆有怵惕惻隱之心。」（〈公孫丑上〉）「人無有不善，水無有不下。」「惻隱之心，人皆有之；羞惡之心，人皆有之；恭敬之心，人皆有之；是非之心，人皆有之。」「故凡同類者，舉相似也，何獨至於人而疑之？聖人與我同類者，故龍子曰：『不知足而爲屨，我知其不爲蕢也。』屨之相似，天下之足同也。」（以上並〈告子上〉）很明顯的都是指所有的人而言，並沒有局限於中人以上。再看《荀子》書中論性惡，說：「人之性惡，其善者僞也。」「凡人之欲爲善者，爲性惡也。」「凡人之性者，堯舜之與桀跖，其性一也；君子之與小人，其性一也。」（並見〈性惡〉）也都是指所有的人，沒有限於中人以下。至於王充將揚雄所主張的，認爲是中人的性，那是因爲他把揚雄所說的善惡混，看作與告子所說的性無分善惡的意見相同。他在《論衡．本性》中說：「告子和孟子同時代，他主張性沒有善惡之分。……不分善惡，而又可以改變的，那是說的中人啊！不善不惡，是要靠教化才能成功的。所以孔子說：『中人以上，可以告訴他較高的道理；中人以下，不可以告訴他較高的道理。』告子以決水做比喻，那也是指的中人，並不是指極善極惡的人。孔子曾經說過：『性相近，習相遠。』中人的性，在於他的學習。學習善的，就成爲善；學習惡的，就成爲惡。至於極善極惡，那就不在於學習了。所以孔子說：『只有上智和下愚的人，是無法改變的。』性有善，有不善，即使聖賢的教化都不能改變他。孔子是道德之祖，又是諸子中最卓越的，而說：『上智和下愚的人，都是無法改變的。』可見告子的話並不正確。……揚雄說人性是善惡混的，也是指的中人啊！」王充以中人的性，不分善惡，所以可以學習，學習善的，就成爲善，學習惡的，就成爲惡。而揚雄主張人性善惡混，正好也說：『修習善的，就成爲善人，修習惡的，就成爲惡人。』所以認爲揚雄所說的，也像告子所說的性不分善惡一樣，這當然是非常錯誤的看法。

推敲王充性分三品的說法，是根據《論語．陽貨》孔子說：「性相近，習相遠。」以及「只有上智和下愚的人，是無法改變的。」這兩句話而勉強加以區分的，其實不對的，劉寶楠《論語正義》說：「有的性善，有的性不善，性可以爲善，也可以爲不善，這種論調，孟子已經加以駁斥，而斷定爲性善，那性有三品的說法可以知道是不對的了。孔子說：『天生就知道的，是最上等。』這就是上智；『有所不通而後去學，這是又其次。』有所不通就是愚，而列爲又其次，可見得沒有不可以改變的。到了『有所不通而還不去學』，才說：『這種人是最下等的。』下等就是所謂『下愚』。戴震《孟子字義疏證》說：『天生是下愚的，這種人很難同他講禮義，由於他自己拒絕去學，所以無法改變他。要是他還有怕威勢、懷德惠的心理，一旦遇到所怕所懷的人，開啓他的心智而突然間有所覺悟，這也是常有的事，若是後悔而後去從善，那就不是下愚了。再加上學，便會逐漸進到智者的境界了。認爲不改變便是下愚，那是因爲他往往明知是善而不去做，明知是惡而又去做。所以孔子祇說「不改變」，而不說「不可以改變」。雖然古今不乏下愚的人，他們的精神，幾乎和物相等，但究竟不同於物，所以沒有不可改變的。』程瑤田《論學小記》說：『人的氣有清濁之分，所以也有智愚之別，但是人的智不同於犬牛的智，人的愚也不同於犬牛的愚。犬牛的愚，沒有仁、義、禮、智的端緒，人的愚，未嘗沒有仁、義、禮、智的端緒，所以智者的人，知道端正他的衣冠，而愚者的人，也未嘗不想端正他的衣冠啊！』」這麼說來，下愚的人，並不是不可以改變的，而孔子說不可以改變的意思，可以看《論語集注》引程子所說的話，他說：「人的性本來是善的，但是卻說有不可改變的，是什麼原因呢？說他的性，那都是善的，說他的才質，卻有下愚的不可改變。所謂下愚有兩種人，一種是自暴，一種是自棄。只要是人，如果能夠以善自治，那是沒有不可改變的，雖是昏愚到了極點，也可以逐漸磨練他而有所進展。祇有自暴的人，拒絕而不信，自棄的人，拒絕而不做，即使聖人和他在一起，也不能感化他。孔子所說的下愚，他的本質未必都是昏愚的，往往是強毅而又才力過人的，就像商辛這種人。聖人因爲他自絕於善，所以稱他爲下愚，究其所歸，他的確是愚笨極了。」《孟子．離婁》說：「自暴的人，同他沒有話說；自棄的人，同他無所作爲，說話違背禮義的，叫做自暴；說自己不能居仁由義的，叫做自棄。」既是自暴自棄的，叫做下愚，而天生知道的，叫做上智，同時有所不通而又不去學的，也叫下愚，可見上智和下愚是指才質而言，和善惡的性沒有關係的。而王充論孟子、荀子、揚雄三家的性說，以爲是指上、中、下三品，當然不是確切的說法。說揚雄的性說不分善惡，也是一種誤解。韓文公因襲王充的論斷，而說揚雄論人性善惡混，和孟子的起始性善，後來變惡；荀子的起始性惡，後來變善，都是「舉其中而遺其上下」，這自然也是不正確的見解。所以司馬溫公說並不了解揚雄。

然則揚雄論性的正解，應如司馬溫公所說，善惡雜處在心裏，能引導善的一面而加以修習，使勝過惡，就可以成爲善人。反之，就成爲惡人了。這和世子的論調一樣，所以汪榮寶作《法言義疏》，說揚雄的性說是出於世子，確是不錯。究其實揚雄的立論，只是取孟、荀兩家對於人性的見解而加以折中罷了。

揚雄在論性善惡混以外，又提出一「氣」字，這「氣」乃是一個人向善向惡的動力，有此動力，才能修其善爲善人，修其惡爲惡人，所以說：「氣也者，所以適善惡之馬也與！」不過氣的本身是無法辨別善惡的，必須聽命於志，因此孟子曾經說過：「夫志，氣之帥也；氣，體之充也。夫志至焉，氣次焉。」所謂志，就內心所發動的意識精神；而這意識精神充滿在全身的叫做氣。志率領著氣，志到那兒，氣也就到那兒。一個人的感官能看能聽，形體的能屈能伸，意識的能分辨黑白美醜，是非同異，都是由於氣充於身的緣故。但是如何去聽去看，如何去分辨是非美醜，如何去屈伸形體，卻是出於志的指使。揚雄將氣比做適善惡的馬，正是說明氣只是使人向善向惡的動力，至於究竟是要向善、或是向惡，那還是要看他意念的抉擇。就好比一匹馬，牠可以向東，也可以向西，可是究竟要向東，還是要向西，還得由駕馭牠的人來決定。所以如何透過心志意念來馭氣修性，使其向善而不向惡，確是一個重要的課題。因此揚雄又提出「學」，只有學才可以使人明辨理欲善惡，只有學才可以改變人的氣質。他在《法言．學行》中說：「學是爲了修性；固然眼看、耳聽、口說、貌動、心思，是我們性中所固有，但是要學才能夠得正，不學便不能得正。」他在《太玄》中也有相似的說法：「天生萬民，使他貌動、口說、目視、耳聽、心思，有法則成，無法則不成。」（〈玄梲〉）所謂有法無法，便是學不學的意思。

飲食男女，是人的大欲，也是人性的所同然。孔門論性，沒有不理欲兼說。孔子說：「克己復禮爲仁。」（《論語．顏淵》）孟子說：「養心莫善於寡欲。」（〈盡心下〉）都是要擴張天理，克制人欲。從揚雄的人性善惡混的論斷來看，我們不難知道揚雄也必主張人性中有理有欲。理勝過欲就成爲善，欲勝過理就成爲惡；理和欲的消長，就看人的修爲如何而定。存養理性，遏制人欲，便是修善；擴張人欲，抑滅理性，便是修惡。所以揚雄要修性，修性就是要克制人欲，使能長善去惡。揚雄說視、聽、言、貌、思是性，實際上也是欲。孟子說：「口之於味也，目之於色也，耳之於聲也，鼻之於臭也，四肢之於安佚也，性也，有命焉，君子不謂性也。」（〈盡心下〉）口對於美味，眼睛對於美色，耳朵對於音樂，鼻子對於香味，四肢對於安逸，都是人性中的嗜欲，這些嗜欲不是強求便能得到的，所以孟子說：「有命焉。」命有定分，不能強求。不能強求而又非去求得不可，那便要抑滅理性，不擇手段，惡性便因之而滋長起來了。因此孟子不認爲這些是性。這一點，揚雄的看法和孟子是相同的，所以他要人去學，去學「克己復禮」，孔子說：「非禮勿視，非禮勿聽，非禮勿言，非禮勿動。」（《論語．顏淵》）這當然便是揚雄所要人學的事了。朱彬《禮記訓纂》引戴峼隱的話說：「學不止限於五官，但是看、聽、說、貌、思，不去學便不能得其正。」可說最善於了解揚雄的話了。

總之，揚雄論性，以爲善惡混，以氣爲適善惡的動力，直承於性，又以學爲馭氣修性成德的法門。比起孟子的修學在於揚善，荀子的修學在於化僞，以及宋儒程、朱以氣爲性，所謂「才說性時，便是兼氣質而言矣」，更是曉然明白。是以揚雄的性說，有他的獨特見解和價值。

揚雄除了論性以外，又談論到「命」。他認爲命是受之於天的，不是人力所能爲的。舉凡人力所能爲的都不是命。命是不可奪、不可避的，所以只要是人事上可以存亡，可以死生的，都是由於自取，都不是命。他在《法言．問明》，對於這一點，說得非常清楚。顏淵、冉伯牛這兩個人，在孔子弟子中，以德名世，但一個短命而死，一個得惡疾而死，都不能得到長壽，揚雄以爲這便是命，沒有辦法躲避的。要是立在巖牆之下，因而招致死亡，那完全是自取的，不能稱之爲「命」。揚雄論命的意見，大抵和孟子一樣，孟子說：「一切莫非是命，所以要順受其正。因而知命的人，不站在將要倒塌的牆下，能夠盡其修身之道而以壽終的，便是得其正命。至於犯罪而死的，便不是正命。」兩人都是就人的年壽而論；天給人的年壽有長有短，這不是人的能力所能避免的。所以人只要修身以順受正命，終其天年，不必去祈禱修煉，希求延年益壽，這便是所謂「知命」了。

2 揚雄的儒學

漢代初年，從高祖入關，到惠帝時，人心漸趨安定；文帝、景帝繼立，重視人民的休養生息，崇好黃老刑名之術。據《漢書．儒林傳》記載：孝文帝本好刑名之說，而孝景帝更不用儒生，至竇太后又喜愛黃老之術，因而當時所設置的經學博士，都只是具官備員而已，並沒有加以重用。到了曹參接替蕭何爲相，聽從蓋公的話，講求清靜無爲，當了九年的丞相，天下大治。漢初的諸大臣，大都是以此來爭取功名的。這種情勢，演變到後來，便逐漸走向刑名的慘酷苛刻了；而喜好清靜無爲的，又偏向於修道養生，追求神仙之術的途徑上去。

自從武安君田蚡當了丞相，黜退黃老刑名諸子百家之言，延攬文學儒生近百人以上，公孫弘甚至由於精治《春秋》而當上丞相，乃至於封侯。因而天下學士，靡然嚮風。武帝時候，董仲舒又上對策，罷黜百家，獨尊儒家，儒學遂成爲一統的局面。但是董仲舒的儒學，偏重於災異之變，天人之道，以陰陽五行的學說，來發揚儒家的道理，影響所及，使得西漢儒生從董仲舒以後，直到劉向，沒有不採用陰陽家的說法來說經，而道家黃老的言論，和刑名學說，也仍然還潛在於學術界中。戰國時代，處士橫議，諸子的學說瀰漫，壅蔽正途，孟子有見及此，憂慮聖道的湮滅衰微，所以起而駁斥闢除。揚雄是崇奉儒家的正統思想的，當他看到諸子學說的充斥壅蔽，因而也想效法孟子的作爲，起而廓清，使能歸本於儒家的正道。《漢書》本傳說他看到當時諸子各逞其智，都是詆毀聖人，或且說些怪迂詭異的言論，雖然祇是小辯，恐怕終會破壞大道，所以要仿效《論語》而作《法言》。主要的目的，就是要復興儒學。

•崇聖道

儒家所尊崇的，是堯、舜、禹、湯、文、武、周公、孔子，聖聖相傳的道統，這些聖聖相傳的道統，都是上體天心，繼天而立的，其光明燦爛，好比中天之日，足以照耀四海，爲人民的准式。揚雄對此極爲尊崇，他說：「聖人之道，譬猶日之中央；不及則未，過則昃。」（《法言．先知》）又說：「赫赫乎日之光，羣目之用也；渾渾乎聖人之道，羣心之用也。」（《法言．五百》）中天之日，爲羣目之用；聖人之道，爲羣心之用，所以一切學術思想，道德行爲，唯聖人之道爲準則，過與不及，皆非所宜。所以捨此，其他學術思想便不足觀了。〈學行〉篇說：「視日月而知眾星之蔑也，師聖人而知眾說之小也。」眾說，指的是諸子之學；諸子之學，執乎異端，比起聖道來，那自然渺小多了。

孔子是儒家之祖，他祖述堯、舜，憲章文、武，上承聖聖相傳的道學，下開儒家的統緒，聖道之所在，所以揚雄以爲要闡揚儒學，必先奉孔子以爲宗主。《法言．學行》：「天之道不在仲尼乎？仲尼駕說者也，不在茲儒乎？如將復駕其所說，則莫若使諸儒金口而木舌。」所謂「駕說」，即稅駕；稅駕者，脫駕也，有休息之意。古時諱言「死」也說「稅駕」。《史記．李斯傳》：「吾未知所稅駕也。」即不知死所之意。「仲尼駕說」，謂仲尼歿後。《論語．子罕》孔子曰：「文王既沒，文不在茲乎？天之將喪斯文也，後死者不得與于斯文也；天之未喪斯文也，匡人其如予何？」這一段話是孔子自承文王死後，他自己承當傳播聖道的責任。所以揚雄確認他是天道之所在。然而孔子歿後，斯文的傳播，就要靠今之儒者來擔負，因此他認爲莫若「使諸儒金口而木舌」來宣揚聖人制作之義，如此聖人之道便能永遠常在了。

揚雄既崇奉孔子爲宗主，因而主張學必孔氏，他說：「山徑之蹊，不可勝由矣；向牆之戶，不可勝入矣。曰：『惡由入？』曰：『孔氏。孔氏者，戶也。』曰：『子戶乎？』曰：『戶哉！戶哉！吾獨有不戶者矣！』」（《法言．吾子》）山徑之蹊，向牆之戶，好比異端眾說；山徑之蹊，險阻難行；向牆之戶，窒礙難通，唯有孔子之道，光明正大，爲眾所必由，所以揚雄自謂他的學問，全是由孔門入。

●宗五經

揚雄之世，正是諸子之說紛然淆亂，各是其是，各非其非的時候。揚雄以爲要想推其本原，正其嫌疑，只有歸之於聖人。他在《法言．吾子》中說：「『萬物紛錯則懸諸天，眾言淆亂則折諸聖。』或曰：『惡覩乎聖而折諸？』曰：『在則人，亡則書，其統一也。』」聖人在世，歸之於聖人；聖人歿後，唯有歸之於聖人的典籍了。聖人的典籍，就是六經。《漢書．藝文志．諸子略》說：「諸子十家，雖然其言各異，卻是殊塗而同歸，一致而百慮。彼此都在互推其所長，殫思竭智，發揚其旨趣。儘管其中有些蔽短，但綜其旨歸，大抵都是六經的分枝與末流。」諸子之說，既然不出六經的範圍，所以要正其淆亂，便祇有歸之於聖人的典籍了。

《文心雕龍．宗經》說：「經也者，恒久之至道，不刊之鴻教也。」而經之目，首見於《莊子．天運》：「孔子謂老聃曰：『丘治《詩》、《書》、《禮》、《樂》、《易》、《春秋》六經，自以爲久矣。』」據《史記．儒林傳》所云，六經由於秦火而缺《樂經》，所以漢武帝僅置五經博士，無《樂經》。五經都是孔子所修訂，因而揚雄以爲除五經外，其他均屬小道，即使累至千言萬語，也是微不足道的。他說：「書不經，非書也；言不經，非言也。言書不經，多多贅矣。」（《法言．問神》）這便是揚雄宗經的論調。

揚雄對於五經有極精深的研究，他用極簡短的幾句話，非常扼要地道出五經的要旨，他說：「唯五經爲辯，說天者莫辯乎《易》，說事者莫辯乎《書》，說體者莫辯乎《禮》，說志者莫辯乎《詩》，說理者莫辯乎《春秋》，捨斯辯亦小矣。」（《法言．寡見》）辯者明也，《易》是本於天地陰陽，所以說天莫明乎《易》；《書》是記先王之事，所以說事莫明乎《書》；《禮》是主上下之體，所以說體莫明乎《禮》；《詩》是言志的，所以說志莫明乎《詩》；《春秋》屬辭比事，以正是非，所以說理莫明乎《春秋》。這和《莊子．天下》所說的：「《詩》以道志，《書》以道事，《禮》以道行，《樂》以道和，《易》以道陰陽，《春秋》以道名兮。」以及董仲舒《春秋繁露．玉杯》所云：「《詩》道志，故長於質；《禮》制節，故長於文；《樂》詠德，故長於風；《書》著功，故長於事；《易》本天地陰陽，故長於數；《春秋》正是非，故長於治人。」其義大致相同。

揚雄對於經的損益，有較開明和正確的看法，《法言．問神》：「或曰：『經可損益與？』曰：『《易》始八卦，而文王六十四，其益可知也。《詩》、《書》、《春秋》，或因或作而成於仲尼，其益可知也。故夫道非自然，因時而造者，損益可知也。』」經並非不可損益的，像《詩》、《書》、《禮》，孔子就是因舊文而刪定的；《春秋》，孔子以魯國的「春秋」而制定的；《易》六十四卦，是文王重疊八卦而成的，這些都說明除天然之道，如仁義道德之類，不可以損益外，其他因時而造的，像禮樂刑政、典章制度等，都可以隨時代的變遷而損益。這觀念完全是上承《論語．爲政》子張問：「十世可知也？」孔子曰：「殷因於夏禮，所損益可知也；周因於殷禮，所損益可知也；其或繼周者，雖百世可知也」的意念而來，只不過孔子只說禮，而揚雄更推而廣之，應用到所有的經書罷了。

・尊孟荀

據《史記・孟荀列傳》，孟子名軻，受業於子思的門人。當時，天下正致力於合縱連横，以攻伐爲賢，而孟子卻在傳述唐虞三代之德；所以所到之處，都不合君主的心意，遂退而與萬章之徒，序《詩》《書》，述仲尼之意，作《孟子》七篇。而韓愈〈原道〉篇也說：「斯道也，堯以是傳之舜，舜以是傳之禹，禹以是傳之湯，湯以是傳之文武周公，文武周公以是傳之孔子，孔子以是傳之孟軻。」由是觀之，自堯、舜、禹、湯，以至孔子，這聖聖相傳之道，得以傳於後世的，就只有孟子了，因而揚雄非常推崇他，甚至想自比於孟子。

在揚雄心目中，孟子能夠知言之要，知德之奧，而且切實地去履行。同時他的思想又和孔子息息相通，這便是孟子異於諸子而值得尊崇之處。《法言・君子》：「或問：『孟子知言之要，知德之奧？』曰：『非苟知之，亦允蹈之。』或曰：『子小諸子，孟子非諸子乎？』曰：『諸子者，以其知異於孔子也，孟子異乎？不異。』」孟子的學問是由博返於約，他說：「博學而詳說之，將以反說約也。」（〈離婁下〉）博學是知言之要所必須先行做到的，唯有博學，才能融會貫通；能融會貫通，才能知言之要。而知德之奧，在於深造於道，唯有知德之奧，才能潛心積慮，優游其間，然後默識心通而有所得。孟子說：「君子深造之以道，欲其自得之。」（〈離婁下〉）就是這意思。孟子是位大賢，非僅知而能行，且最能發揚孔子之思想。例如：孔子自衛返魯，然後樂正，雅頌各得其所，乃刪定《詩》《書》，繫《周易》，作《春秋》。而孟子自齊梁退而與萬章之徒，序《詩》《書》，述堯舜之道而著作焉。這是孟子的擬聖而作。又孔子弟子會集夫子所言，以爲《論語》；而《孟子》之書便則而象之。衛靈公問陳於孔子，孔子答以俎豆；梁惠王問何以利國，孟子對以仁義；宋桓魋欲害孔子，孔子曰：「天生德於予，桓魋其如予何？」魯臧倉毀隔孟子，孟子曰：「吾之不遇魯侯，天也；臧氏之子，焉能使予不遇哉？」彼此旨意合同，類似這種情形很多。可見孟子和孔子的思想相通，所以揚雄特別尊崇他。

在戰國之世，由於處士橫議，異端並起，所謂佞僞馳騁，紅紫亂朱。孟子生於斯世，有見於此，憫聖道的湮滅，正塗的壅蔽，因起而闢之。《孟子．滕文公下》：「聖王不作，諸侯放恣，處士橫議，楊朱墨翟之言盈天下，天下之言，不歸楊則歸墨；楊氏爲我，是無君也；墨氏兼愛，是無父也；無父無君，禽獸也。」孟子這種排斥異端，維護儒家的精神，甚得揚雄的欽佩，況且揚雄也是以紹述聖統爲己任，闡揚儒學爲目標，見到自己所處之世，正是諸子淆亂的時代，所以也想效法孟子，起而闢之。《法言．吾子》：「古者楊墨塞路，孟子辭而闢之，廓如也；後之塞路者有矣，竊自比於孟子。」儘管諸子之說，並未因孟子闢之而廓清，但儒家之道得以傳揚於後世而不息，其功實不可沒。韓愈曾就此論孟子之功，他說：「揚子雲曰：『古者楊墨塞路，孟子辭而闢之，廓如也。』夫楊墨行，正道廢，孟子雖賢聖，不得位，空言無施，雖切何補？然賴其言，而今之學者，尚知宗孔氏，崇仁義，貴王賤霸而已，其大經大法，皆亡滅而不救，壞爛而不收，所謂存十一於千百，安在其能廓如也；然向無孟氏，則皆服左衽而言侏離矣。」（〈孟子序說〉引）所說最爲中肯。

至於荀卿，《法言．君子》：「或問：『孫卿非數家之書，侻也；至於子思、孟軻，詭哉！』曰：『吾於孫卿，與見同門而異戶也，唯聖人爲不異。』」《廣雅．釋詁》：「侻，可也。」詭，譎詐怪異之義。言孫卿彈駁諸家之說，頗合於教，但彈駁子思、孟子則未免怪矣。荀卿是戰國末期北方之大儒，其學非常淵博，對於當時諸家學說，無不研究。在《荀子》的〈天論〉、〈解蔽〉、〈非十二子〉、〈富國〉、〈樂論〉、〈正樂〉以及〈性惡〉諸篇中，批判它囂、魏牟、陳仲、史鰌、墨翟、宋銒、慎到、田駢、惠施、鄧析等諸家之說，均極中肯；惟有批評子思、孟軻，揚雄以爲荀卿和他們是「同門而異戶」；難免相非，實際上他們的根源，都是出之於孔門，只是兩人的觀點略有不同罷了。揚雄論孟子時，說他不異於孔子，而論荀子，卻說：「同門而異戶，唯聖人爲不異。」表面上「同門異戶」，似乎有孟荀並稱之意在，而言下之意，則有孟高於荀的味道，但其尊崇之意卻是一樣的。

・闢諸子

揚雄既欲自比於孟子，以力闢當時壅蔽正路的諸子爲己任，所以在《法言》中斥闢諸子之處很多，如闢老子的搥提仁義，絕滅禮學；闢莊子之無君臣上下之義，鄒衍的無知於天地之間等，但最有概括性的，無過於《法言．五百》所云：「莊楊蕩而不法，墨晏儉而廢禮，申韓險而無化，鄒衍迂而不信。」莊子的言論，洸洋自恣，詆訾孔子，剽剝儒墨；楊朱爲我，以爲人生百年，仁聖是死，凶惡也是死；生爲堯舜桀紂，死便同化朽骨，又何必規勸死後的餘榮，而不自肆於一時？此與牢獄的重囚何異？這便是所謂「蕩而不法」。墨子與晏子思想實是一家，《漢書．藝文志》論墨家之失曰：「及蔽者為之，見儉之利，因以非禮。」《鹽鐵論．論誹》：「晏子有言：『久喪以害生，厚葬以傷業，禮煩以難行，道迂而難遵。』」可見墨、晏兩家都是固儉而廢禮。申韓之術，主刑名，尚法術，不重教化，專任刑法，所以謂之「險而無化」。鄒衍之言，太史公以為「作怪迂之變，其語閎大不經」。所以說他「迂而不信」。這些均為揚雄引以為憂的言論，唯恐其破壞大道而迷惑眾人，因而必極力予以闢斥。

・重人事

揚雄對於天道，是繼承古代「天命棐忱」（《尚書．大誥》），吉凶在人不在天的觀點。《法言．重黎》：「或問：『楚敗垓下，方死曰：天也。諒乎？』曰：『漢屈羣策，羣策屈羣力；楚憞羣策，而自屈其力。屈人者克，自屈者負，天曷故焉？』」這一段揚雄評論楚漢之爭，以為劉邦之所以勝，在於他能運用羣策羣力，而項羽之所以敗，在於他只逞其匹夫之勇，而不知運用羣策羣力。所以項羽之敗，實乃咎由自取，與天無干，天唯有德者而助之。又《法言．五百》：「或問『星有甘石何如？』曰：『在德不在星，德隆則晷星，星隆則德晷也。』」甘石，即齊之甘公，魏之石申，皆古代善觀天象的人。晷，影也；猶影之隨形。揚雄的觀點，以為星象之吉凶，是視人君之德而顯示，人君要是以德為尚，那星象也必隨著而顯出吉祥之兆；否則所顯示的必為凶象。所以為人君者，不必去問星象的妖祥，只管修自己的德行即可。倘若以星為尚，勢必要屈折人事來傳合天象，或是假借天象來粉飾人事，這都是最愚昧不過的事。所以有人問他：「聖人占天乎？」他回答說：「占天。」不過聖人占天，和掌天文的史官所見不同；史官只注重觀察天象的變異，度數的失恒，而後知妖孽所在，吉凶所生，這是「以天占人」；陰陽家之流，主五行終始，災異之說，這情形就如同史官之觀天象以見人事一樣。但是聖人的占天，是因人而知天意，也就是修人事以知天道的不能違，是所謂「以人占天」。以天占人者，重天象的示警；以人占天者，重人事的修爲。一爲本，一爲末，這是聖人和史官二者觀點的不同，揚雄對此認識極爲清楚，所以他既說聖人占天，隨即又特別辯白說：「史以天占人，聖人以人占天。」（《法言．五百》）在漢代陰陽災異之說極爲盛行的時代，揚雄這種重人事，以爲吉凶在人不在天的觀念，確是極具革命性與建設性的。

從「聖人以人占天」這一觀點看來，揚雄對於有意識的「天」，頗爲重視，他認爲天人之間有其不可分的關係，人生於天地間，必須要順天行事，而後才能有成，違天不祥，必將招致失敗。所以一個人的成敗，固然事關人事的得失，實際上卻也是天命之所使然。太史公在〈秦楚之際月表〉中，論秦、楚、漢五年三嬗之事云：「王跡之興，起於閭巷……安在無土不王，此乃傳之所謂大聖乎？豈非天哉！豈非天哉！」以爲高祖之興，專由天授。揚雄的看法則不以爲然，他認爲秦、楚、漢三嬗，應該是天命人事兼而有之。《法言．重黎》中有一段話，有人問他：「嬴政二十六載天下擅秦，秦十五載而楚，楚五載而漢，五十載之際而天下三擅，天邪？人邪？」他回答說「具」。所謂「具」，就是兼而有之之意。他又說：「天不人不因，人不天不成。」天之禍福，必定因人事之得失；而人之成敗，也必待天命之予奪。

天人和同，才可成天下之大順，致天下之大利。

由於重人事的觀念，所以對於當時極爲流行的「黃帝終始」，神仙符命之說，揚雄也一律不相信。所謂「黃帝終始」，是指推論自黃帝以來，歷代帝王更王，以金、木、水、火、土五德，傳次相承，終而復始；於是而有黃帝以來年數曆譜，傳述的人，認爲這便是黃帝之道。由五德終始再進而變爲五行吉凶之占；由五行吉凶再變而爲讖緯之說，就像《史記．三代世表》後所附諸先生語，引〈黃帝終始傳〉曰：「漢興百有餘年，有人不短不長，出白燕之鄉，持天下之政，時有嬰兒主，卻行車。」這一段話是指霍光輔佐昭帝的事，純粹是哀、平年間讖緯學者所造，也是後來王莽利用符命的所從出。這已經不是五德終始的本義，所以揚雄以爲這些都是僞託的，不足置信。至於神怪之說，揚雄更是本著「子不語怪、力、亂、神」的原則，大事破除。所以有人問他：「趙世何以多神？」（趙世即秦世，因爲趙與秦同祖，漢魏以來，秦趙互稱是常習。）他回答說：「神怪茫茫，若存若亡，聖人曼云。」（《法言．重黎》）而一般人所企求的仙人，揚雄也認爲那不是事實，那是方士們的虛語，像安期、羨門這些仙人，也只聽過他們的名，而沒有真實見到他們的人。何況仙人並不是我們凡人所能企求得到的。一個人不能沒有死，因爲有生必有死，這是自然之道。求仙人就是求長生不死，求長生不死，便是違反自然之道。退一步說，即使可以求得長生不死，在揚雄看來，那也只不過是「名生而實死」。所謂成仙者，就是羽化蟬蛻而升天，名義上是長生，實際上卻是壽數盡而死。所以有人問揚雄究竟世上有沒有神仙？揚雄的回答是，這問題不值得問；要問，就要問忠孝的事情，忠臣孝子對於事君事父的事情，已經都感到來不及，又何暇去探求神仙的事呢？

揚雄這些理論，固然都是針對王莽以符命而自立，揭穿其騙局，以及王莽本人之崇信神仙之說，所發的譏刺論調；其實也是揚雄以其儒家的思想，對當時迷信神仙符命風氣的抨擊，影響所及，後起王充、應劭都步其後塵，而揭櫫破除迷信的大纛了。王充《論衡．道虛》就有這麼一段話，他說：「有血脈之類，無不有生；生無不死，以其生，故知其死也。天地不生，故不死；陰陽不生，故不死。死者生之效，生者死之驗也。夫有始必有終，有終者必有始，唯無終始者，乃長生不死。人之生，其猶水也。水凝而爲冰，氣積而爲人，冰極一冬而釋，人竟百年而死，人可令不死，冰可令不釋乎？諸學仙術爲不死之方，其必不成，猶不能使冰終不釋也。」可以說完全是揚雄所說：「有生者必有死，有始者必有終，自然之道也。」以及神仙之說不可信的闡發。

3 揚雄的政治思想

揚雄的政治思想，是秉承儒家的政治道統。儒家的心目中，以堯舜時代，法天行化，恭己南面，無爲而治，爲最高的政治理想。所以揚雄主張，無論是治天下，或是治國，都必須效法先聖的措施，才能達到「泰和」的最高境界。先王的行化，最著重於天常和五教。所謂天常，就是禮樂；所謂五教，就是父義、母慈、兄友、弟恭、子孝。禮樂興、五教行，天下沒有不治的。然而要使得禮樂興、五教行，爲人君的，便必須正己以修身，進而推己以正人，以收教化之功。老百姓若不經過教化，便朴質而無禮，一定要讓老百姓知禮義、知廉恥，然後才不會去做姦慝邪辟的事。

再者，民爲邦本，得民就能得國，民強國家就強，所以人君治理百姓，一方面著重於教化，一方面還得使他富有。使老百姓富有的方法，首先要減輕稅斂，實行十分取一的稅制；其次不要與民爭利。這樣百姓便會產生思慕之心，老百姓有思慕之心，自然就會忠於主上，衛護主上，而爲主上赴難了。

揚雄以爲爲政既然需要保民、安民，就不應當捨棄教化而行嚴刑峻法來苛虐百姓，所以他極力反對申、韓之術。申、韓的嚴刑峻法，也許可能偷功於一時，但是終究不如禮樂之能安固萬民，可以大用。不過，話又說回來，一個國家，不能沒有法度律令，沒有法度律令，就將「庶人田侯田，處侯宅，食侯食，服侯服」（《法言・先知》），奢侈興而僭亂生了。至於制度的釐定，政教的興革，可以因時制宜，隨時代的變動而變動，前人的施爲，合則因之，否則革之，不必墨守成規。這與效法先王的「法天行化」，重天常、興五教的基本精神，並無衝突。

制度既經訂立，那還需要賢者在位，然後法度律令才能施行。因爲徒法不足以自行，所以揚雄又主張「尚賢」。在揚雄的心目中，堪稱賢聖的，莫過於孔子，而孔子不能再生，唯有退而求其次，能夠求得「真儒」也就可以了。至若人才的檢覈，他以爲要以眾人的推舉爲準，不以個人的主觀好惡爲斷。

王莽時代，對於匈奴，時常妄動干戈，輕開邊釁，又屯兵戍邊，百姓不堪其苦。因而揚雄主張，對四夷的外交，應以德服之，使他們能夠懷德來歸，而不出以武力征伐。因爲武力征伐，僅能收一時之功，難收永久之效，況且兵連禍結，有傷民力。一旦屈國喪師，那就更將禍無日矣。

以上是揚雄政治思想的大略情形，現在再擇其要者，分述於下：

・法先王

政治的最高理想，莫過於唐虞成周時代的泰和社會，百姓安居樂業，敦親睦鄰，夜不閉戶，雞犬不驚。要達到這一理想境界，揚雄以爲唯有效法先王之所爲，他說：「適堯舜文王者爲正道，非堯舜文王者爲他道。君子正而不他。」（《法言．問道》）所謂「道」，就是治道，合乎堯舜文王的治道，便是正道；不合乎堯舜文王的治道，便是他道，舉凡正道沒有行不通的，所以揚雄主張治國的人，務必要遵循堯舜文王的正道才好。

堯舜文王的治道，所以被目爲正道，那是由於這些古代聖王，都是法天行化，恭己南面，無爲而治的。《法言．問道》說：「或問天，曰：『吾於天與，見無爲之爲矣。』」天道無爲，順乎自然，萬物因而生成。《禮．哀公問》說：「無爲而物成，是天道也。」《荀子．天論》也說：「不爲而成，不求而得，夫是之爲天職。」這就是揚雄所謂「無爲之爲」了。所以人君治民，也必須無爲而治，才能合乎天道。

什麼是「無爲」？天道無爲是順乎自然，只要按著春、夏、秋、冬四時的運行，萬物自然就會生長，不必作無謂的辛勞。治道的無爲，人主只要彰明法度，顯揚禮樂，不必苛擾百姓，天下也就太平了。所以揚雄說：「在昔虞夏襲堯之爵，行堯之道，法度彰，禮樂著，垂拱而視天下民之阜也。」（《法言·問道》）

因爲古聖先王一切措施，都是應天順人，所以任何作爲，也都是盡善盡美，可以爲後世法的。《法言·孝至》說：「堯舜之道皇兮，夏殷周之道將兮，而以延其光兮。或曰：『何謂也？』曰：『堯舜以其讓，夏以其功，殷周以其伐。』」堯舜的禪讓，夏禹的治水，殷周的弔民伐罪，雖然彼此所行之道不同，但都是順應天意，爲民謀福，可以光延於後世的。

•明法度

古代聖王之所以能無爲而治，那是因爲法度彰、禮樂著，因而揚雄以爲一個國家如果沒有法度，那這個國家的政治一定不能上軌道，社會一定不能安定。他說：「爲國不迪其法，而望其有效，譬諸算乎！」（《法言·先知》）治國而沒有法度，就好比算術沒有籌碼一樣，算術而沒有籌碼，便無法計數；治國而沒有法度，政治也就不能見效了。何況沒有法度的限制，百姓便沒有綱紀可循；沒有綱紀可循，對於禮義也就怠忽了，於是僭亂邪僻因之而作。社會勢將形成貧富的懸殊，造成社會的不安。《法言·先知》：「法無限，則庶人田侯田，處侯宅，食侯食，服侯服，人亦多不足矣。」少數的人不受法度的限制，可以生活得同侯門一樣奢侈，顯然會助長僭亂之心，而且多數的人，因少數人的僭越奢侈，便會感到匱乏不足。同時宮室車馬，衣服器皿，喪祭飲食，聲色玩好，這都是人情所不能免的，如果沒有禮制法度予以節制，這些情欲必然氾濫而不可收拾了。

不過揚雄所謂的法度，是指禮義而言，並非指刑罰而言，《法言．寡見》：「秦之有司，負秦之法度；秦之法度，負聖人之法度。秦弘違天地之道，而天地違秦亦弘矣。」秦代法度，以刑罰爲主，已經有違聖人的法度；而秦之有司更變本加厲，更加慘酷，這是揚雄所極力指責的。聖人的法度，是本天地而生的，合乎禮義的法則。有違聖人的法度，就等於違背天地之道；違背天地之道，天地自然也就背棄它，所以秦朝不到二世便亡了，這正說明法度不正，足以亡國。

●施德治

揚雄的政治思想既是秉承儒家政治道統，對於孔子「爲政以德」之說，當然極端尊奉。但是要施德治，人主本身的道德修養，必須足以爲民表率，上行下效，然後民歸於正，這樣天下自然太平。所以有人問揚雄說：「何以治國？」回答說：「立政。」又問：「何以立政？」回答說：「政之本，身也；身立則政立矣。」（《法言．先知》）這就是孔子所說的：「其身正，不令而行。」「苟正其身矣，於從政乎何有？」本身站得正，坐得正，那個人敢不正？人人都站得正，坐得正，這個國家焉有不治的道理？這勝過嚴刑峻法不知要多少倍。

爲政既然必須先要正身，那人主就必須先要修德而後才能治天下。可是在王莽時代，並不重視個人道德的修養，卻特別重視災異之象，時常要屈折人事來傅合天象，這在揚雄看來，認爲是本末顚倒，極端反對的。他說：「聖人德之爲事，異亞之，故常修德者，本也；見異而修德者，末也。本末不修而存者，未之有也。」（《法言．孝至》）常修德是本，見災異而後再修德是末，但無論是常修德也好，見災異而後再修德也好，只要能修德那就可以治天下。因爲能修德，便能以德治天下；能以德治天下，那所有的凶咎都會自然而然地消除掉。所以人君主政，不必過分重視災異之象，而要以個人的修德爲尚。若是平時既不修德，有異象示警時，也不知反身自省及時修德，那這國家恐怕就會走上滅亡的道路了。

人君主政，能夠修德以治，就能使民心悅誠服，孟子說：「以力服人者，非心服也，力不贍也；以德服人者，中心悅而誠服也，如七十子之服孔子也。」（《孟子．公孫丑上》）中心悅而誠服，是謂心服，全國上下，人人心服，這國家沒有不治的。以力服人的，無不利用權謀詐術，不能使人心服，百姓只不過屈於一時的淫威，一旦時機成熟，必將揭竿起義，推翻暴政。所以揚雄認爲捨修德以治天下外，其他都不足觀。即使像齊桓公、晉文公、秦王政，可以烜赫於一時，卻也無法享位長久。他說：「齊桓晉文以下至於秦兼，其無觀已。所謂觀，觀德也，如觀兵，開闢以來，未有秦也。」（《法言．寡見》）齊桓、晉文以下至於秦之統一天下，所以不足觀的原因，即在於他尚力不尚德，孟子說：「仲尼之徒，無道桓文之事者。」仲尼之徒所以不說齊桓公、晉文公的事情，即是因爲尚德的緣故，而不願去說以力假仁而霸的故事，這正是揚雄尚德不尚力的意思。

揚雄又認爲山河之險，固然是鞏固國防，保護國家安全的重要屏障，但是最主要還在於德。所以他讚美吳起與魏武侯在西河巡視時，對於寶山河之固所發表的意見，說是在德不在固。可是卻惋惜吳起治兵不知道運用同樣的道理。《法言．寡見》：「魏武侯與吳起浮於西河，寶河山之固，起曰：『美哉言乎！使起之固兵每如斯，則太公何以加諸？』」治兵若使也能以德施教，那這軍隊成了王者之師，王者之師，所向無敵，這又豈是最善於用兵的姜太公所能超越的呢？

這些都是揚雄主張施德治觀念的要略。

‧行仁政

民爲邦本，「得民斯得國，失民斯失國」；民強則國強，民富則國富；所以人君治國，首重行仁政而保民。至於保民之道，則在於使百姓殷富。《法言‧孝至》：「君人者，務在殷民阜財，明道信義；帝者之用，成天地之化，使粒食之民粲也，晏也；享于鬼神，不亦饗乎？」揚雄以爲人君主政，務必做百姓富有，然後才能明道伸義，贊天地而化育。但是富有之道，除了制民恒產之外，還要薄其稅斂，而且得有一定的制度，才不至於使百姓感到困擾。古代的井田制度，藉百姓之力，十分取一，在揚雄看來，是最理想的稅制。《法言‧先知》說：「什一天下之中正也，多則桀，寡則貉。井田之田，田也；肉刑之刑，刑也。田也者，與衆田之；刑也者，與衆弃之。」井田制度，殷和周不同，孟子說三代田制，莫善於「助」；「助」是殷代田制，其體制是一方里劃成一個井，每一個井是九百畝，中間是公田，其他八家各有私田一百畝，而且共同看管培植公田裏的農作物。公田的收穫，就可以取代賦稅的徵收。這是相當公平而合理的稅制。周代的田制叫做「徹」，徹是沒有公田的，一個井田，由九夫來耕種，每一夫一百畝；一百畝中，取十畝的收穫作爲賦稅，所以殷周的稅制雖然不同，但是實際上卻都是十分取一，這是最理想不過的稅制。孟子說：「欲輕之於堯舜之道者，大貉小貉也；欲重於堯舜者，大桀小桀也。」（《孟子．告子下》）貉出北方夷狄之國，沒有城郭宮室，宗廟祭祀之禮，沒有諸侯間的來往聘問，也沒有百官有司的設置，所以少於十分之一，其稅收足夠政府開支，但是華夏之邦，既有城郭宮室，宗廟祭祀，諸侯聘問，百官有司等，其稅收當然不能少於十分之一。若是超過這標準，那便是橫征暴斂，猶如夏桀的虐民。揚雄的思想，可以說完全是繼承孟子思想而來的。

揚雄不僅主張要使民殷富，必須行十分取一的薄稅制度，而且反對政府與民爭利的專利措施，他以爲只要百姓富足，又何患君之不足？漢武帝時，大司農桑弘羊掌管全國的鹽鐵在京師置平準，天下所有的貨物，全部加以壟斷，貴的時候賣出去，賤的時候買進來，許多富商大賈，都無牟取大利，國家的財用固然充足了，但是海內蕭然，戶口減半，陰奪民利的禍害，由此可見。揚雄有見及此，深深以爲不可，所以在《法言．寡見》中，有人問他：「弘羊專利而國家財用足，爲什麼不專利呢？」揚雄的回答是：「這好比父子，做父親的對兒子專利，這樣做法，即使有利，又怎麼對得起兒子呢？」可見他對政府的與民爭利，深恨痛絕。

揚雄更以爲爲政最主要的是要使百姓思慕，不要使百姓厭苦。所以他說：「從政者，審其思斁而已矣。」什麼是百姓所思慕的，什麼是百姓所厭惡的，這些爲政的人都必須加以仔細審察，他特別指出「老人老，孤人孤，病者養，死著葬，男子畝，婦人桑之謂思。若污人老，屈人孤，病者獨，死者逋，田畝荒，杼軸空之謂斁。」（《法言．先知》）養生送死，仰事俯畜，矜寡孤獨各得其所，男耕女織各安其業，能夠做到這種地步，自然會引起百姓的思慕。要是生不能養，死不能葬，孤老不得其所，田園荒廢，杼軸空置，自然會引起百姓的厭惡，如何能使百姓感到思慕而不厭惡，應該是為政的人所深切了解的。

•重教化

《法言．先知》：「吾見玄駒之步，雉之晨雊也；化其可以已矣哉？」玄駒者，螞蟻也；晨雊者，晨鳴也。螞蟻在驚蟄過後而出行，雉雞在黎明時節而鳴叫，這些動物尚且感陽應節，受自然之化。而我們身為萬物之靈的人，又怎麼能不教化呢？所以聖人順天道，本自然，而以道德薰陶百姓，使成其教化。因而揚雄主張，人主為政，除要使民富之外，還必須施以教化。因為百姓若不加教化，則朴質而無禮，《法言．先知》：「雌之不才，其卵毈矣；君之不才，其民野矣。」人君不才，不能普施教化，使百姓皆知禮義，那百姓永遠是朴質無禮，形同野人；這好比雌鳥不才，不知孵抱小鳥，那所孵之卵必定壞死而不化。由此可知教化的重要。

人君治民，教化既不可缺，而教化的施行，則以禮樂為先。《法言．五百》：「川有防，器有範，見禮教之至也。」禮是德的本體，沒有禮，也就沒有德，聖人順乎人情而制訂禮的節文，目的就在預防罪惡的產生和道德的敗壞，使人人都能在禮文的節制下，日趨於向善而不自知，由此可見禮教的重要，因此揚雄對於太古時代，採取愚民政策，搥提仁義，滅絕禮樂，以塗塞人的耳目，使他不聞不見，以期純一的作法，極不贊同。他認為天生萬民，既然賦予眼睛，賦予耳朵，讓他看，讓他聽，為人君的，又怎麼能塗塞他的耳目，使他不看，使他不聽呢？既然要聽、要看，那就必須拿禮樂來教化他，使他非禮勿視，非禮勿聽，而歸之於正。人君之所以能夠使令百姓，就是因爲百姓知道禮樂，有禮樂，百姓自然就會聽命，沒有禮樂，眼睛看的不是禮，耳朵聽的不是樂，百姓就將散亂而無法控制，在這種情形下，即使想要塗塞百姓的耳目，也是不可能的。

・反峻法

揚雄的政治思想，雖然重政令法度，但是由於主張行仁政、施德治，所以極力反對嚴刑峻法，對於申不害、韓非的不先教化，專任刑戮，以及秦法的暴酷，都極力加以詆毀，以爲不仁之至。《法言》問道：「申韓之術，不仁之至矣，若何牛羊之用人也？若牛羊用人，則狐狸螻螾不腤臘也與？」申、韓的基本觀念，都認爲治亂世用重典，唯有嚴刑峻法，才能立竿見影收治世之效。可是這在揚雄看來，不教而誅，簡直是將百姓當作牛羊，任意宰殺，這種方法要是施行起來，必定死人枕藉，那狐狸螻螾可就有福了。因而揚雄極端痛恨申、韓之術，斥爲不仁。

至於秦法，更是慘酷，揚雄認爲無論如何，不能拿來治民，所以有人問他：「如果利用秦法，再稍加修正以後，予以施行，是否也可以達到治平的目的呢？」揚雄斷然回答說：「不可以，好比那些琴瑟，所奏的是鄭、衛淫靡之聲，你就是讓舜時的樂官夔再生，他也不能順著鄭、衛之聲而奏出盡善盡美的韶樂來。」（《法言・寡見》）這種論調，正可以看出揚雄對秦法的苛虐，深爲不滿，以爲一無可取，即使聖人繼位，也必須改弦易轍，才能撥亂反正，而至於太平。

•尚賢能

在《法言．先知》，揚雄曾經說到百姓對於政治，有三種憂慮：一是政善而吏惡；二是吏善而政惡；三是政吏並惡。這三種政治狀況，都足以使百姓受到虐害，是所謂「惡政」。要去此「惡政」，非賢者在位不可。唯有賢者在位，才能行仁政，施德治，國家才能太平，社會才能安定。否則，縱有良好的法度，善美的理想，也是無法施行的。所以孟子說：「徒法不足以自行。」因而揚雄主張，人君治國，必須重用賢才，他說：「經營然後知幹楨之克立也。」（《法言．五百》）經營房屋知道需要幹楨之才作爲棟梁，治理國家當然也應該知道起用賢才作爲國家的棟梁。在揚雄心目中，只有聖人，真儒，才是真賢才，除此之外，充其量也只不過是一個專才而已，不能算是賢才。他說：「聖人之材天地也；次山陵川泉；次鳥獸草木也。」（《法言．五百》）就是這意思。聖人之材，可以參天地而化育，給他主邦國之政，當然能夠平治。至於其他人才，都各有所偏，各有所長，只能擔任小職責，不能擔當大重任。治國既需賢才，但是應該如何檢覈賢才，使他克堪重任呢？揚雄也有他一套方法，他說：「天下有三檢，眾人用家檢，賢人用國檢，聖人用天下檢。」（《法言．修身》）眾人只知道以家的豐瘠爲憂樂，所以只要從他對於家的作爲，就知道他的才幹，這就是所謂家檢；推而廣之，賢人是以國家的貧富爲憂樂，其才幹、抱負自然大得多了，這就叫做國檢；至於聖人，那是以天下人的貧富豐瘠爲憂樂，這又比賢人高一層，所以叫做以天下檢。能夠依此三檢來判斷人才，那賢才便不至於被埋沒而不被發現，愚才也不至於魚目混珠而濫竽充數了。問題是賢才被發現後，人主不能用，像孔子的時候，諸侯並不是不知道孔子是個聖人，但是卻不能加以重用，因爲要重用他，就必須聽從他；要聽從他，就必須拋棄自己的主張和欲念，這非有至德的人主是辦不到的。再有，有的人主是想重用賢才，不過所用的是否就是真賢才？也是一個問題。《法言．寡見》有人問他：「魯國用儒生，爲什麼國家反而被削弱？」揚雄的回答是：「魯國沒有用真儒，要是用真儒，魯國就不至於被削，而且可以無敵於天下。像古時候周朝重用周公，四方諸侯便爭先恐後地來京師朝貢。魯國重用孔子，齊國便緊張得將所侵略的土地歸還。」這些都足以了解揚雄的主張，唯有賢聖在位，才能使政治清平，四海來歸。

4　揚雄的教育思想

揚雄的教育思想是以人性善惡混爲出發點，認爲修善就可以爲善，修惡就可以成爲惡人，而學的主要目的，就在於修性，所謂「學則正，否則邪」（《法言．學行》）。所以對於教育非常重視。

教可以變化氣質，可以起善去惡；教可以啟迪愚昧，可使趨正卻邪，所以人不能沒有教，人要是沒有教，即使有顏淵的才質，也不能秀出。但也不能沒有學，人要是不學，即使有教，也很難收變化之功。《法言．學行》說：「螟蠕之子殪而逢蜾蠃，祝之曰：『類我！類我！』久則肖之矣，速哉七十子之肖仲尼也。」這一段話，完全本之於《詩．小宛》所說：「螟蛉有子，蜾蠃負之，教誨爾子，式穀似之。」螟蠕是桑蟲，蜾蠃是細腰土蜂，古人相傳蜾蠃有雄無雌，不能生子，常常擄螟蠕之子爲兒子，整天對著螟蠕說：「像我！像我！」果然螟蠕長大後就像蜾蠃。揚雄引這段故實，主要是在說明教育功效之大，和孔子教化他的學生功效如此的神速。不過有教也得有學，光教而不學，也是沒有用的。《法言．問明》：「吾不見震風之能動聾聵也。」震風就是雷風，揚雄將雷風比做聖教，將聾聵比做頑嚚、下愚的人。頑嚚下愚的人，是所謂「困而不學」、「自絕於學」、「自暴自棄」的人，這種人即使聖人來教化他，也不會收到效果的，所以孔子說「下愚不移」，孟子說：「自暴者，不可與有言也；自棄者，不可與有爲也。」（《孟子．離婁上》）

在教與學之間，揚雄尤重於自我修爲的學。學必須要有目標，揚雄認爲學有三個目標：

·學為君

《法言．學行》：「學之爲王者事，其已久矣。堯舜禹湯文武汲汲，仲尼皇皇，其已久矣。」儒家教育的終極目標，是要使人達到內聖外王的境地，〈大爲〉一篇所論修、齊、治、平之道，就是教人學王者事，《禮．學記》說：「師也者，所以學爲君也。」可見自古以來，只要是學，沒有不以「學爲王者事」爲首要目標的，甚至連堯舜禹湯文武以迄孔子，也都以學爲王者事爲準則。據《荀子．大略》記載：堯曾經學於君疇，舜學於務成昭，禹學於西王國。劉向《新序》也說：湯學於成子伯，文王學於時子思，武王學於郭叔。《左傳》昭十七年也說：孔子見於郯子而學之。可見古代聖王也莫不有學，所以揚雄說：「學爲王者事，其已久矣。」

・學為聖賢

學爲王者事是外王，學爲聖賢便是內聖。揚雄以爲人皆可以爲堯舜，所以爲學必定要以晞聖晞賢爲目標。《法言．學行》：「晞驥之馬，亦驥之乘也。晞顏之人，亦顏之徒也。或曰：『顏徒易乎？』曰：『晞之則是。昔顏嘗晞夫子矣，正考甫嘗晞尹吉甫矣，公子奚斯嘗晞尹吉甫矣。不欲晞則已矣，如欲晞，孰禦焉。』」一個人在學習過程中，只要抱定一個目標，不斷地努力。那你便能達到這目標。像顏淵曾經以孔子爲目標，正考甫以尹吉甫爲目標，公子奚斯也以尹吉甫爲目標。他們都是以聖賢爲學習對象，所以個個都成爲聖賢。這些就是最好的例子，說明只要立志晞聖晞賢，別人是沒法阻擋得住的。

・學為君子

《法言．君子》：「君子言成文，動成德。」言成文，動成德，幾乎是聖人的境界，孔子是成德的人，是大家公認的聖人，他尚且說：「君子道者三，我無能焉：仁者不憂，知者不惑，勇者不懼。」雖然這可能是孔子的謙虛，但是我們也可以由此知道，君子的境界也是相當高的，要想達到聖人的境地，就必須先要學做君子，所以揚雄勉勵人立志求爲君子。《法言．學行》說：「學者所以求爲君子也，求而不得者有矣夫，未有不求而得之者也。」〈寡見〉篇也說：「好盡其心於聖人之道者，君子也。」立志求爲君子，也就是勉人要晞聖晞賢。

至於學的方法，揚雄認爲：

・行為上

《法言・學行》：「學，行之上也。」人不能沒有學，學可以成德，學可以寡過，學可以盡性，學可以克欲。〈學記〉中說：「君子如欲化民成俗，其必由學乎！玉不琢不成器，人不學不知道。是故古之王者，建國君民，教學爲先。」這說明無論是化民成俗，無論是成器知道，無論是建國君民，都不能沒有學。學固然重要，但是學而能行應該是更重要。因爲學而不行，對於事理是無法通徹明瞭的，唯有學而能行，才能通明事理。《中庸》說：「力行近乎仁。」《荀子・儒效》也說：「學至於行之而止矣。行之明也，明之爲聖人。」都是說明學要以行爲上。從這裏我們可以了解揚雄爲什麼主張學以行爲上。

・多聞見

《法言・吾子》：「多聞則守之以約，多見則守之以卓；寡聞則無約也，寡見則無卓也。」多聞多見，可以增長見聞，增進學識，所以多聞多見，實際上就是博學，只有從博學中才能了解前言往行，什麼是最精要，什麼是最卓越的，然後加以選擇，作爲自己修身養行的準則，否則孤陋寡聞，對於事理便無從明瞭，當然更不知道什麼是最精要，什麼是最卓越的了。不過揚雄對於多聞見特別提出一點要人注意，那就是所聞所見，都必須是至善至美的正道，而不是邪僻的旁門左道，否則即使聞見再多，所得的學識，也只不過是一些不合正道的迷識罷了。

・循序漸進

揚雄認爲水流晝夜不息地往前流去，不到終點絕不中止，而且流經之處，遇有低凹的坑地，必定充滿之後，再行前進，絕不繞道而行。做學問也應該如此，必須循序漸進，有恒不斷，這樣才能有所成就，絕不躐等而施，半途而廢。再看那鴻雁南飛，爲的是避寒而就溫；我們人要向學，爲的是去非而從是，不過鴻雁的高飛，並非是一飛沖天，而是由低處逐漸地往上飛，因而我們學習，也應該一步一步地由低往高，不能好高騖遠，虛而不實。一棵樹，所以能夠枝葉繁茂，是因爲它的根本深厚；一個人的學問要想有高遠的成就，也就必須有深厚的根基。這種觀念，很顯然地是從《孟子・盡心上》「流水之爲物也，不盈科不行；君子之志於道也，不成章不達」而來的。

・學必有師

《法言・學行》：「務學不如務求師。」師的職責是傳道、授業、解惑。所以《禮・文王世子》說：「師也者，教之以事，而喻諸德者也。」因而要學就不能沒有師。何況漢代承秦焚書坑儒之後，書簡大都殘闕，得書非常不易，而且書錄多用竹簡縑帛，傳鈔非常困難，容易發生錯誤，同時去古既遠，天下又沒有聖人，要不是有專家之師，授以章句，那就根本無從學習。所以當時學者，特別注重師法。到了揚雄時代，劉歆領校祕書，又有古文注本，各家說法又都不同，若是沒有老師，那就更無法知道其中的道理，這就是揚雄特別強調學必有師的原因。《法言．學行》：「一鬨之市，不勝異意焉；一卷之書，不勝異說焉。一鬨之市，必立之平；一卷之書，必立之師。」一巷之市雖小，但各人的意見不少，必須要制定平價才行；一卷之書雖小，但各家的說法不同，必須要請教於老師才行，否則徒費心力，不僅毫無成就，抑且必將謬誤典謨之旨。

學者在學習過程中，固然需要老師，但是做老師的，也必須時常檢剔自己，使一言一行都能成為學生的模範，否則徒具老師之名，而無老師之實，非僅不能收教化之功，反而產生反效果，所以揚雄對於那些不足以為人師的，發出無限的慨嘆。他說：「師者，人之模範也，模不模，範不範，為不少矣。」（《法言．學行》）可見揚雄對於當時社會許多好為人師的不滿。

《禮．學記》：「記問之學，不足以為人師。」所謂記問之學，指的是預先記誦一些雜難雜說，到講書的時候，說給學生聽。這種預先記誦雜難雜說，只能算是小知，小知太為瑣碎，記不勝記，所以不足以為人師。《法言．問明》有人問揚雄：「小每知之，可謂師乎？」揚雄回答說：「是何師與？是何師與？天下小事為不少矣，知之是謂師乎？師之貴也，知大知也。小知之師亦賤矣。」由此可見，揚雄對於只會記誦一些雜難之說的小知之師，是看不起的，他認為要能成為知大知之師，才是可貴的。所謂大知，就是透徹了解事理的根本，使它能夠一以貫之，就像孔子的學問一樣，孔子的學問絕不是「多學而識」的，而是「一以貫之」的。能夠知大知，學問自然就淵博，其他的小事不待學也就知道了。

此外，揚雄對於品德教育特別重視，《大學》說：「物格而後知至，知至而後意誠，意誠而後心正，心正而後身修，身修而後家齊，家齊而後國治，國治而後天下平。自天子以至於庶人，壹是皆以修身爲本。」由此可知，儒家的政治哲學，是以修身開始，自正心以上，所說的全是修身。揚雄的思想，既是以儒家爲宗，所以對於修身極爲重視，因而《法言》中，特別以修身名篇，以表示修身爲個人行誼的首要。而修身的根本，則在於孝悌，《論語．學而》：「君子務本，本立而道生，孝弟也者，其爲仁之本與？」因而《法言》特立一篇叫〈孝至〉篇，以表示他對孝悌的重視。

在品德教育中，揚雄以爲道德仁義禮是出之於人的天性，是一切行爲的準則。《法言．問道》：「道德仁義禮，譬諸身乎？夫道以導之，德以得之，仁以人之，義以宜之，禮以體之，天也。合則渾，離則散，一人而兼統四體者，其身全乎！」道德仁義禮是人的天性，當然不能有所缺失，好比一個人之有四肢，四肢完整，軀體便健全；四肢不全，軀體當然便成殘廢。道德仁義禮五者若是能夠渾合，那所有品德便都已具備；要是支離道德仁義禮，那便如同支離一個人的四肢一樣，使他的軀體殘缺不全。因而人的一切行爲準則，應以道德仁義禮爲準，否則人的品德便有所缺憾。

道德仁義禮的修爲，實際上是人性自我的發揚，所以無論世人知不知道我，我都得盡力去做，這樣光彩才大。若是必定要等人家知道我，然後才去做，那所作所爲不是爲了德，而是爲名，這樣就沒有什麼光彩了。因爲揚雄勉勵人「我知爲之，不我知亦爲之」（《法言．問神》）。又說：「不爲名之名，其至矣；爲名之名，其次也。」（《法言．孝至》）不爲名而行善，其名自揚，這是實至名歸，自然之美，是至高無上的德。但是爲名而行善，而使聲名顯揚，雖然不是至高無上的德，卻也能收到修德的實效，所以揚雄認爲「爲名之名」，較之「不爲名之名」，稍差一層，勉勵人要多從事於不爲名之名，這樣胸襟才能廣闊，德行修爲才更高。

百行孝爲先，《法言．孝至》：「孝至矣乎！一言而該，聖人不加焉。」孝是德之本，可以統眾善，可以治天下，可以通神明，所以叫做「至德」，至德，即使是聖人，也無法再增高。《孝經》說：「聖人之德，又何以加於孝乎？」因而揚雄在品德教育中，特別強調孝道的重要。首先必須讓大家知道：父母之恩，昊天罔極，爲人子的，很難報答於萬一。一定要像大舜一樣，時常感到對於父母的奉養還不夠，這樣才能算是真孝。假如自認爲對父母的奉養已經很重厚了，那就不能算是真孝。《法言．孝至》：「父母，子之天地與！無天何生？無地何形？天地裕於萬物乎？萬物裕於天地乎？裕父母之裕，不裕矣。事父母自知不足者，其舜乎！」揚雄認爲，父母對於兒女，就像天地之於萬物一樣。天地所施給萬物的是那麼優厚，而萬物卻不能以同等的優厚來回報天地。同樣的，子女對於父母，也不能以父母對待兒女同等的厚愛來回報父母。要說兒女所能回報父母，已超過父母所施給的，那就等於說，萬物所能回報天地，已超過天地所施給的，那是斷斷沒有這個道理的。

兒女對於父母之恩，既是難報於萬一，那麼做兒女的，又怎能不竭盡全力來盡孝道呢？

要盡孝道，非僅是能養而已，還得要生事愛敬，《法言．學行》：「或曰：『猗頓之富以爲孝乎？不亦至乎？顏其餒矣。』曰：『彼以其粗，顏以其精；彼以其回，顏以其貞。顏其劣乎！顏其劣乎！』」揚雄的意思是：養而不敬，猶如犬馬之養，縱使再豐厚，也沒有什麼意義，唯有養而能敬，敬而能順，這才算是孝。所以，雖然猗頓以他的富有來盡孝，在揚雄看來，反不如顏回的貧困來得更能盡孝。這其間的區分，就在於能敬不能敬。猗頓的孝，是飲食之養，只不過養體而已；顏回的孝，含有敬順之意，是養志之養。養體是粗，養志是精，這精粗之間，何啻霄壤，因此揚雄教人行孝，必須承順親意，居則致其敬，養則致其樂。

此外，揚雄還認爲兒女對於父母，除了生事愛敬外，還必須死事哀戚，換句話說，也就是死生都當盡禮。所以有人問他怎樣才能算是「人子」，揚雄的回答是：「死生盡禮，可謂能子乎！」唯有死生盡禮，才能稱得上是孝子。

還有，孝子事奉父母，內心應該時常懷著父母的年壽已高，往後的時日恐怕無多，不可能再長久。因此每一分每一秒都能珍惜，不能有所鬆懈，以盡其孝子之心。

揚雄這些生事愛敬，死事哀戚，死生盡禮，以及孝子愛日的盡孝觀念，都是上承孔子孝道的思想而來，例如：子曰：「今之孝者，是謂能養，至於犬馬，皆能有養，不敬，何以別乎？」（《論語．爲政》）又曰：「生事之以禮，死葬之以禮，祭之以禮。」（同上）又曰：「父母之年，不可不知，一則以喜，一則以懼。」（〈里仁〉）這些都足以說明揚雄品德教育中，孝道思想的淵源。

在品德教育中，另一重要的一環是修身。揚雄以爲修身首重立義，《法言．修身》：「修身以爲弓，矯思以爲矢，立義以爲的，奠而後發，發而必中矣。」修身必先正思，正思必以立義爲準的。《大學》說：「欲修其身者，先正其心。」因爲人的思想行爲，都是以心爲主，故必存養省察，不被物欲所蒙蔽，使心思湛然虛明，那一切貪愚迷妄，放僻邪侈之念，便無由而生，這樣，無論到那兒，無論做什麼事，沒有不合於義的了。這就好比射箭，以義作爲的彀，不發則已，發則必中。

此外，揚雄認爲要成爲君子，必須內外兼修，文質彬彬才可以，《法言．修身》中，有人問他，犁牛和玄騂的皮革有沒有不同。爲什麼祭祀時非用玄騂不可？揚雄的回答是：「爲了要致孝於鬼神，所以不敢用犁牛。如果是殺豬宰羊爲了歡宴賓客，犒賞軍隊，那還管他是犁牛不犁牛！」這意思是從《論語》引申來的，《論語．雍也》：「犁牛之子，騂且角，雖欲勿用，山川其舍諸？」騂，赤色。周人尚赤，所以祭祀的犧牲要用騂。犁是雜文，所以不用。揚雄藉此說明君子是與眾不同的，玄騂之與犁牛，雖然皮革相同，但是玄騂之所以貴於犁牛的原因，是因爲玄騂的毛色純，而犁牛的毛色雜，玄騂不僅有內在的質，還有外在華美的文。君子之與眾人，其爲人則一，然而君子所以比別人尊貴的原因，是因爲君子有內在忠信的質，也有外在禮文的表。質勝文則野，文勝質則史，所以君子修身，務必要內外兼修，文質彬彬才好。

再有，揚雄還勉勵人要剛健篤實，時時修己以進德。《法言．吾子》：「聖人虎別其文柄也；君子豹別其文萃也；辯人貍則其文華也。貍變則豹，豹變則虎。」聖人之文，煥然彪炳；君子次之，其文蔚盛；辯人又次之，其文叢萃。三者都有文章，只是其質不同罷了，不過忠信可以晞聖，德行純備可以制作，所以若能修己力行，進德不息，截長補短，變更其質，那辯人便可以成爲君子，君子也可以成爲聖人了。

修身之道，首先要注意的是謙恭自牧，不可以「持滿」，《法言．重黎》：「或問：『持滿。』曰：『扼欹。』」欹，就是欹器，古時候人君用來放置坐石作爲戒惕的一種器皿。這種器皿空虛的時候有些傾斜，把水倒進去一半，便站得正；倒到滿，便翻覆過來，揚雄藉此來告誡那些自滿的人，要像欹器一樣，不可以自滿，爾後才能日進有功。

揚雄除了勉勵人要謙恭自牧，不要自滿之外，還教人要自愛、自敬，一切反求諸己。《法言．君子》：「人必先作，然後人名之；先求，然後人與之；人必其自愛也，而後人愛諸；人必自敬也，而後人敬諸。自愛，仁之至也；自敬，禮之至也；未有不自愛敬而人愛敬之者也。」知道自愛的人，必定會愛人，所以揚雄說他是仁之至；知道自敬的人，必定會敬人，所以揚雄說他是禮之至。仁禮之至的人，沒有人不愛敬他的。這麼說來，只要我決心去求愛敬，愛敬就會來到。孔子說：「我欲仁，斯仁至矣。」一切求之在我。因此揚雄又說：「夫見畏與見侮，無不由己。」（《法言．五百》）畏敬人，人自然也會畏敬你；侮慢人，人當然也會侮慢你。孟子說：「敬人者，人恒敬之。」揚雄的主意也就在此。他以爲一個人被人畏敬，或是被人侮慢，都是自取的。

最後，揚雄認爲一個人修身，只要能做到「言不慙，行不恥」，仰無愧於天，俯無怍於地，就可以成爲頂天立地的男子漢。《法言．修身》：「言不慙，行不恥者，孔子憚焉。」言不違理，就沒有可慚之言；行不邪僻，就沒有可恥之行。沒有可慚之言，沒有可恥之行，那是全德的完人，孔子對他也要畏敬三分。這就是揚雄品德教育中的終極目標。

5 揚雄的文學思想

揚雄生當元、成漢賦極盛時代，又和司馬相如同鄉，作漢賦能夠享受利祿的好處，再加上司馬相如許多流風韻事，不能無動於衷。所以從小就喜歡辭賦，仰慕相如，同時又看到司馬相如的賦弘麗溫雅，心中尤其嚮往，所以每次作賦，都要摹仿司馬相如的賦來作，茲就揚雄的創作分析如下：

•重模擬

根據《西京雜記》的記載，揚雄〈答桓譚書〉：「長卿賦，不似從人間來，其神化所至耶！大抵能讀千賦，則能爲之。諺云：『習伏眾神，巧者不過習者之門。』」《漢書》本傳也說：「嘗好辭賦，先是時，蜀有司馬相如，作賦甚弘麗溫雅，每作賦，嘗擬之以爲式。」由此可見揚雄的文學創作，首重模擬；而模擬之道，則在於多讀、多作。所以說：「能讀千賦，則能爲之。」又說：「習伏眾神，巧者不過習者之門。」再聰明的人，也不能離開多讀、多作的法則。不僅是作賦如此，據《漢書》本傳的記載，他讀過屈原的文章，認爲超過司馬相如，悲嘆屈原的際遇，於是摘取〈離騷〉中的文字，作一篇〈反離騷〉，自峄山投到江裏去，以弔屈原。又依傍〈離騷〉，作一篇〈廣騷〉；又依傍〈惜誦以下至懷沙〉，作一篇〈畔牢愁〉。甚至於經傳字書的創作，也沒有不出於模擬的。例如他所作的《太玄》，是模擬《易經》的；《法言》是模擬《論語》的；《訓纂》是模擬《倉頡篇》的；〈州箴〉是模擬〈虞箴〉的；而所作的〈甘泉〉、〈羽獵〉、〈長楊〉、〈河東〉四賦，都是以司馬相如的〈上林〉、〈子虛〉爲法式的。

‧重神思

所謂神思，就是《文心雕龍‧神思》所說的：「文之思也，其神遠矣。」所以當他寂然凝慮的時候，可以思接千載；當他悄然動容的時候，可以視通萬里；在吟詠之間，可以吐納珠玉之聲；在眉睫之前，可以舒捲風雲之色。這些都是神思所致。揚雄作文章最重神思，《漢書》本傳說他「默而好深湛之思」。所以他作賦，沒有不殫精熟慮。桓譚《新論‧祛蔽》說：成帝時候，上甘泉宮，詔命揚雄作賦，揚雄常常爲之思慮精苦，賦成以後，倦極而臥，夢見五臟流出滿地，趕緊用手收納回去。夢醒以後，整整病了一年，由此可見他盡思慮，傷精神也。

‧尚美

《法言‧吾子》：「或問屈原智乎？曰：『如玉如瑩，爰變丹青，如其智！如其智！』」如其智者，乃其智也。揚雄因爲看到屈原的志行清潔，如玉如瑩，化爲文辭，就像圖畫丹青一般的綺麗，內心非常仰慕他，所以讚美說：「乃其智！乃其智！」《史記‧屈原傳》曾經論及屈原的志行，認爲可與日月爭光。至於〈離騷〉的文采，王逸〈楚辭章句序〉：「依詩取興，引類譬喻，其詞溫而雅，其義皎而朗，凡百君子，莫不慕其清高，嘉其文采，哀其不遇而愍其志焉。」而《文心雕龍．辨騷》更說他：「氣往轢古，辭來切兮，驚采絕豔，難與並能矣。」由此可見屈原的文章，真是華藻朗麗，驚采絕豔，這就是揚雄所以為之仰慕不已的原因。

賦本來就是一種美文，其特質就像司馬相如所說的：「合纂組以成文，列錦繡而為質，一經一緯，一宮一商，比賦之跡也。」纂組成文，錦繡為質，是說賦的內在美，和外在的文采；此外還得注意一宮一商的音樂性。《文心雕龍．詮賦》也說賦的本質應該是：「麗辭雅義，符采相勝。」可見賦的特質，本來就是尚美的，所以作賦，特別重視華美的文藻，其所以仰慕司馬相如，一定要以他的賦為模擬的對象，就是因為司馬相如的賦「弘麗溫雅」的緣故。

●尚事

《法言．修身》：「實無華則野，華無實則賈，華實副則禮。」在這華實相副的觀念下，揚雄的文學主張，除尚美外，還著重於尚事，而要達到事辭兼備的境地。《法言．吾子》說：「或問君子尚辭乎？曰：『君子事之為尚。事勝辭則伉，辭勝事則賦，事辭稱則經，足言足容，德之藻也。』」揚雄的意思，以為文章與其只注重外在的辭藻美，倒不如注重內在實質的事理。事理有餘而辭采不足，大不了稍嫌伉直而已。辭采有餘而事理不足，則顯得閎侈鉅衍，誇誕過實，絕不是作文的正道。一定要事和辭相稱，文質彬彬，又能說、又能用，這種言論才不是空論，才能作為「德」的藻飾。因此，揚雄對於只重文華而拋棄義理的人，非常疾惡。《法言．問明》：「孟子疾過我門而不入我室。或曰：『亦有疾乎？』曰：『摭我華而不食我實。』」所謂華，指的是文采；所謂實，指的是義理；取其文采而棄其義理的人，是一個小知淺薄的人，不知道探本窮微，無益於世道人心，這就是揚雄所以疾惡的原因。所以揚雄作賦，一定文質兼顧，不僅是麗辭豔采而已，亦且內容本質兼重。

・尚用

揚雄認爲賦和詩一樣，都具有美刺的作用。所以作賦的時候，首先應該注意到是否能發生諷諭的作用。所謂諷諭作用，就是使讀的人讀了以後，能夠及時醒悟，改正自己的過錯。如果讀了以後，依然是我行我素，不曾改正，那賦的作用，只不過是勸而已，又有什麼意義呢？可是賦本來就是美文，而且是頌讚君主貴族特有的產物，其作法往往是極盡其鋪張誇大的能事，到了末了才涉及正題，道出作者諷諭的本意。然而讀的人因爲受到前面文字的眩惑，到了最後，對於作者諷諭之意，卻往往疏略掉，因此很難收到預期的效果。《漢書》本傳說：「往時漢武帝非常喜好神仙，司馬相如曾經寫了一篇〈大人賦〉，想要諷諭一番。結果漢武帝讀了以後，不僅沒有發生諷諭的作用，反而感到有飄飄然淩雲之志。」王充《論衡．譴告》也說：「孝成帝喜愛擴充宮室，揚雄曾經上一篇〈甘泉賦〉，諷諭一番，說是只有鬼神的力量才能完成如此奇偉的宮室，人力恐怕是無法完成的，然而成帝讀了以後，並沒有覺悟，仍然興建不止。」所以揚雄非常感慨，有人問他賦是不是可以諷諭，他的回答是：「諷乎？諷則已，不已，吾恐不免於勸也。」（《法言．吾子》）

由於賦不能達到諷諭的作用，因而揚雄到後來，對以往所作的賦，深深感到後悔，認爲那是「童子雕蟲篆刻」。童子雕蟲篆刻，所費的勞力多，而實用的價值少；是小技，而不能成大道，所以又說：「壯夫不爲也。」於是不再作賦。

・徵聖

揚雄對於文學創作，認爲一定要徵聖宗經。所謂徵聖，就是徵驗於聖人的遺文。《法言．吾子》：「好書而不要諸仲尼，書肆也；好說而不要諸仲尼，說鈴也。君子言也無擇，聽也無淫，擇則亂，淫則辟，述正道而稍邪哆者有矣，未有述邪哆而稍正也。」揚雄的意思，無論著書立說，爲文作賦，務必要折中於仲尼，否則如同書肆一般，零亂雜陳，七拼八湊，毫無意義；如同說鈴一般，不能振聾啟聵，毫無作用。所以只要能徵驗於仲尼，必定能做到言無擇，聽無淫，那又何患乎立言之不正呢？用此揚雄極力主張要徵聖。對於諸子百家的學術思想，揚雄認爲那好比是「山嶺之蹊」，「向牆之戶」，都是崎嶇難行，窒礙難通的，不必去徵驗，也無法去徵驗，唯有聖人之說，才是正道，好比是房屋的門戶一樣，一個人進進出出，不能不經過門戶，因此著書立言，作賦爲文，都不能不徵驗於聖人的言論。

言語是表達情意的，文字是表達言語的；言語是心聲，文字是心畫；只有言語能發抒心中的意念，交通彼此不同的意見；只有文字才能包羅天下許多事物，使它傳之久遠。問題是言語要能確切地表達心意，文字要能夠確切地表達言語，那是非常困難的，唯有聖人能夠得到其中的體要，所說的話要簡不繁而合於條理，文字不多而合於法則，因而發言成教，肆筆成典，都能成爲天下人的法則，這就是揚雄極力主張爲文要徵聖的主要原因。

•宗經

聖人的述作謂之經。揚雄既主張爲文要徵聖，當然更主張要宗經。何況聖文雅麗，銜華佩實，足爲世人法。《法言．寡見》：「或曰：『良玉不雕，美言不文，何謂也？』曰：『玉不雕，璵璠不作器；言不文，典謨不作經。』」在揚雄看來，良玉之所以成器，因爲有良匠的雕琢；典謨之所以作經，因爲有美好的文采。因此揚雄認爲，要想寫好文章，便不能不宗經。《文心雕龍．宗經》對此有更深一層的闡述：「故文能宗經，體有六義，一則情深而不詭；二則風清而不雜；三則事信而不誕；四則義直而不回；五則體約而不蕪；六則文麗而不淫，揚子比雕玉以作器，謂五經之含文也。」這就是揚雄主張文要宗經的主要原因，否則書言越多，越加累贅，又有什麼用呢？《法言．問神》：「書不經，非書也；言不經，非言也；言書不經，多多贅矣。」這是揚雄徹底主張文必宗經最明確的論證了。

以上是揚雄文學創作之觀點，大都是發自儒家的思想；至其文學批評，也是依照其創作論的觀點而立。

•詩人之賦與辭人之賦

《法言．吾子》：「或問：『景差、唐勒、宋玉、枚乘之賦也益乎？』曰：『必也淫。』『淫則奈何？』曰：『詩人之賦麗以則，辭人之賦麗以淫。如孔氏之門用賦也，則賈誼升堂，相如入室矣，如其不用何？』」所謂淫，就是誇誕過實的意思。賦的用意原在諷諭，荀卿、屈原都是作賦以諷諭的，到了景差、唐勒、宋玉、枚乘這些人，才逐漸地閎侈鉅麗，誇誕過實，有失諷諭的本意。所謂詩人之賦，指的是古詩之作，以發乎情，止於義爲美，也就是揚雄本傳所說的：「法度所存，賢人君子詩賦之正也。」所以麗以則。所謂辭人之賦，指的是今賦之作，以形容過度爲美，也就是揚雄本傳所說的：「必推類而言，閎侈鉅衍，使人不能加也。」所以麗以淫。

「詩人之賦麗以則，詞人之賦麗以淫。」這兩句話，揚雄用來評論詩人之賦與詞人之賦的不同，以及其優劣得失，可說是具體而微。吳訥《文章明辨》引《祝堯古賦辨體》，對於揚雄這兩句，闡述得淋漓盡致，透徹至極。他認爲詩人之賦，是吟詠情性的，因此其情便自然而然地形之於詞，其詞也就自然而然地合之於理。情形於詞，所以麗而有則；詞合於理，所以則而有法。如果有失於情，只注重表面的詞而忽略內在的情意，那就沒有什麼興趣之妙可言，還有什麼法則可循？漢代的詞賦，專只取詩中賦的一義來作賦，又取騷中贍麗之詞以爲詞，至於情和理，都無暇顧及，所以其所表現的麗和風騷的麗不同，這就是則和淫判然不同的關鍵所在。從這裏就可以判別出賦的優劣得失來。

總之，揚雄論賦，以爲唯有發乎情、止於義、利於諷的詩人之賦，才可以爲法則；而誇飾閎衍的辭人之賦，則不足以爲法也。

‧惡淫辭之淈法度

揚雄對於辭賦徒事閎侈鉅衍，不能發生諷諭作用，極為不滿，以為非法度所存，毫無意義，所以追悔自己當初作賦，而發出「童子雕蟲篆刻」、「壯夫不為」的鄙夷之聲。他持此態度來評論其他一切書文，當然也非常疾惡那些淫放浮靡之辭，惑亂人心，淆亂法度。《法言‧吾子》：「或曰：『女有色，書亦有色乎？』曰：『有；女惡華丹之亂窈窕也，書惡淫亂之淈法度也。』」在揚雄的心目中，總認為，所有著書之說，都應該有一定的法度，可以有益於世道人心，而不是徒然淫放浮靡，淈亂法度，使人目眩，而陷於不義。猶如女孩子不可以徒然利用鉛華朱丹來打扮，妖豔迷人，惑亂人心，而不注重其內在的窈窕貞專。《法言‧吾子》又說：「綠衣三百，色如之何矣？紵絮三千，寒如之何矣？」古時候的人認為，紅、黃、藍、白、黑是為正色，除此之外，均非正色。綠衣三百，終非正色，不能入正廟，所以雖多，又有什麼用呢？紵麻之絮，終非純棉，雖有三千，不能禦寒，再多又有什麼用呢？好比寫文章，不循正道，不尊法度，即使再繁富、再美妙，又有什麼用呢？揚雄以儒家的思想，用世的尺度，來衡量文學，看到辭賦的淫曼，雜說的紛起，都不足以匡正世道人心，所以才發此評論。

綜上觀之，揚雄生長在儒家思想極為濃厚的漢代，而且當時對於文學觀念還不十分明確，所以揚雄的辭賦創作，雖然極負盛名，與司馬相如、班固、張衡，並列為漢代四大賦家，但是其文學思想，因受時代之影響，及其極端崇尚儒家的思想，所以仍然不能擺脫漢儒視文學爲學術的範疇。不過他的文學創作與批評的論斷，實爲中國有系統建立文學創作論與批評論之濫觴，這就是劉彥和作《文心雕龍》，往往取以爲法的原因。

四、學術著作

揚雄的學術著作，有《訓纂篇》、《方言》、《太玄》、《法言》等，今可以見到的，只有《方言》、《太玄》、《法言》三書而已。茲分述如下：

㈠《方言》　這部書記載的都是古代不同方域的語彙。地域很廣，東起東齊海岱，西至秦隴涼州，北起燕趙，南至沅湘九嶷，東北至北燕朝鮮，西北至秦晉北鄙，東南至吳越東甌，西南至梁益蜀漢。其記載方式，是先舉一些語詞來，然後說明某地謂之某；或某地某地之間謂之某，這些方言語詞都是揚雄問到以後記下來的，其中所記的語言，包括古方言、今方言，和一般流行的普通話，凡是說「某地語」或「某地某地之間語」的，都是各別的方言。說「某地某地之間的通語」，是通行區域較廣的方言。說「通語」、「凡語」、「凡通語」、「通名」或「四方之通語」的，都是普通語。說「古今語」或「古雅之別語」的都是古代不同的方言。

從《方言》所記載的實際語言，可以看出一部分漢代社會文化的情形，例如卷三「臧、甬、侮、獲，奴婢賤稱也」一條，知道在漢代畜奴的普遍情形。卷四所記衣履一類的語彙，可以知道漢人的衣飾等。再有其所舉的方言，在現代方言中依然保留著的很多。例如：「慧謂之鬼」，「憂謂之惄」，「斂物而細謂之揫」，「食飲食者謂之茹」等，都是大眾口裏的話，若不是方言記載下來，恐怕就無從知道這些語言，遠在漢代就有了。其次，前人或謂方言多奇字，那是就文字的寫法來說的，若是從語言的觀點來看，這些字只是語音的代表，其中儘管和古書上應用的文字不同，實際上仍是一個語言。例如：「咺」同「喧」，「唏」同「欷」，「㝏」同「介」，「踏」同「蹋」等，都是很明顯的例子。更有古今相同的語言，《方言》寫的字和現在一般所寫的不同。例如：「少兒泣而不止謂之咷。」現在寫「嗆」；「好日釥」，現在寫「俏」；「遽曰茫」，現在寫「忙」等，都是音義一樣的。因此《方言》在漢語語言史上的價值，是非常值得我們重視的。

今本《方言》，是晉郭璞注，凡十三卷。《隋書．經籍志》、《新唐書．藝文志》著錄相同；但劉歆與揚雄往來的信件中說是十五卷，郭璞《方言注．序》也說是「三五之篇」，卷數和今本不同，當是六朝時所改訂。至於字數，應劭《風俗通義．序》說是九千字，而郭注本據戴震統計有一萬一千九百多字，多出近三千字，何時增添，現已無從查考。

(二)《太玄》　這是揚雄模擬《易經》而作的一部書。易有八卦，玄有九首；八卦是☰乾☱兌☲離☳震☴巽☵坎☶艮☷坤，九首是⚌一方一州⚎一方二州𝌁一方三州⚍二方一州⚏二方二州𝌂二方三州𝌃三方一州𝌄三方二州𝌅三方三州。易以八八爲數，所以有六十四卦；玄以九九爲數，所以有八十一首，易立天地人之道曰陰陽、剛柔、仁義。所以其畫不過⚊奇⚋偶二端而已。玄立天地人之道曰始中終、思福禍、下中上，所以其畫有⚊（一方一州一部一家）⚋（二方二州二部二家）𝌀（三方三州三部三家）三體。易以陰陽爲爻，每卦六爻、六十四卦共三百八十四爻；每卦有卦辭、彖辭、爻辭、象辭。而玄以方、州、部、家四位爲一首，每首有九贊，八十一首共七百二十九贊；每首有首辭、贊辭、測辭。易是用二、玄是用三。易從復卦至乾卦爲陽，從姤卦至坤卦爲陰，此二至陰始陽生之機；玄從中首至法首爲陽，從應首至養首爲陰，這也是二至陰始陽生之候。易的復卦初九，姤卦初六，正當二至晝夜子午之半，玄的中首次六，應首次六，也當二至晝夜子午之半，可見易與玄同是應天之運。易是一正一反，對待而爲序；玄是跌陰跌陽，交錯而分家。易爻多而卦少，因爲其畫止於偶，而玄位少而首多，因爲其畫至於三。至於溯流窮源，從象而推理，《易》有太極，而《太玄》有玄，表示用不同而體相同，數不同而理相同，這便是易和玄類推而相通之處。

但是明葉子奇作《太玄本旨》，認爲易的儀、象、卦、數，布置錯綜，與天地造化無不合，由於其理出於自然，所以能成爲聖人之學；玄的方、州、部、家，分綴附會，強求其合於律曆節候，由於只是出於個人智慧的臆見，所以只能成爲賢人之術。易的立象、命名，都有意義，如乾卦的六陽，是天下的至健，所以名叫乾；坤卦的六陰，是天下的至順，所以名叫坤；天地交而爲泰卦，天地隔而爲否卦，一陽來而爲復卦，一陰生而爲姤卦，五陽決一陰而爲夬卦，五陰剝一陽而爲剝卦，以至於所有的六十四卦，沒有不是這樣的。可是卻不知道玄的「中」首、「周」首、「礥」首、「閑」首，以至於八十一首，對於四畫的位，究竟何所見以取象命名？這是求而未通的第一點。

卦和首既然不同，爻和位也有不同，爲什麼要將「中」首比擬作易的「中孚」，「周」首比擬作易的「復」卦、「礥」首「閑」首比擬作易的「屯」卦；不知道「中」首有什麼虛可言，可以比擬作「中孚」；「周」首有什麼陽可言，可以比擬「復」卦？「礥」首「閑」

首有什麼剛柔始交而難生可言，可以比擬爲「屯」卦？這是求而未通的第二點。

易是以爻來立卦，以辭來說明爻，所以每一卦有六爻，說明的爻辭也有六；而玄只有四畫，贊辭反而有九，這種上無所明，下無所屬，首自首，贊自贊，本末二致，是求而未通的第三點。

易畫是自下而上，故爻辭也是自下而上；然而玄畫自上而下，而贊辭卻自下而上，上下背馳，這是求而未通的第四點。

易的陽爻叫做九，陰爻叫做六；而玄雖然列有九贊，但是卻以「次」來叫，例如初一、次二、次三、次四……上九，沒有專一的名稱，這是求而未通的第五點。

易的爻位吉凶，推之以才德時象之變，錯以中正剛柔之位，所以可吉可凶，其法變動不拘；現在玄的例，是以陽家一三五七九爲晝，措辭吉，二四六八爲夜，措辭凶；陰家二四六八爲晝，措辭吉，一三五七九爲夜，措辭凶。從始到終，一定不移，其方法膠固不變，這是求而未通的第六點。

聖人對於易，雖然也有一些扶陽抑陰之義，但是陰陽是造化之本，不能相缺的，聖人對於這不可相缺的情形，就以健順、仁義之類的話來說明，儘管在語氣之中含有善惡之分，然而卻從來沒有說陽全吉而陰是全凶的；現在玄的例，是以晝吉夜凶，陰禍陽福，這恐怕不足以表明聖人的微旨，這是求而未通的第七點。

聖人仰觀俯察，看出天地之間，不過陰陽兩端而已，於是畫一奇（⚊）以象陽，畫一耦（⚋）以象陰，奇耦之上又加一陰一陽，逐漸推衍至六十四卦，三百八十四爻，對於歲數雖然沒有要求其盡合，可是卻自然而然地無不合；而玄首的畫和易的奇耦既然不同，又別立九贊，以兩贊相當於一日，總共有七百二十九贊，相當於一歲三百六十四日半，另外又立踦、嬴二贊，以當氣盈、朔虛，雖然和歲數完全相合，但那只不過是模仿曆數而加以附會罷了，起初的時候，恐怕也未必見其必然如此，恐怕彌綸天地之間的經，可能不是這樣的，這是求而未通的第八點。

由葉氏這段話，可以了解揚雄所作的《太玄》，實在是想盡力模擬《易經》，使能和聖人之意合，但是到頭來仍然有未通之處；不過我們卻也可以由此知道《太玄》這本書的大略情形。

㈢《法言》　這部書是揚雄模擬《論語》而作的。根據《漢書》本傳的說法，揚雄看到諸子各家，彼此各逞其說，大抵都是詆毀聖人，要不然便是異辭巧辯，怪說連篇，無非想要阻撓時政。儘管這些只是小辯，但日子一久，恐怕終會破壞大道。而且許多人受其迷惑，沈迷於所聽所見的邪說中，而還不知道其謬誤。同時又看到太史公記六國、歷楚漢，以迄於武帝的獲麟爲止，不和聖人同是非，有背於經。正好當時有人問他，他就應之以法，將這些回答他們的話彙輯起來，仿效《論語》，譔成《法言》，共十卷。其篇目有〈學行〉第一、〈吾子〉第二、〈修身〉第三、〈問道〉第四、〈問神〉第五、〈問明〉第六、〈寡見〉第七、〈五百〉第八、〈先知〉第九、〈重黎〉第十、〈淵騫〉第十一、〈吾子〉第十二、〈孝至〉第十三。篇目的名稱，也是取篇首第一句話的頭兩字，沒有什麼特殊意義。至其內容，則包括揚雄的學術思想、政治思想、教育思想、文學思想、行爲哲學等，此外還有評論歷史人物，諷刺王莽的言論，可以說是揚雄思想的總結晶，因此自漢以來，甚得學術界的推崇。

參考書目

《十三經注疏》
《易例》惠棟。
《詩經集傳》朱熹。
《禮記集說》陳澔。
《左氏春秋考證》劉逢祿。
《論語正義》劉寶楠。
《孝經疏證》李滏。
《孟子正義》焦循。
《孟子字義疏正》戴震。
《白虎通義》班固。
《史記》司馬遷。
《史記評林補注》凌稚隆輯校，李光縉埔補，日人有井範平補標。
《史記志疑》梁玉繩。

《漢書補注》顏師古注，王先謙補注。
《後漢書》范曄。
《隋書》魏徵等。
《新唐書》歐陽修。
《資治通鑑》司馬光。
《通鑑綱目》朱熹。
《讀史方輿紀要》顧祖禹。
《老子》王弼注。
《莊子集解》王先謙。
《荀子集解》楊倞注，王先謙集解。
《韓非子校釋》陳啟天。
《韓非子集釋》陳奇猷。
《春秋繁露》董仲舒。
《鹽鐵論》桓寬。
《新序》劉向。
《新論》桓譚。
《論衡》王充。
《申鑒》荀悅。

《中論》 徐幹。
《西京雜記》 劉歆。
《風俗通義》 應劭。
《昭明文選注》 李善。
《文心雕龍》 劉勰。
《容齋隨筆》 洪邁。
《困學紀聞》 王應麟。
《日知錄》 顧炎武。
《漢書雜志》 王念孫。
《諸子平議》 俞樾。
《蜀典》 張澍。
《書斷》 張懷瓘。
《藝文類聚》 歐陽詢等。
《太平御覽》 李昉等。
《四庫全書總目提要》 紀昀等。
《中國古代哲學史》 胡適。
《中國思想史》 馮友蘭。
《中國學術思想大綱》 林尹。

《兩漢三國政治思想》王雲五。
《方言》揚雄。
《方言注》郭璞。
《方言疏證》戴震。
《重校方言》盧文弨。
《方言補校》劉台拱。
《方言箋疏》錢繹。
《方言疏證補》王念孫。
《方言注商》吳予天。
《方言校箋附通檢》周祖謨。
《太玄》揚雄。
《太玄經注》范望解贊。
《說玄》王涯。
《太玄集注》司馬光。
《太玄本旨》葉子奇。
《法言》揚雄。
《揚子法言五臣注》李軌、柳宗元注，宋咸、吳祕、司馬光重添注。
《法言集注》司馬光。

《讀法言札記》 陶鴻慶。
《法言義疏》 汪榮寶。
《法言疑證》 汪榮寶。
《雙劍誃法言新證》 于省吾。
李鍌 〈揚雄學術思想之體系〉，《師大國文學報》創刊號。
〈揚雄的儒家思想〉，《孔孟學報》第三十一期。
〈揚雄之文學觀〉，《潘重規教授七秩誕辰論文集》。

賈誼・董仲舒・劉安・劉向・揚雄 / 王更生等
著. --更新版. --臺北市：臺灣商務,
1999[民88]
面； 公分.--(中國歷代思想家：4)
含參考書目
ISBN 957-05-1555-4(平裝)

1. 哲學 - 中國 - 傳記

120.99 88000237

中國歷代思想家(四)
賈誼 董仲舒 劉安 劉向 揚雄
定價新臺幣 320 元

主編者 中華文化復興運動總會
王壽南
著作者 王更生 林麗雪 于大成
廖吉郎 李鍌
責任編輯 雷成敏
封面設計 張士勇
內頁繪圖 黃碧珍
校對者 呂佳眞 許素華 陳惠安
出版者
印刷所 臺灣商務印書館股份有限公司
臺北市 10036 重慶南路 1 段 37 號
電話：(02)23116118・23115538
傳眞：(02)23710274・23701091
讀者服務專線：080056196
E-mail：cptw@ms12.hinet.net
郵政劃撥：0000165－1號
出版事業登記證：局版北市業字第 993 號

・1978 年 6 月初版第一次印刷
・1999 年 2 月更新版第一次印刷
・2000 年 8 月更新版第二次印刷

ISBN 957-05-1555-4(平裝) 10428000

讀者回函卡

感謝您對本館的支持，為加強對您的服務，請填妥此卡，免付郵資寄回，可隨時收到本館最新出版訊息，及享受各種優惠。

姓名：________________________ 性別：□男 □女

出生日期：_____年_____月_____日

職業：□學生 □公務（含軍警） □家管 □服務 □金融 □製造

□資訊 □大眾傳播 □自由業 □農漁牧 □退休 □其他

學歷：□高中以下（含高中） □大專 □研究所（含以上）

地址：□□□ ____

____

電話：（H）____________________（O）____________________

購買書名：____

您從何處得知本書？

□書店 □報紙廣告 □報紙專欄 □雜誌廣告 □DM廣告

□傳單 □親友介紹 □電視廣播 □其他

您對本書的意見？（A/滿意 B/尚可 C/需改進）

內容______ 編輯______ 校對______ 翻譯______

封面設計______ 價格______ 其他____________

您的建議：____

____

____

臺灣商務印書館

台北市重慶南路一段三十七號　電話：（02）23116118・23115538

讀者服務專線：080056196　傳真：（02）23710274

郵撥：0000165-1號　E-mail：cptw@ms12.hinet.net